Juan José Pérez-Soba
Stephan Kampowski

Das wahre Evangelium der Familie

Juan José Pérez-Soba
Stephan Kampowski

Das wahre Evangelium der Familie

Die Unauflöslichkeit der Ehe: Gerechtigkeit und Barmherzigkeit

Mit einem Vorwort von George Kardinal Pell

media
maria

Bibliografische Information: Deutsche Nationalbibliothek.
Die deutsche Nationalbibliothek verzeichnet diese Publikation in der
Deutschen Nationalbibliografie; detaillierte bibliografische Daten sind im
Internet über http://dnb.ddb.de abrufbar.

Das Buch ist auch auf Englisch, Spanisch und Italienisch erschienen.

DAS WAHRE EVANGELIUM DER FAMILIE
Die Unauflöslichkeit der Ehe: Gerechtigkeit und Barmherzigkeit
Juan José Pérez-Soba, Stephan Kampowski
© Media Maria Verlag, Illertissen 2014
Alle Rechte vorbehalten
ISBN 978-3-9816344-5-7

www.media-maria.de

Inhalt

Vorwort

Dieses Buch ist aus vielen Gründen wichtig. Eine höfliche, sachkundige und gründliche Debatte ist besonders in den kommenden Monaten notwendig, um die christliche und katholische Tradition der monogamen, unauflöslichen Ehe zu verteidigen. Hierbei ist es wichtig, sich auf die zentralen Elemente der Herausforderungen zu konzentrieren, vor denen Ehe und Familie stehen, anstatt sich von einer ebenso kontraproduktiven wie nutzlosen Suche nach kurzfristigen Tröstungen ablenken zu lassen.

Die Gesundheit einer Organisation kann daran gemessen werden, wie viel Zeit und Energie für die Diskussion verschiedener Themen aufgebracht werden. Gesunde Gemeinschaften verwenden nicht die meiste ihrer Energie für nebensächliche Themen, und die Zahl der geschiedenen und wiederverheirateten Katholiken, die meinen, dass es ihnen erlaubt sein sollte, die Kommunion zu empfangen, ist leider in der Tat sehr gering.

Das Drängen auf diese Veränderung ist hauptsächlich auf einige europäische Teilkirchen konzentriert, wo der Kirchenbesuch niedrig ist und eine wachsende Zahl Geschiedener sich entscheidet, nicht erneut zu heiraten. Das Thema wird von Freund und Feind der katholischen Tradition als Symbol gesehen: ein Siegespreis im Kampf zwischen dem, was vom Christentum in Europa übrig ist, und einem aggressiven Neuheidentum. Jeder Gegner des Christentums will, dass die Kirche in Bezug auf dieses Thema kapituliert.

In dieser Diskussion berufen sich beide Seiten auf christliche Kriterien und jeder ist bestürzt über das Maß an Leid, das ein Zerbrechen der Ehe beim Paar und den Kindern verursacht.

Welche Hilfe kann und soll die katholische Kirche hier anbieten? Einige sehen die Hauptaufgabe der Kirche darin, Rettungsboote für diejenigen zur Verfügung zu stellen, die durch die Scheidung Schiffbruch erlitten haben. Und Rettungsboote sollten für alle da sein, insbesondere für die auf tragische Weise unschuldig Beteiligten. Aber welche Richtung sollten die Rettungsboote einschlagen? In Richtung Felsen oder Sumpfgebiet oder in einen sicheren Hafen, der nur unter Schwierigkeiten erreicht werden kann? Andere sehen eine noch wichtigere Aufgabe für die Kirche darin, Führung und gute Seekarten anzubieten, um die Zahl derer zu verringern, die Schiffbruch erleiden. Beide Aufgaben sind notwendig, aber wie werden sie am besten erfüllt?

Das christliche Verständnis von Barmherzigkeit ist ein zentraler Punkt, wenn wir über Ehe und Sexualität, Vergebung und heilige Kommunion sprechen, und so werden im vorliegenden hervorragenden Buch die wesentlichen Zusammenhänge von Barmherzigkeit und Treue, von Wahrheit und Gnade in der Lehre des Evangeliums klar und überzeugend dargelegt.

Barmherzigkeit unterscheidet sich von den meisten Formen der Toleranz, die einer der lobenswerteren Aspekte unserer pluralistischen Gesellschaften ist. Einige Formen der Toleranz definieren Sünde als nicht existent, aber Erwachsenenfreiheiten und unvermeidliche Differenzen müssen nicht auf einen kompromisslosen Relativismus gegründet sein.

Die Unauflöslichkeit der Ehe ist eine der bedeutsamen Wahrheiten der göttlichen Offenbarung. Es ist kein Zufall, dass Monogamie und Monotheismus in der jüdisch-christlichen Tradition zusammengehen. Lebenslange Ehe ist nicht einfach eine Last, sondern sie ist ein Schatz, eine Leben schenkende Institution. Wenn Gesellschaften diese Schönheit und Gutheit erkennen, dann schützen sie sie in der Regel mit wirksamen disziplinarischen Maßnahmen. Sie verstehen, dass Lehre und pastorale Praxis nicht im Widerspruch zueinander stehen können und dass man nicht die Unauflöslichkeit der Ehe aufrechterhalten und zugleich den „Wiederverheirateten" den Empfang der Kommunion erlauben kann. Zweifellos ist es ein Opfer für Gläubige, anzuerkennen, dass sie nicht voll an der Eucharistie teilnehmen können: eine unvollkommene, aber reale Form der opfernden Liebe.

Das Christentum und besonders der Katholizismus stellt eine einzige historische Realität dar, in der die apostolische Tradition des Glaubens und der Sitten, des Gebets und der Liturgie aufrechterhalten wird. Die Lehre Christi ist unser Eckstein.

Interessanterweise folgt die harte Lehre Jesu – „Was aber Gott verbunden hat, das darf der Mensch nicht trennen" (Mt 19,6) – kurz nachdem er gegenüber Petrus nachdrücklich die Notwendigkeit der Vergebung betont hat (vgl. Mt 18,21–35).

Es ist wahr, dass Jesus die vom Tod durch Steinigung bedrohte Ehebrecherin nicht verurteilt hat. Aber er hat ihr auch nicht gesagt, dass sie ihre gute Arbeit fortsetzen und unverändert weitermachen soll. Er sagte ihr, dass sie nicht mehr sündigen solle (vgl. Joh 8,1–11).

Eine unüberwindliche Hürde für die Befürworter einer in Lehre und Pastoral vorzunehmenden Neuregelung in Bezug auf den Kommunionempfang ist die beinahe vollkommene Einstimmigkeit von 2000 Jahren katholischer Geschichte in diesem Punkt. Es ist wahr, dass die Orthodoxen eine seit Langem bestehende, aber andere Tradition haben, die ihnen ursprünglich von ihren byzantinischen Kaisern aufgezwungen wurde. Aber dies ist nie katholische Praxis gewesen.

Man könnte vorbringen, dass die Bußdisziplin in den ersten Jahrhunderten vor dem Konzil von Nicäa zu unerbittlich war, als man darüber diskutierte, ob des Mordes, des Ehebruchs oder des Glaubensabfalls Schuldige mit ihrer örtlichen Gemeinde durch die Kirche nur einmal versöhnt werden könnten oder überhaupt nicht. Man hat immer anerkannt, dass Gott vergeben kann, auch wenn die Möglichkeit der Kirche, Sünder wieder in die Gemeinschaft einzugliedern, beschränkt war.

Solch eine Strenge war die Regel in einer Zeit, als sich die Kirche trotz Verfolgung zahlenmäßig vergrößerte. Das kann man genauso wenig ignorieren wie die Lehren des Konzils von Trient oder die des heiligen Johannes Pauls II. oder Papst Benedikts XVI. über die Ehe. Waren die Verfügungen im Anschluss an die Scheidung von Heinrich VIII. vollkommen überflüssig?

Die vorliegende Arbeit enthält einige tiefgründige Analysen der kulturellen Ursachen für das Auseinanderbrechen der Familien in der heutigen pansexualistischen Kultur. Es ist ein gutes Argument, dass eine korrekte Diagnose bei einer Epidemie wichtiger denn je ist!

An einer Stelle wird gesagt, dass Scheidung die wichtigste gesellschaftliche Revolution der Neuzeit sei, und zweifellos spiegelt die Krise der Ehe die Krise des Glaubens und der religiösen Praxis. Aber was war zuerst da: die Henne oder das Ei?

Neben der altbekannten Ahnung, dass ein geschwächter Glaube weniger Kinder bedeutet, halte ich es für sehr wahrscheinlich, dass die Entscheidung, keine oder nur ganz wenige Kinder zu haben, oft ein beträchtliches Schwächerwerden des Glaubens zur Folge hat. Die Einflüsse gehen in beide Richtungen.

Gegenwärtig befinden wir uns in einer ziemlich neuen Situation – ohne Vergleichbares seit den Tagen des Zweiten Vatikanischen Konzils –, in der eine wachsende Bandbreite von moralischen Alternativen in aller Öffentlichkeit ausgelotet wird, und das sogar von Geistlichen. Das bringt insofern einen Nutzen mit sich, als eine wachsende Zahl vorher Desinteressierter beginnt, über christliche Thesen zu diskutieren. Allerdings führt dies unausweichlich auch zu Verletzungen und Verwundungen.

Wer der Überlieferung treu ist, so wie die Autoren dieses Buches, der sollte gelobt werden, wenn er seine Sache ruhig und liebevoll darlegt. Wir haben immer noch die besten Melodien.

Wir müssen jetzt auch aktiv werden, um eine Wiederholung des Nachspiels von *Humanae vitae* im Jahr 1968 zu vermeiden.

Wir sollten uns klar und deutlich ausdrücken, denn je früher die Verwundeten, die Lauwarmen und die Fernstehenden merken, dass wesentliche Änderungen in Lehre und Pastoral unmöglich sind, in desto größerem Umfang wird die feindselige Enttäuschung (die der Bekräftigung der Lehre unweigerlich folgen wird) vorweggenommen und zerstreut werden.

George Kardinal Pell
Erzbischof emeritus von Melbourne und Sydney
Präfekt des Wirtschaftssekretariats

Einleitung

„Freude und Hoffnung, Trauer und Angst der Menschen von
heute, besonders der Armen und Bedrängten aller Art, sind
auch Freude und Hoffnung, Trauer und Angst der Jünger
Christi. Und es gibt nichts wahrhaft Menschliches, das nicht in
ihren Herzen seinen Widerhall fände."[1] So sieht die Kirche die
ihr von Gott übertragene Sendung, die sie in der Welt verwirklichen muss. Und gerade in der Aufgabe der Neuevangelisierung hat die kirchliche Gemeinschaft mit erneuter Deutlich-
keit verstanden, dass die christliche Familie ein unersetzliches
christliches Zeugnis ist kraft der tiefen Wirklichkeit, die sie
enthält.

Wir können die Aufmerksamkeit, die das Konzil der pastoralen Sorge für die Familie gewidmet hat, im jetzigen Abstand
von fünfzig Jahren nur prophetisch nennen. In der Zwischen-
zeit ist immer deutlicher geworden, dass es sich dabei nicht
einfach um eine menschliche Frage handelt, sondern dass die
Familie ein wesentlicher Teil der göttlichen Offenbarung ist,
gerade weil sie in der Liebe verwurzelt und auf sie ausgerichtet ist. Ihr wahres Verständnis ist keine ideologische Frage, sondern entwickelt sich in der tiefsten Aktualität des Lebens jeder
Familie inmitten einer spezifischen Zeitlichkeit.

Das *Hohelied der Liebe* ist ein leuchtendes Beispiel dieser Offenbarung, wenn die Geliebte ausruft: „Der Geliebte ist mein,
und ich bin sein" (Hld 2,16) – Worte, die der höchste Ausdruck
der monogamen und treuen Ehe sind. Das ist die Antwort auf
eine Berufung zur Liebe, die im Hören auf den Ruf des Bräuti-
gams ihren Ursprung hat (vgl. Hld 2,8). Benedikt XVI. fasst es
so zusammen: „Zu den Aufstiegen der Liebe und ihren inneren Reinigungen gehört es, dass Liebe nun Endgültigkeit will,

und zwar in doppeltem Sinn: im Sinn der Ausschließlichkeit –
‚nur dieser eine Mensch' – und im Sinn des ‚Für-immer'."[2]
    Wir können die Initiative einer Synode zum Thema: „Die
pastoralen Herausforderungen für die Familie im Kontext der
Evangelisierung", die von Papst Franziskus einberufen wurde,
nur begrüßen und mit großem Interesse daran Anteil nehmen.
Und wir stimmen auch dem Titel, den Kardinal Kasper seiner
am 20. Februar 2014 vor dem Konsistorium gehaltenen Rede gegeben hat, vollkommen zu: „Das Evangelium von der Familie."
Dieses Evangelium existiert, und es ist Licht für die Kirche und
für die Menschen.
    Papst Franziskus betont, dass es bei der Weitergabe der Fro-
hen Botschaft wichtig ist, die Hierarchie der Wahrheiten zu berücksichtigen.[3] Und die Familie als erster und unumgänglicher
Ausdruck der Berufung zur Liebe gehört sicherlich zu diesem
Kern von Wahrheiten. Dies ist uns heute ganz klar bewusst.
Und der Mensch in seiner Ganzheitlichkeit braucht das Zeugnis, das diese Liebe in der Welt glaubwürdig macht. Diese Erkenntnis hat ihren Ursprung in einem vertieften Verständnis
der Bedeutung der Offenbarung der ehelichen Liebe in der Bibel. Das unterstreicht Benedikt XVI. in *Deus caritas est*[4], und
auch Papst Franziskus greift diese Vorstellung in *Lumen fidei*
erneut auf, wo die eheliche Liebe in tiefer Einheit mit dem
Glauben in seiner Bedeutung für das Gemeinwohl[5] der Gesellschaft gesehen wird. Daher können wir sagen, dass wir uns
hier vor einem Angelpunkt des Glaubens befinden. Die besonderen Merkmale der ehelichen Liebe, einschließlich ihrer Unauflöslichkeit, müssen im Licht der grundlegenden Wahrheiten
des Christentums gesehen werden.[6]
    Die Ehe ist eine in die Wahrheit der Schöpfung eingeprägte
Wirklichkeit, die von Gott verwendet wird, um seinen Bund
mit den Menschen zu offenbaren. Endgültig geheiligt als Sakrament im Neuen Bund Christi, ist sie von einzigartigem Wert,
sowohl um den Menschen als „Abbild und Gleichnis Gottes" (Gen 1,26) zu verstehen als auch um die sakramentale

Bedeutung seiner Liebe und seiner Leiblichkeit zu begreifen. Dies wurde vom „Papst der Familie"[7], dem heiligen Johannes Paul II., eine „angemessene Anthropologie"[8] genannt, eine Anthropologie, die für die Neuevangelisierung von fundamentaler Bedeutung ist. In unserem Buch werden wir dem Hinweis von Papst Franziskus entsprechen und besonders der Lehre des neuen Heiligen folgen.

Aus dieser Lehre geht die innere Beziehung von Schöpfung, Sünde und Erlösung hervor, die die Sendung der Kirche strukturiert und folglich auch ihre Pastoral. Dem folgt Kardinal Kasper im Aufbau der Darlegung des Themas, was sich mit einem Psalmwort zusammenfassen lässt: „Es begegnen einander Barmherzigkeit und Treue" (Ps 85,11).

Barmherzigkeit und Treue sind ein so untrennbares Begriffspaar in Gott, dass es als seine wahre Offenbarung betrachtet werden kann. Die Psalmverse zeigen uns, dass es der Herr ist, der die Begegnung beider auf unserer Erde als Same des Heils ermöglicht. Die Reflexion des vorliegenden Buches wird sich hauptsächlich von dieser lichtvollen Wahrheit leiten lassen.

Ausgehend von dem Ort, an dem sich „Barmherzigkeit und Treue begegnen", um eine Antwort auf das Thema der Synode zu geben, bedeutet deshalb, das Licht einer *Wahrheit der Liebe* zu finden, die es besser zu verstehen gilt. Das tun wir mit dem Ziel, zu einer offenen Diskussion beizutragen, die aus Anlass der Einberufung der Synode eröffnet worden ist; eine Diskussion, deren Fortsetzung zu begrüßen ist und die nicht aufgrund von vorgefassten Meinungen, welcher Art auch immer, abgebrochen werden sollte.

Als Bezugspunkt für das Thema dient uns das Buch von Kardinal Walter Kasper, *Das Evangelium von der Familie*, das wichtige Überlegungen enthält, aber unserer Meinung nach auch bezeichnende Ungenauigkeiten. Unser Beitrag soll die positiven Elemente weiterentwickeln, zu einer Klärung der mehrdeutigen Aspekte beitragen und die Gründe darlegen, warum uns einige Aussagen falsch erscheinen. Vor allem anderen aber

wollen wir über Kaspers Buch hinausgehen und einfach und
verständlich zeigen, inwieweit es ihm nicht gelungen ist, das
Evangelium der Familie in den Mittelpunkt seiner Reflexionen
zu stellen, da er sich zu sehr auf einen Punkt konzentriert hat,
der sicherlich wichtig ist, der aber dann doch zu gering ist, als
dass er verabsolutiert werden könnte.

Die Atmosphäre des Dialogs, zu der unser Buch anregt, hat
daher etwas mit der Notwendigkeit zu tun, die Fragen in ausgewogener Weise zu vertiefen, ausgehend von den dogmatischen Fragen, die in den letzten Jahren Gegenstand zahlreicher
Studien waren und deren Beantwortung nicht als selbstverständlich vorausgesetzt werden kann. Auch wenn wir versuchen wollen, Aspekte der Frage der Zulassung von wiederverheirateten Geschiedenen zur Kommunion zu klären, werden
wir uns im Gegensatz zu dem Buch, auf das wir uns beziehen,
weniger stark auf diesen Gesichtspunkt konzentrieren.[9]

In dieser Hinsicht hat es uns überrascht, im Buch des deutschen Kardinals auf eine Reihe von Elementen zu stoßen, die
einer gesunden kirchlichen Diskussion fremd sind, wie im Falle eines Ausdrucks, der sich anhört, als sollten bestimmte Meinungen zensiert werden. Es ist nicht zu verstehen, dass man in
einem Text, der einen möglichst umfassenden Dialog eröffnen
will, auf eine derartige Argumentationsstruktur trifft.[10] Wir
hoffen, dass der Kardinal die Tragweite seiner Worte abschwä-
chen möge, damit sich jeder bei der kommenden Synode mit
großer Freiheit äußern kann.

All dies veranlasst uns, in den zu behandelnden Fragen vor
allem das ins Licht zu rücken, was im Buch Kaspers nicht aufscheint, was aber im Hinblick auf die Synode einen offeneren
und fruchtbareren Dialog bewirken könnte, ohne uns auf eine
einzige Fragestellung zu begrenzen.

Wir werden also mit dem Aspekt der kulturellen Herausforderung als Schlüssel zum Verständnis für die Rolle der Familie im Dialog zwischen Kirche und Welt beginnen: Es handelt sich dabei um einen Dreh- und Angelpunkt, um viele

Missverständnisse und ein unzureichendes Verständnis des Evangeliums der Familie zu vermeiden. Anschließend werden wir die Zentralität der Familie in der christlichen Verkündigung behandeln unter der Perspektive eines Gottes, der sich als Barmherzigkeit offenbart. Diesen Ansatz werden wir im dritten Kapitel durch die Diskussion einiger patristischer Texte ergänzen, die uns verstehen lassen, wie die frühe Kirche die Frage erlebt hat. Fortfahren werden wir dann mit einer Analyse unter dem aktuellen moralischen Gesichtspunkt, indem wir die Strukturierung des moralischen Subjekts durch seine Handlungen betrachten. Abschließend wollen wir eine mögliche, den Herausforderungen unserer Zeit „angemessene Pastoral" umreißen.[11]

Wir hoffen, dass die einfache Formulierung der Themen und deren Abfolge den Leser in die Perspektive einer Logik der Liebe einführen möge, von der das gesamte Handeln der Kirche geprägt sein muss.

1. Kapitel

Das Evangelium der Familie in einer sexualisierten Kultur verkünden

1.1. Die Schönheit des Evangeliums der Familie: Liebe und menschliche Sexualität

„Wir dürfen die Diskussion [des Evangeliums von der Familie] nicht beschränken auf die Situation der wiederverheiratet Geschiedenen und viele andere, in diesem Zusammenhang nicht genannte schwierige pastorale Situationen. Wir müssen positiv ansetzen und das Evangelium von der Familie in seiner ganzen Schönheit wiederentdecken und verkünden. Die Wahrheit überzeugt durch ihre Schönheit."[1] Diese Worte von Walter Kardinal Kasper haben eine tiefe Bedeutung und stehen in vollkommenem Einklang mit dem Wunsch von Papst Franziskus im Außerordentlichen Konsistorium, an das sich auch der Kardinal wandte: nämlich zu vermeiden, „in eine ‚Kasuistik' zu fallen", sondern vielmehr „zu erkennen, wie schön, wahr und gut es ist, eine Familie zu bilden, heute eine Familie zu sein; wie unentbehrlich es für das Leben der Welt, für die Zukunft der Menschheit ist"[2]. Im vorliegenden Kapitel wollen wir versuchen, diesen Ansatz zu verfolgen, und untersuchen, wo diese faszinierende und überzeugende Schönheit des Evangeliums der Familie gefunden werden kann. Wir werden ebenso die Hindernisse in Augenschein nehmen, auf die die Verkündigung dieser Frohbotschaft im heutigen kulturellen Kontext trifft, und werden mögliche Wege in Betracht ziehen, wie diese Hindernisse anzugehen und zu überwinden sind.

Worin liegt denn die Schönheit der christlichen Sicht von der Familie? Was ist gut, neu und frohmachend an dieser guten und neuen Frohen Botschaft, die Christus und seine Kirche in Bezug auf Ehe und Familie verkündet haben? Als das Evangelium auf die antike griechisch-römische Welt traf, brachte es eine echte Neuheit, die eine hohe Herausforderung für diese Kultur darstellte, in einer Art und Weise, die unserer eigenen zeitgenössischen Situation ähnelt.[3] Um die Neuheit des Evangeliums deutlicher wahrzunehmen, wollen wir einen Blick auf den Rat werfen, den der antike römische Schriftsteller Lukrez verliebten jungen Männern gab:

> *Denn ist dir fern, was du liebst, so sind doch die Bilder der Liebe*
> *Immer dir nah und lieblich ans Ohr klingt immer ihr Name.*
> *Aber man sollte die Bilder verbannen, man sollte der Liebe*
> *Jegliche Nahrung entziehen, den Sinn auf anderes richten*
> *Und den gesammelten Saft auf beliebige Leiber verschleudern,*
> *Statt ihn aufzubewahren, um einer Liebe zu frönen*
> *Und sich nur sichere Sorge und Schmerzen dadurch zu bereiten.*
> *… … …..*
> *Denn ein Gesunder erfreut sich doch offenbar reinerer Wollust*
> *Als wer krank ist vor Liebe.*[4]

Was sagt Lukrez hier über das Wesen menschlicher Liebe? In schönen, wirklich poetischen Worten sagt er hier ganz prosaisch, dass ein Mann mit vielen verschiedenen Frauen Sex haben und keine Bindung zu einer einzigen entwickeln sollte, damit er nicht aufgrund seiner Zuneigung zu ihr leiden muss. Außerdem behauptet er, dass der Genuss des Geschlechtsverkehrs reiner ist, wenn man nicht dadurch abgelenkt wird, dass man verliebt ist. Es scheint also, als hätten sexuelle Beziehungen für ihn so gut wie gar nichts mit Liebe zu tun.

Eine sehr ähnliche Trennung von Sexualität und Liebe findet sich an den Ursprüngen der sogenannten „Sexuellen Revolution", ein Begriff, der normalerweise mit den Ereignissen der

1960er-Jahre assoziiert wird. Eine seiner ideologischen Wurzeln allerdings liegt in dem sehr einflussreichen Buch *Die sexuelle Revolution* des österreichischen Psychoanalytikers Wilhelm Reich, das bereits 1936 unter dem Titel *Sexualität im Kulturkampf. Zur sozialistischen Umstrukturierung des Menschen* erschienen ist.[5] Laut Reich lehrt „die sexualärztliche Erfahrung, ... dass Sexualunterdrückung krank, pervers oder lüstern macht"[6]. Für ihn ist „Abstinenz ... also gefährlich und absolut gesundheitsschädlich"[7], während sexuelle Aktivität als Therapie dient. Sexuelle Lust führt zu Gesundheit und Glück: „Die sexuelle Energie ist die Aufbauenergie der psychischen Apparatur, die die menschliche Gefühls- und Denkstruktur bildet."[8] Und er fährt fort: „Der Kern des Lebensglücks ist das *sexuelle* Glück."[9] So modern dieser Ansatz auch zu sein vorgibt, es kann nicht geleugnet werden, dass er der eher sehr alten Sichtweise von Lukrez stark ähnelt: Was bei der Sexualität wichtig ist, ist nicht die Liebe, sondern der sexuelle Genuss oder die „sexuelle Energie".

Sowohl für Lukrez im antiken Rom als auch für Reich in der modernen westlichen Welt ist die Person des anderen nur von sekundärer Bedeutung, wenn es um sexuelle Beziehungen geht. In beiden Fällen ist sexuelle Aktivität vollkommen getrennt von der Liebe. Insbesondere für Reich ist dies so, weil für ihn Menschen unweigerlich sexuell aktiv sein müssen. Wenn sie enthaltsam sind, dann werden sie seiner Meinung nach krank. Die Notwendigkeit, Sex zu haben, würde dann der Notwendigkeit entsprechen, Nahrung aufzunehmen: Man könnte nur eine gewisse Zeit ohne beides auskommen. Wenn dem so wäre, dann würde der Vollzug der Sexualität aus dem Bereich der Freiheit und Verantwortung des Menschen herausfallen. Wenn wir aus reiner Notwendigkeit heraus sexuelle Kontakte bräuchten – sei es aus der Notwendigkeit eines Impulses heraus oder als Erfordernis der mentalen oder physischen Gesundheit –, dann könnte ein sexueller Akt kaum eine Begegnung der Liebe genannt werden. Wenn Selbstkontrolle und Enthaltsamkeit im Bereich der menschlichen Sexualität unmöglich wären, dann könnten sexuelle Akte wohl kaum den Anspruch erheben, Ausdruck der Liebe zu sein, da Liebe ihrem Wesen nach etwas ist, das unserer Freiheit anvertraut ist. Dem Wesen der Liebe gemäß ist dagegen die Logik des Geschenks: Liebe muss frei gegeben und frei empfangen werden. Was würde eine Frau von ihrem Ehemann denken, der sie um drei Uhr nachts aufweckt, weil er plötzlich ein dringendes sexuelles Bedürfnis verspürt und sie um dessen Befriedigung bittet? Wie könnte ein solcher sexueller Akt ein Akt der Liebe sein? Wie würde sich dann ein sexueller Kontakt unterscheiden von den sehr viel banaleren Weisen, auf die sich alle menschlichen Wesen mehrmals am Tag erleichtern müssen? Exklusivität und Dauer in der Beziehung zwischen einem Mann und einer Frau wären dann unmöglich. Wenn einer der Partner eine Geschäftsreise antreten müsste, könnte keiner vom anderen erwarten, sich während der Zeit der Abwesenheit des anderen sexueller Beziehungen zu enthalten, genauso wenig wie sie erwarten könnten, dass der andere sich in diesen Tagen des Essens und Trinkens enthielte. Wenn es so wäre, wie Reich sagt, dass sich Menschen wirklich bei jedem Juckreiz kratzen müssten, um nicht schwerwiegende psychische Folgen davonzutragen, dann wären exklusive und dauerhafte Beziehungen in der Tat ein ernsthaftes Gesundheitsrisiko, wie er selbst daraus schloss.

Wir mögen uns indessen fragen, ob diese Perspektive schön ist. Man sollte meinen, dass es zum Wesen der erotischen Liebe gehört, dass sie sich nach Exklusivität und Dauer sehnt. Liebe scheint sagen zu wollen: „Du bist mein Ein und Alles. Ich bin ganz dein und du bist ganz mein. Ich gebe mich dir ganz – nur dir allein und samt meiner ganzen Zukunft." Das ist die Stelle, an der das Evangelium eine wahre Neuheit in die antike Welt gebracht hat, und das tut es auch heute wieder: Der Bereich der menschlichen Sexualität, das heißt jener Bereich, der unsere sexuelle Verschiedenheit betrifft, kann erlöst und geadelt werden: Er muss nicht länger ein Schlachtfeld der gegenseitigen Ausbeutung, Beherrschung und Verführung sein. Jesus bietet uns eine neue Kraft an: Menschliche Sexualität kann etwas mit Liebe zu tun haben. Bevor der Autor des Epheserbriefes die Ehefrauen auffordert, sich ihren Männern unterzuordnen „wie dem Herrn" (vgl. Eph 5,22), sagt er zu den Ehepaaren: „Einer ordne sich dem anderen unter in der gemeinsamen Ehrfurcht vor Christus" (Eph 5,21). Und anschließend wendet er sich an die Männer und ruft sie auf, ihre Frauen so zu lieben, „wie Christus die Kirche geliebt und sich für sie hingegeben hat" (Eph 5,25).

Das ist nun wirklich eine Liebe voller Schönheit und sie ist als solche nur möglich, wenn das „Für-immer" möglich ist. Die Unauflöslichkeit der Ehe ist zusammen mit der sexuellen Exklusivität keine zusätzliche Last, die den christlichen Eheleuten aufgebürdet wird. Sie ist vielmehr wesentlicher Teil der Bedeutung wahrer Liebe und wird denen, die Jesus nachfolgen, als neue Möglichkeit geschenkt. Wie Kardinal Kasper richtig sagt, ist die Lehre vom Eheband „Evangelium, das heißt endgültiger Zuspruch und bleibende gültige Zusage"[10]. Die Unauflöslichkeit der Ehe und sexuelle Exklusivität sind eine Frohe Botschaft, ein Evangelium; Scheidung und Untreue sind die schlechte Nachricht. Scheidung und Untreue entspringen der „Härte des menschlichen Herzens" (vgl. Mt 19,8). Jesus sagt: „Was aber Gott verbunden hat, das darf der Mensch nicht trennen" (Mt 19,6). Hier müssen wir uns daran erinnern, dass er selbst das Wort ist, durch das Gottvater das Universum geschaffen hat. Was er sagt, wird sein. So gibt er mit dem Gebot „das darf der Mensch nicht trennen" auch die *Möglichkeit* lebenslanger Treue und damit ein Geschenk, nach dem sich unser Herz sehnt. In der Erzählung *Per sempre* („Für immer") von Susanna Tamaro wird der Protagonist von seiner Frau gefragt: „Gibt es ein ‚Für-immer'?" Seine Antwort lautet: „Das *Einzige*, was existiert, ist das ‚Für-immer'."[11] Wahre Liebe will „Für-immer" sagen.

In einem großartigen Sonett bringt William Shakespeare den innigen Zusammenhang zwischen Liebe und dem „Für-immer" mit den folgenden bewegenden Worten zum Ausdruck:

Nichts kann den Bund zwei treuer Herzen hindern,
Die wahrhaft gleichgestimmt. Lieb' ist nicht Liebe,
Die Trennung oder Wechsel könnte mindern,
Die nicht unwandelbar im Wandel bliebe.
O nein! Sie ist ein ewig festes Ziel,
Das unerschüttert bleibt in Sturm und Wogen,
Ein Stern für jeder irren Barke Kiel, –
Kein Höhenmaß hat seinen Werth erwogen.
Lieb' ist kein Narr der Zeit, ob Rosenmunde
Und Wangen auch verblühn im Lauf der Zeit –
Sie aber wechselt nicht mit Tag und Stunde,
Ihr Ziel ist endlos, wie die Ewigkeit.
Wenn dies bei mir als Irrthum sich ergiebt,
So schrieb ich nie, hat nie ein Mann geliebt.[12]

Das „Für-immer" ist eine *gute* Nachricht, ist eine Frohbotschaft. Jeder, der je geliebt hat, möchte, dass diese Liebe für immer dauern soll. Das Problem ist ein anderes: nicht ob wir es wollen, sondern ob wir es für möglich halten. Und hier kommt die gute Nachricht hinzu. Das „Für-immer" ist eine echte Neuheit, die Christus gebracht hat, eine neue Möglichkeit, die der tiefsten Sehnsucht unseres Herzens entspricht. Das ist zweifellos gegenkulturell. Wie Papst Franziskus sagt, ist die heutige Kultur eine „Kultur des Provisorischen"[13]. Er fordert die Paare auf, sich von diesem kulturellen Kontext nicht überwältigen zu lassen, sondern ihr Haus „auf den Fels der wahren Liebe, auf die Liebe, die von Gott kommt" zu gründen.[14] Mit einem sehr eindrücklichen Bild unterstreicht der Papst, dass Christus in der Lage ist, die Liebe des Ehepaares zu vervielfachen, so wie er die Brote vermehrt hat, und sie ihnen „jeden Tag frisch und gut [zu] schenken"[15].

Im Licht der Tatsache, dass die Möglichkeit des „Für-immer"
wesentlicher Teil dessen ist, was gut und neu an der Frohen
Botschaft ist, wird nicht ganz klar, worauf sich Kardinal Kasper bezieht, wenn er im Kontext der Diskussion über die Frage
der Zulassung von wiederverheirateten Geschiedenen zur
Kommunion „eine erneuerte pastorale Spiritualität" fordert,
„die Abschied nimmt von einer eng geführten legalistischen
Betrachtung und von einem unchristlichen Rigorismus, der
Menschen unerträgliche Lasten aufbürdet, welche wir Kleriker
selbst nicht tragen wollen und auch nicht tragen können" (vgl.
Mt 23,4)[16]. Was ist diese „unerträgliche Last", auf die hier Bezug
genommen wird? Ist es die Unauflöslichkeit der Ehe? Das stände im Widerspruch zu dem, was an anderer Stelle gesagt wird,
wenn der Kardinal sich auf das unauflösliche Eheband als
„Evangelium"[17], als Frohbotschaft, bezieht und wenn er unterstreicht, dass er die Unauflöslichkeit der Ehe nicht infrage stellen will.[18]

Es scheint eher so zu sein, dass die „unerträgliche Last" hier
letztlich gleichzusetzen ist mit der sexuellen Exklusivität. Das
jedenfalls ist die sehr plausible Interpretation, die Kardinal
Carlo Caffarra dem Vorschlag Kaspers gibt. Würde die Kirche
einige der wiederverheirateten Geschiedenen zur Kommunion
zulassen – auch wenn diese vorher Bußhandlungen vollzogen
hätten, die jedoch hinter einer qualitativen Änderung ihrer Lebenssituation zurückblieben –, dann würde sie unleugbar „der
zweiten Verbindung eine Rechtmäßigkeit zusprechen"[19]. Aber
diese zweite Verbindung kann keine zweite *Ehe* sein, gleichzeitig zur ersten, „da die Bigamie gegen das Wort des Herrn verstößt"[20]. Angesichts der Tatsache, dass Kardinal Kasper die Unauflöslichkeit der Ehe explizit aufrechterhält, und vorausgesetzt, dass er wohl kaum sagen will, dass ein Mensch zur selben Zeit in zwei gültigen und unauflöslichen Ehen leben kann,
scheint seine Lösung anzudeuten, „dass die erste Ehe bestehen
bleibt, dass es aber auch eine zweite Form des Zusammenlebens gibt, die die Kirche legitimiert"[21]. Daher besteht für

Kardinal Caffarra die schwerwiegende Konsequenz dieses Vorschlags in Folgendem: „Somit gibt es dann einen außerehelichen Vollzug der menschlichen Sexualität, den die Kirche als legitim erachtet. Damit aber wird die tragende Säule der Lehre der Kirche zur Sexualität geleugnet." Diese tragende Säule ist das Beharren der Kirche darauf, dass der einzige angemessene Rahmen für den Vollzug menschlicher Sexualität der Kontext ehelicher Liebe ist.

Es scheint, dass Kardinal Kasper den Zusammenhang zwischen Unauflöslichkeit und sexueller Exklusivität übersieht. Ob er mit der „unerträglichen Last" nun die Unauflöslichkeit der Ehe oder die sexuelle Exklusivität meint, so ist doch die Bibelstelle, die einem in diesem Kontext in den Sinn kommt, nicht Matthäus 23,4 („Sie schnüren schwere Lasten zusammen und legen sie den Menschen auf die Schultern"), sondern eher Matthäus 19,10, wo wir von der Verwunderung der Jünger über die Lehre Jesu in Bezug auf die Ehe hören: „Wenn das die Stellung des Mannes in der Ehe ist, dann ist es nicht gut zu heiraten."

Noch einmal: Die Erfordernisse der Unauflöslichkeit der Ehe und der sexuellen Exklusivität der Eheleute sind keine unerträglichen Lasten, die den Ehepartnern von Christus oder seiner Kirche aufgebürdet werden. Sie sind das Erfordernis der Liebe selbst. Jeder, der einmal verliebt war, wird dies an seiner Erfahrung überprüfen können. Das Problem ist, dass wir uns auch schnell wieder „entlieben". Die Romantik, die die Liebenden dazu bringt, füreinander die Sterne vom Himmel herunterholen zu wollen, dauert nur einen Augenblick. Die frohe Botschaft ist, dass dieser anfängliche Moment, die Verheißung des *Eros*, ihre Erfüllung in der *Agape* finden kann.[22] Es ist sicher wahr, dass der Mensch kein „Arbeitstier" ist, und wir in gewisser Weise sagen können, dass wir „für den Sabbat geschaffen"[23] sind, insoweit die Sabbatruhe ein „Ruhen im Herrn" ist – in Erinnerung, Lobpreis und Dank.[24] Es ist aber ebenso wahr, dass wir in gewissem Sinne geschaffen sind, um beständig zu arbeiten, und zwar insofern wir für die Liebe geschaffen sind.

Liebe erfordert beständige Arbeit. Oder wie Francesco Botturi es ausdrückt: „[Liebe] ist das Werk der *Freiheit*; sie erfordert *Arbeit* und ihr ist die Dimension der *Dauer* zu eigen. Lieben heißt lieben wollen, es bedeutet, frei die affektive Gerichtetheit aufzunehmen, die das Verliebtsein spontan mit sich bringt."[25] In diesem Sinne kann auch Erich Fromm sagen, „dass es das Wesen der Liebe ist, für etwas zu ‚arbeiten' und ‚es aufzuziehen', dass Liebe und Arbeit untrennbar sind. Man liebt das, wofür man arbeitet, und man arbeitet für das, was man liebt"[26]. Diese Arbeit der Liebe ist selbst Gottes Geschenk für uns. Indem Gott uns seine Gnade schenkt, deckt er nicht bloß unsere Hässlichkeit zu. Vielmehr verwandelt er uns von innen her, indem er uns das Geschenk eines neuen Handelns gibt.[27] Die Frohe Botschaft ist: Das Versprechen der Liebe kann erfüllt werden. Liebe kann dauerhaft und treu sein.

Das ist in der Tat der Grundpfeiler der kirchlichen Lehre über die menschliche Sexualität und ihre Beziehung zur Liebe. Sie lehrt, dass sexuelle Handlungen nur Akte wahrer Liebe sein können, wenn es eheliche Akte sind, das heißt, wenn sie vollzogen werden von einem Mann und einer Frau, die öffentlich einander ihr Leben anvertraut haben, die einander Treue und sexuelle Ausschließlichkeit versprochen haben und die offen sind für die Zeugung neuen Lebens. Sie leitet diese Lehre ab aus dem Wesen der ehelichen Liebe selbst als menschlich, ganzheitlich, treu, ausschließlich und fruchtbar.[28] Aber wie wir bereits gesagt haben, können sexuelle Akte nur dann Akte ehelicher Liebe sein, wenn Enthaltsamkeit möglich ist. Wenn Wilhelm Reich recht hätte und Enthaltsamkeit Neurosen zur Folge hätte, dann sollte niemand, der bei klarem Verstand ist, ein Ehegelübde ablegen. Wenn Enthaltsamkeit, sei sie zeitlich begrenzt oder für immer, unmöglich wäre, dann könnten eheliche Akte niemals Ausdruck ehelicher Liebe sein. Sie würden unter dem Druck der Notwendigkeit vollzogen, und dann wäre auch sexuelle Ausschließlichkeit unmöglich, weil es immer Zeiten geben wird, in denen die Ehepartner enthaltsam sein *müssen,* sei es auch nur, weil die Frau Kopfschmerzen hat, ganz zu schweigen von ernsthafteren und vielleicht sogar dauerhaften gesundheitlichen Gründen. Wenn man Sex haben *muss* und nicht zu seinem Ehepartner gehen kann, weil er oder sie indisponiert ist, dann muss man woandershin gehen, so wie man auch essen muss, wenn man nicht gemeinsam mit seinem Ehepartner essen kann. In diesem Fall würde Liebe nach einer Ausschließlichkeit verlangen, die der Sex nicht geben kann. Sex und Liebe wären auf vollkommen unterschiedlichen Ebenen angesiedelt. Dass sie zusammengehören, ist die Frohbotschaft des Evangeliums. Sie können übereinstimmen, weil Enthaltsamkeit möglich ist. Das ist vielleicht die größte Herausforderung an die antike und auch die zeitgenössische Kultur, die hier von der Kirche ausgeht. Es ist eine vollkommen andere Anthropologie als die von einem großen Teil der heutigen Gesellschaft verfochtene, die Reichs grundlegende Prämisse weitestgehend angenommen hat.

1.2. Ist Enthaltsamkeit vorstellbar? *„Familiaris consortio" und „Sacramentum caritatis" über die zivil wiederverheirateten Geschiedenen*

In diesem Kontext müssen wir auf ein Kuriosum in Kardinal Kaspers Rede vor dem Konsistorium hinweisen. Der fünfte Teil der Rede handelt von der Frage der Zulassung wiederverheirateter Geschiedener zur Kommunion. Er argumentiert, dass Johannes Paul II. und Benedikt XVI. in *Familiaris consortio* bzw. *Sacramentum caritatis* mögliche Lösungen des Problems angedeutet haben und erwähnt zwei von ihnen: das häufige Vorkommen ungültiger Ehen und die Möglichkeit der geistlichen Kommunion.[29] Warum sollte man nicht das Ehenichtigkeitsverfahren vereinfachen, um es den zivil wiederverheirateten Geschiedenen, die von der Ungültigkeit ihrer ersten Ehe überzeugt sind, leichter zu machen, ihre kirchenrechtliche

Situation zu regeln?[30] Wenn die zivil wiederverheirateten Geschiedenen eine geistliche „außersakramentale" Kommunion
empfangen können, warum können sie dann nicht die sakramentale Kommunion empfangen?[31] Wäre nicht eine Entwicklung der kirchlichen Lehre in Richtung einer Tolerierung ihres
Lebensstils denkbar?[32] Viel wäre zu diesen Vorschlägen Kaspers zu sagen, und wir werden dies auch zu gegebener Zeit
tun. Im Zusammenhang der Erörterung werden wir uns an
dieser Stelle allerdings auf das konzentrieren, was er *nicht* sagt.
Wir wollen uns nun sein bezeichnendes Schweigen genauer
ansehen.

Tatsache ist, dass er aus irgendeinem Grund nicht den ganzen Stand der Diskussion anführt, bevor er seine neuen Lösungen vorlegt. Er zitiert *Familiaris consortio* 84 und *Sacramentum
caritatis* 29, um den neuen, barmherzigeren Ton zu unterstreichen, in dem die Kirche nun über die wiederverheirateten Geschiedenen spreche, und argumentiert, dass sie Lösungen wie
die Annullierung und die geistliche Kommunion *andeuten*.[33]
Allerdings gibt es eine Praxis, die in beiden Texten nicht allein
„angedeutet", sondern klar ausgesprochen wird, und diese Lösung wird in der Rede des Kardinals nicht einmal erwähnt. Sie
umfasst zwei Elemente. Das erste ist der Hinweis auf die generelle „Verpflichtung zur Trennung" (FC 84). In den hier zur Diskussion stehenden Absätzen allerdings bestätigen beide Dokumente, dass Fälle möglich sind, in denen man dieser Verpflichtung nicht nachkommen kann, ohne bereits eingegangene
ernsthafte Bindungen zu verletzen, insbesondere gegenüber
Kindern aus der zweiten Verbindung. In diesem Fall geht die
von beiden Dokumenten geforderte Praxis nicht bis zur Trennung.

Was die grundlegende Verpflichtung zum *Verlassen* einer zivilen Verbindung angeht, ist bemerkenswert, dass Kardinal
Kasper dies nicht nur nicht erwähnt, sondern genau das Gegenteil vorschlägt, das heißt, dass es seiner Meinung nach die
Notwendigkeit geben könnte, eine solche zivile Verbindung

einzugehen, die dann „geradezu" als „ein Geschenk des Himmels" erlebt werden kann: „Doch viele verlasse Partner sind um der Kinder willen auf eine neue Partnerschaft und auf eine neue, zivile Eheschließung angewiesen, die sie ohne neue Schuld nicht wieder aufgeben können."[34] Es ist wahr, dass *Familiaris consortio* 84 anerkennt, dass manche „wegen der Erziehung der Kinder" eine zweite Verbindung eingegangen sein mögen. Das Dokument stellt aber klar, dass auch ein solch menschlich verständlicher Beweggrund nicht die Verletzung des Ehegelübdes rechtfertigt. Außerdem scheint es nicht nur ein klassisches Märchenmotiv, sondern auch eine statistisch nachweisbare Tatsache zu sein, dass die Beziehung zwischen Stiefelternteil und Stiefkindern oft alles andere als harmonisch ist. Es ist statistisch belegt, dass Stiefkinder einem höheren Missbrauchsrisiko ausgesetzt sind als andere Kinder.[35] Anders gesagt, es ist nicht sicher, dass es für Kinder eines zu Unrecht verlassenen Partners besser ist, mit einem Stiefelternteil aufzuwachsen als mit nur einem Elternteil. Es ist zumindest nicht so auf der Hand liegend, wie der Kardinal implizit andeutet. Auf alle Fälle ist die Andeutung, dass ein verlassener Partner sich der moralischen Notwendigkeit[36] ausgesetzt sehen könnte, eine zweite Verbindung einzugehen – eine Verbindung, die als Geschenk des Himmels gesehen werden könnte – in der Tat eine Neuerung, die das vorangegangene Lehramt buchstäblich auf den Kopf stellt.

Wenden wir uns jetzt dem Fall der wiederverheirateten Geschiedenen zu, die in der Tat eine gemeinsame Verpflichtung haben, die ihre Trennung moralisch unmöglich macht, wie zum Beispiel ein aus dieser Verbindung geborenes Kind.[37] Auch hierzu haben sich *Familiaris consortio* 84 und *Sacramentum caritatis* 29 explizit geäußert. Beide Dokumente stellen klar, dass diese Menschen nicht in einer unausweichlichen Klemme stecken. Sie befinden sich nicht in einer Situation, wo sie sündigen *müssen.* Es gibt einen möglichen Ausweg. In *Familiaris consortio* 84 lesen wir:

„Wiederversöhnung im Sakrament der Buße, das den Weg zum Sakrament der Eucharistie öffnet, kann nur denen gewährt werden, welche die Verletzung des Zeichens des Bundes mit Christus und der Treue zu ihm bereut und die aufrichtige Bereitschaft zu einem Leben haben, das nicht mehr im Widerspruch zur Unauflöslichkeit der Ehe steht.

Das heißt konkret, dass, wenn die beiden Partner aus ernsthaften Gründen – zum Beispiel wegen der Erziehung der Kinder – der Verpflichtung zur Trennung nicht nachkommen können, ‚sie sich verpflichten, völlig enthaltsam zu leben, das heißt, sich der Akte zu enthalten, welche Eheleuten vorbehalten sind'."

In *Sacramentum caritatis* 29 wiederholt Benedikt XVI. denselben Gedanken, wenn er über die wiederverheirateten Geschiedenen schreibt:

„Wo schließlich die Ehenichtigkeit nicht anerkannt wird und objektive Bedingungen gegeben sind, die das Zusammenleben tatsächlich irreversibel machen, ermutigt die Kirche jene Gläubigen, ihre Beziehung entsprechend den Anforderungen des Gesetzes Gottes als Freunde, wie Bruder und Schwester, zu leben; so können sie – unter Berücksichtigung der bewährten kirchlichen Praxis – wieder am eucharistischen Mahl teilnehmen."

Unseres Erachtens ist es von allergrößter Wichtigkeit zu betonen, dass die kirchliche Praxis schon heute auf eine Bedingung hinweist, unter der zusammenlebende wiederverheiratete Geschiedene die Eucharistie empfangen können. Die wiederverheirateten Geschiedenen können die Eucharistie (und die anderen Sakramente) empfangen, auch wenn sie unter demselben Dach wohnen: wenn sie nämlich darauf verzichten, auch das Bett zu teilen.

Wir fragen uns, warum Kardinal Kasper diese Lösung nicht erwähnt. Sie wird in den Dokumenten und Absätzen, die er zitiert, erwähnt. Daher ist es unwahrscheinlich, dass sie ihm nicht bekannt ist. Könnte diese Lösung für ihn so wenig infrage kommen, dass er sie nicht einmal für erwähnenswert hält? Aber kommt sie wirklich nicht infrage?[38] Zeigen uns der heilige Johannes Paul II. und Benedikt XVI. nicht eine sehr positive Sicht der menschlichen Person als ein Wesen, das zu Selbstbesitz und Selbstbeherrschung in der Lage ist, das fähig ist, seine Sexualität in den Bereich der persönlichen Verantwortung zu integrieren, und daher auch fähig ist, sich sexueller Beziehungen zu enthalten, insbesondere wenn er oder sie die Gnade des Heiligen Geistes, das Neue Gesetz, als neues Prinzip des Handelns empfängt?[39]

„Die Wahrheit überzeugt durch ihre Schönheit."[40] Wenn Wahrheit tatsächlich schön ist, hieße das dann nicht auch, dass Schönheit ein heuristisches Prinzip der Wahrheit ist, genauso wie Hässlichkeit ein Anzeichen für Falschheit ist? Ist es nicht der schönere Standpunkt zu sagen, dass menschliche Sexualität ein Bereich ist, in dem verantwortungsvolles Verhalten möglich ist, ein Bereich, der nicht aus der Sphäre des Selbstbesitzes und der Selbstbeherrschung herausfällt,[41] ein Bereich, in dem Liebe wirklich zum Ausdruck gebracht werden kann? Ist nicht der von unserer zeitgenössischen und pansexualistischen Gesellschaft vertretene Standpunkt sehr viel weniger schön, um nicht zu sagen hässlich, wenn nämlich behauptet wird, dass Enthaltsamkeit unmöglich ist und dass der einzige relevante Unterschied zwischen der Art und Weise, wie Menschen und vernunftlose Tiere ihren Sexualtrieb ausleben, darin besteht, dass Menschen ein Kondom zu benutzen wissen?

Ein besonders krasses Beispiel für diese unmenschliche Sicht der Sexualität kann man in einer Kampagne der deutschen Bundesregierung zur Bekämpfung von Geschlechtskrankheiten finden, was ja ein an sich lobenswertes Ziel ist. Doch das Ergebnis ist, dass die deutschen Bürger sehen müssen,

wie ihr Land mit von Kondomen verzierten Plakatwänden zu-
gepflastert wird, die mehr oder weniger subtil auf alle möglichen sexuellen Praktiken anspielen. Die Moral, die hier vorge-
schlagen wird, ist: Alles ist erlaubt, innerhalb und außerhalb
der Ehe, zwischen Menschen desselben oder unterschiedlichen
Geschlechts, unter Benützung aller möglichen Körperöffnun-
gen. Zwischen Erwachsenen, die ihr gegenseitiges Einverständnis geben, gibt es nur ein Gebot: „Benutze ein Kondom!"
Was bringt die deutsche Bundesregierung den Kindern dieser
Generation bei? Ist das nicht eine äußerst pessimistische Sicht
der menschlichen Person und ihrer Sexualität? Eheliche Treue
als Gegenmittel zur Verbreitung von Geschlechtskrankheiten
scheint keine Option zu sein. Es gibt angeblich keinen Weg,
wie Menschen ihr Sexualverhalten beherrschen können. Voreheliche Enthaltsamkeit als Weg zur Vermeidung von Teen-
agerschwangerschaften? Auch das müsste einer Gesellschaft,
die das Kondom als Erlösung der menschlichen Sexualität fei-
ert, vollkommen absurd erscheinen, eine Tendenz, die offensichtlich nicht nur in Deutschland vorhanden ist, sondern in
den meisten Gesellschaften der westlichen Welt. Was könnte in
einem solchen Kontext fataler sein für die Verkündigung des
Evangeliums der Familie durch die Kirche als die Vermittlung
auch nur des entferntesten Eindrucks, dass sie selbst nicht
glaubt, dass menschliche Sexualität eine Sphäre ist, die von
den Erfordernissen der Liebe gelenkt wird, dass sie selbst nicht
glaubt, dass, wenn Liebe Enthaltsamkeit erfordert, Enthaltsamkeit möglich sein wird?

Die größte pastorale Herausforderung für die Familie im
Kontext der Evangelisierung ist also folgende: Wie soll man das
Evangelium der Familie in einer pansexualistischen Kultur
verkünden? Das heißt in einer Kultur, die sich die grundlegen-
de Prämisse der sexuellen Revolution zu eigen gemacht hat,
wie sie zum Beispiel von Wilhelm Reich vorgelegt worden ist:
Lebensenergie ist sexuelle Energie, Sex dient der Erholung und
Entspannung, nicht der Zeugung; Enthaltsamkeit von Sex ist

ebenso unmöglich wie Enthaltsamkeit von Essen und Trinken.
Menschen brauchen Sex wie Brot und Wasser. Kein Wunder also, dass die Leute über Sex verhandeln wie über alles andere
Lebensnotwendige, dass sie Sex wie eine Ware kaufen und ver-
kaufen. Die Kirche hat sich dieser Prämisse immer widersetzt
und verkündet, dass sexuelle Handlungen der ehelichen Liebe
vorbehalten sind: einer Liebe, die menschlich, total, exklusiv,
dauerhaft und fruchtbar ist.[42] Sicherlich meinen viele unserer
Zeitgenossen, dass die Kirche einfach lehrt, dass Sex nur der
Zeugung von Nachkommen dient. Sicherlich unterstreicht sie
die Tatsache, dass Sex und Babys zusammengedacht werden
müssen, und doch ist da mehr. Ein Mann, der zu einer Prostituierten geht mit der expliziten Absicht, sie zu schwängern, begeht in den Augen der Kirche immer noch eine Sünde. Was die
Kirche in Wahrheit lehrt und immer gelehrt hat, ist, dass der
einzige angemessene Kontext für den Vollzug menschlicher
Sexualität der Kontext der ehelichen Liebe ist. Das Argument
von *Humanae vitae* ist, dass es ein Erfordernis der ehelichen Liebe ist, in jedem ehelichen Akt offen zu sein für die Zeugung
neuen menschlichen Lebens.[43] Mit anderen Worten, eine eheliche Vereinigung, in der die beiden Ehepartner sich selbst vor-
sätzlich unfruchtbar machen, kann nicht als Akt ehelicher Liebe bezeichnet werden und ist darum sündhaft.[44] Sex ist der
ehelichen Liebe vorbehalten. Außerhalb dieses Kontexts der
Liebe erreicht er weder seine Wahrheit noch seine Schönheit.
Sex kann nur aus Liebe sein, wenn wir in seiner Ausübung frei
sind, das heißt wenn wir zeitweise oder auch auf Dauer enthaltsam sein können, in Anbetracht der Tatsache, dass es Situationen geben kann – die Abwesenheit eines Ehepartners aufgrund einer Geschäftsreise, die Krankheit eines Ehepartners,
eine große Zahl von Kindern –, in denen Enthaltsamkeit ein Erfordernis der Liebe ist. Enthaltsam zu sein kann schwierig und
anspruchsvoll sein; wir können fallen und aufgerufen sein,
uns wieder zu erheben, aber prinzipiell ist Enthaltsamkeit
möglich.

Wenn wir als Kinder der Kirche nicht glauben, dass es menschlich möglich, medizinisch gesund oder gesellschaftlich ratsam ist, den Vollzug menschlicher Sexualität auf die ehelichen Akte zu beschränken – das heißt auf frei gewählte Akte sexueller Intimität zwischen einem Mann und einer Frau, die einander öffentlich lebenslange Treue und sexuelle Ausschließlichkeit versprochen haben und die eine Offenheit für die Zeugung neuen Lebens wahren –, dann sollten wir ganz aufhören, über Angelegenheiten zu sprechen, die die menschliche Sexualität, die Familie, das menschliche Leben und die menschliche Würde betreffen. Fast alles, was die Kirche über diese Themen sagt, steht und fällt mit der grundlegenden Lehre über den angemessenen Ort der menschlichen Sexualität. Die Kirche sagt, dass es zur Würde des Menschen gehört, in einem Akt ehelicher Liebe empfangen zu werden, die Inkarnation der Liebe zwischen Ehemann und Ehefrau zu sein, nicht das Produkt des menschlichen Strebens nach Macht und Herrschaft. Wenn es unmöglich wäre, die Ausübung menschlicher Sexualität auf Akte der ehelichen Vereinigung zu begrenzen, dann könnte kein Kind das Recht haben, aus einer solchen Vereinigung geboren zu werden. Keinem von einer Mutter geborenen Kind, die sich nicht einmal an den Namen des Vaters erinnerte, würde Unrecht geschehen. Und ebenso würde dem Kind, das durch die Macht der Technik zur Welt käme, hergestellt als das Produkt eines herrischen Willens, kein Unrecht geschehen. Wenn der Ursprung des menschlichen Lebens nicht Geschenk ist, warum sollte man sich dann nicht von ihm befreien, wenn es nicht länger passt? Wenn ich mich selbst nicht als Geschenk empfangen habe, sondern zur Existenz gezwungen wurde von dem manipulierenden Willen eines Elternteils oder beider Eltern, warum sollte ich dann nicht meinem Leben ein Ende setzen, wenn ich es für angebracht hielte? Warum sollte eine Gesellschaft nicht das Leben ihrer Bürger beenden, wenn sie es für angebracht hielte?

1.3. Die Familie und die Evangelisierung einer Kultur

Das Thema der kommenden Synode ist: *Die pastoralen Herausforderungen für die Familie im Kontext der Evangelisierung.* Man könnte dieses Thema aus dem Blickwinkel betrachten, inwieweit die Lehre der Kirche über menschliche Sexualität, Ehe und Familie selbst ein Hindernis für die Evangelisierung ist. Würde die Lehre der Kirche nicht anziehender werden, wenn sie entgegenkommender wäre, zum Beispiel durch die Tolerierung bestimmter Formen sexueller Aktivität außerhalb der Ehe, so wie im Fall der zivil wiederverheirateten Geschiedenen? Warum aber sollte man dann, wie Kardinal Caffarra kritisch bemerkt, nicht auch den vorehelichen oder homosexuellen Vollzug der Sexualität tolerieren?[45] Würden wir diesen Stein des Anstoßes wegnehmen, auf dem geschrieben steht, dass Sex ausschließlich für die eheliche Liebe bestimmt ist, würden wir auch den Eckstein beseitigen. Wir sollten dann das Reden über Sexualität den Sexualforschern und die Debatte über Ehe und Familie den Psychologen und Soziologen überlassen.

Wäre dem Anliegen der Evangelisierung auf diese Weise gedient? Anscheinend nicht. Denn sehen wir uns einmal das Beispiel einer ansehnlichen Zahl kirchlicher Gemeinschaften anglikanischer und protestantischer Tradition an. Es ist kein Ausdruck der Respektlosigkeit, sondern nur eine Feststellung der Tatsache, dass viele von ihnen es im Grunde aufgegeben haben, auf den moralisch anspruchsvolleren Aspekten des Evangeliums der Familie zu bestehen. Empfängnisverhütung, künstliche Befruchtung, Scheidung und Wiederverheiratung, vorehelicher Geschlechtsverkehr, die Segnung von homosexuellen Lebensgemeinschaften: All dies wird von vielen dieser Institutionen weithin toleriert, wenn nicht sogar gefördert. Und doch: Hat diese Toleranz etwa zu einer geistlichen Erneuerung der Kirche von England geführt? Blühen und gedeihen die deutschen Lutheraner? Gibt es einen neuen Frühling für die liberalen Presbyterianer Amerikas? Soziologische Fakten scheinen das Gegenteil zu sagen. In der Tat deutet die amerikanische Soziologin Mary Eberstadt in ihrem sehr aufschlussreichen Buch *How the West Really Lost God* („Wie der Westen Gott wirklich verlor") an, dass die liberalen protestantischen und anglikanischen Gemeinschaften rückläufig sind hinsichtlich Besucherzahl, Mitgliederzahl und allgemeiner Lebendigkeit. Ihrer Ansicht nach begehen diese Institutionen das, was sie „religiösen Selbstmord" nennt und was zurückzuführen ist auf die Tatsache, dass sie es versäumt haben, die Familie ernst zu nehmen: „In ihrem Bemühen, Einzelpersonen zu erreichen, die eine Abschwächung der christlichen Lehre wünschen, scheinen sie unbeabsichtigterweise darin versagt zu haben, ihre Basis zu schützen: gedeihende Familien, die das Leben weitergeben würden, sowohl im wörtlichen Sinn als auch im übertragenen Sinn mit der Weitergabe ihrer Religion."[46] Auf der anderen Seite sind die wachsenden Kirchen und kirchlichen Gemeinschaften gerade diejenigen, die sehr anspruchsvolle und gegenkulturelle sittliche Anforderungen stellen: konservative evangelikale Gemeinschaften, Pfingstgemeinden und die katholische Kirche.[47] Warum sollten wir als Katholiken uns an kirchlichen Gemeinschaften und Gruppierungen orientieren, die objektiv an Teilnahme, Mitgliederzahl und gesellschaftlichem Einfluss auf dem absteigenden Ast sind und sich zum Teil am Rande der Auflösung bewegen?[48] Es ist gut und richtig, unsere von uns getrennten Brüder und Schwestern zu achten und zu lieben. Aber das heißt nicht, dass wir ihre Fehler nachmachen sollen. Wir sollten vielmehr aus ihnen lernen.

Die Lehre der Kirche über Sexualität, Ehe und Familie, so wie sie sie durch die Jahrhunderte hindurch konsequent gelehrt hat, ist kein Hindernis für die Evangelisierung. Eher bereitet diese Lehre durch die Förderung der Familie den Boden für die Annahme der Botschaft des Evangeliums. So sagt Papst Franziskus: „Die ‚Frohe Botschaft' der Familie ist ein sehr wichtiger Teil der Evangelisierung, den die Christen allen durch ihr Lebenszeugnis vermitteln können; und das tun sie bereits, das ist in den säkularisierten Gesellschaften deutlich zu erkennen: Die wirklich christlichen Familien sind an der Treue, der Geduld, der Offenheit für das Leben, der Achtung der alten Menschen zu erkennen ... Das Geheimnis all dessen ist die Gegenwart Jesu in der Familie."[49] Eberstadt unterstreicht, dass die statistischen Angaben für die westliche Welt ganz klar auf eine Beziehung zwischen Religiosität und Familie hindeuten. Während lange Zeit unter den Soziologen die Ansicht vorherrschte, dass Menschen mehr auf die Familie fokussiert sind, wenn sie religiöser sind (mehr Gott = mehr Familie), liefert Eberstadt einen umfangreichen statistischen Beleg dafür, dass es plausibler ist, einen Einfluss in die umgekehrte Richtung anzunehmen, zumindest in der Großzahl der Fälle. Ihr zufolge hat das, was sie den „Familien-Faktor" nennt, einen sehr relevanten Einfluss auf die Religiosität der Menschen oder der Kulturen.[50] Ihre Grundthese könnte man dann folgendermaßen zusammenfassen: mehr Familie = mehr Gott; weniger Familie = weniger Gott.

Nehmen wir an, dass sie die soziologischen Daten richtig interpretiert und dass Familienleben in der Tat die religiöse Praxis begünstigt, während der Niedergang der Familie tendenziell das Nachlassen dieser Praxis mit sich bringt. Doch es ist immer noch notwendig, die Frage nach möglichen Gründen für diesen Zusammenhang zu stellen. In ihren eigenen Erklärungsversuchen weist Eberstadt auf die verschiedenen Momente hin, in denen die Familie die Menschen für die Transzendenz offen sein lässt. Da ist zum einen der Augenblick der Geburt eines Kindes, der „gewöhnlich von sehr vielen als transzendentales Ereignis wie kaum ein anderes wahrgenommen wird"[51]. In der Geburt offenbart sich ein neues menschliches Leben. Die Eltern wissen, dass sie die Urheber dieses Lebens sind und dass doch das Ergebnis die Ursache übersteigt. Das Kind wird erfahren als etwas, das größer ist als das, wofür sie allein verantwortlich sein könnten. Zweitens geschieht es in der Familie, dass Menschen beginnen, sich mehr um andere zu sorgen als um sich selbst, was ebenfalls bedeutet, sich der Transzendenz zu öffnen. Eberstadt schreibt: „Alle Männer und Frauen fürchten den Tod; aber nur Mütter und Väter gehören zu denen, die den Tod eines anderen Menschen mehr fürchten als ihren eigenen, denn das tun sie fast alle."[52] In der Familie lernen die Menschen, was es heißt, etwas zu haben, für das man lebt und für das man auch zu sterben bereit ist.

Einen noch tieferen Blick auf die positive Beziehung zwischen der Familie und der Offenheit eines Individuums oder einer Kultur für Gott erlaubt uns Benedikt XVI.: In einer sehr eindrücklichen Argumentation zitiert er das berühmte Augustinus-Wort: „Doch du siehst in der Tat die Dreifaltigkeit, wenn du die Liebe siehst."[53] Wenn das wahr ist, dann ist der Weg der Liebe der überzeugendste Beweis für die Existenz Gottes und der Königsweg der Evangelisierung. Nun ist der Weg der Liebe eng verbunden mit der christlichen Familie, denn: „In dem Maße, in dem es der christlichen Familie gelingt, durch einen ständigen Weg der Umkehr, der von der Gnade Gottes getragen ist, die Liebe als Gemeinschaft und Dienst zu leben, als gegenseitiges Geschenk und Öffnung gegenüber allen Menschen, ist sie in der Welt Abglanz der Herrlichkeit Christi und der Schönheit der göttlichen Dreifaltigkeit."[54] Eine Familie, die in der Gemeinschaft gegenseitiger Hingabe lebt und auf diese Weise die Liebe widerspiegelt, die das Wesen Gottes ist, würde somit zu den überzeugendsten Beweisen für die Existenz Gottes zählen. Die Familie wird eine „erlöste und erlösende Gemeinschaft"[55]. Aus diesem Grund ist laut Benedikt die „Ehe" – und wir dürfen hinzufügen: die Familie – „berufen, nicht nur Objekt, sondern auch Subjekt der neuen Evangelisierung zu sein"[56].

***

Insoweit die Morallehre der Kirche die Familie unterstützt, unterstützt sie auch das kirchliche Anliegen der Evangelisierung.

Aber es gibt einen noch direkteren Weg, wie die Verkündigung einer Lebensweise durch die Kirche die Verbreitung des Evangeliums fördert. Gemeint ist die simple Tatsache, dass Menschen von Natur aus interessiert sind an dem, was ihr Leben direkt betrifft. Sie mögen dem zustimmen oder auch nicht, aber sie hören zu. Wenn die Kirche aufhören würde, offen über moralische Fragen zu sprechen oder ihre Position dem anpassen würde, was von den sozialen Medien als allgemeiner Konsens dargestellt wird, dann würde sie sich selbst aus der wichtigsten kulturellen Debatte ausklinken und bedeutungslos werden. Die Sitten sind wichtig, und das vielleicht ganz besonders sogar für Menschen unserer Tage. Man mag die christliche Morallehre nicht kennen oder gegen sie sein, aber sicherlich ist man der Moral als solcher gegenüber nicht gleichgültig. Krankenhäuser richten Bioethik-Räte ein und dasselbe tun die Regierungen vieler Länder. Menschen gehen auf die Straße, um gegen die biogenetische Manipulation von Pflanzen zu demonstrieren. Sie boykottieren aus Pflanzen hergestellten Treibstoff, weil sie sensibel sind für die Tatsache, dass dieses Verfahren unweigerlich die Nahrungsmittelpreise in die Höhe treibt und so Menschen vom Verhungern bedroht werden.

Auch im Bereich der Sexualität ist unsere zeitgenössische Kultur sehr viel weniger libertär, als man erwarten könnte. Während bei freiwilligem Einverständnis unter Erwachsenen alles erlaubt ist, ist man doch sehr darauf bedacht, dass nichts gegen oder ohne die Einwilligung des anderen getan werden darf. Es gibt immer noch moralische Grenzen, die nicht in Sand geschrieben, sondern in Stein gemeißelt sind. Vielleicht ist es nicht länger die Grenze zwischen dem Sexualakt mit der eigenen Frau oder dem Gang zu einer Prostituierten, aber sicherlich bleibt die Grenze bestehen, ob die Prostituierte volljährig oder minderjährig ist. Die Frage der Gerechtigkeit, der Reife und der Fähigkeit zur Einwilligung ist hier zentral. Wir leben nicht in einem Zeitalter moralischer Gleichgültigkeit, und generell verstehen sich die Menschen selbst auch nicht als freudige Verfechter der Zügellosigkeit. Befürworter der Abtreibung sehen sie als *Recht* auf persönliche Autonomie und die Privatsphäre. Den Gebrauch von Kondomen und anderen Mitteln der Empfängnisverhütung zu fördern, wird als moralische Pflicht gesehen, um das Unheil der Überbevölkerung und die Ausbreitung von Geschlechtskrankheiten zu verhindern. Ein Papst, der fragt, ob die flächendeckende Verteilung des Kondoms die richtige Art und Weise ist, die HIV-AIDS-Epidemie in Afrika zu stoppen, wird nicht als rigoroser Moralapostel oder Spielverderber angeklagt, sondern ihm wird vorgeworfen, *unmoralisch* oder kriminell zu sein.[57] Positiv gesehen, zeigt all dies, dass Moral für unsere Zeitgenossen wichtig ist.

Die Welt, in der wir leben, formuliert all ihre großen Sorgen – ob aufrichtig oder nicht, mag dahingestellt sein – in moralischen Begriffen: Wir ziehen nicht aus Gier oder Machthunger in den Krieg; wir wollen weder Öl noch Land, sondern wir wollen Gerechtigkeit durchsetzen. Unsere Kriegsgründe sind sogar moralisch edler als das Recht auf Selbstverteidigung, das die Kirche immer als einzigen legitimen Grund anerkannt hat. Wir kämpfen unsere Kriege nicht länger im Namen Gottes (das wäre unaufgeklärt), sondern im Namen der Moral, das heißt im Namen der Gerechtigkeit, die wir in Ländern wie Bosnien und Afghanistan, Irak und Libyen gesucht haben und der wir zur Durchsetzung verhelfen wollten. Was würde passieren, wenn die Kirche in dieser Welt aufhören würde, über Moral zu sprechen? Die moderne Welt würde in ihr nicht länger einen Gesprächspartner finden hinsichtlich der Themen, die ihr am meisten am Herzen liegen. Was ist gerecht und was ist ungerecht? Wie kann man sein Leben gut führen? Wenn die Kirche also über Themen der Moral spricht, von Empfängnisverhütung und künstlicher Befruchtung über Klonen und genetische Manipulation bis hin zu vorehelichem Geschlechtsverkehr, Scheidung, Abtreibung und Euthanasie, dann hat sie in der modernen Welt einen Gesprächspartner. Die moderne Welt mag nicht zustimmen, sie mag empört und schockiert sein; sie mag Medienkampagnen gegen Einzelpersonen oder die gesamte Kirche starten; sie mag, wie das jüngst in Frankreich passiert ist, Christen ins Gefängnis stecken für kein größeres Verbrechen als das, T-Shirts getragen zu haben, auf denen eine Familie aus Mann, Frau und ihren Kindern abgebildet war.[58] Nichtsdestotrotz zeigt die moderne Welt gerade dadurch, dass sie Ärger, Wut und Unverständnis gegenüber der Morallehre der Kirche zum Ausdruck bringt, dass sie diese für wichtig hält, und das ist weit entfernt von der einzigen Haltung, die tödlicher ist als Opposition, nämlich Gleichgültigkeit.

Tatsächlich wird die größte kulturelle Revolution unserer Tage ganz in moralische Begriffe gehüllt. Gender-Mainstreaming, das ist der Versuch, das Vorhandensein sexueller Verschiedenheit bedeutungslos werden zu lassen, wird sehr oft in der Sprache des Rechts zum Ausdruck gebracht. Das ist zum Beispiel der Fall in der Antrittsrede von US-Präsident Barack Obama zu seiner zweiten Amtszeit 2013, in der er mit großem Pathos die moralische Pflicht der Regierung unterstreicht, allen Arten von Diskriminierung ein Ende zu setzen:

„Wir, das Volk, erklären heute, dass die selbstverständlichste Wahrheit – dass wir alle gleich geschaffen wurden – wie ein Stern ist, der uns noch immer leitet ... Es ist nun an unserer Generation, das weiterzuführen, was diese Pioniere begonnen haben. Denn unsere Reise ist erst vollendet, wenn unsere Frauen, Mütter und Töchter einen Lebensunterhalt verdienen, der ihrer Leistung entspricht. Unsere Reise ist erst vollendet, wenn Homosexuelle vor dem Gesetz ebenso behandelt werden wie alle anderen auch, denn wenn wir wahrhaftig gleich geschaffen sind, dann muss die Liebe, die wir einander entgegenbringen, auch gleichwertig sein."[59]

Für Präsident Obama und für viele unserer Zeitgenossen ist Liebe Liebe, ob nun zwischen Menschen verschiedenen oder desselben Geschlechts. Und während die potenziell universale Nächsten- und Feindesliebe etwas ist, das unser Herr Jesus Christus selbst gepredigt hat, wird aus der Heiligen Schrift und der gesamten christlichen Überlieferung ebenso deutlich, dass bei einer Liebe, die den Gebrauch der Geschlechtsorgane einschließt, eine Unterscheidung nicht nur erlaubt, sondern gefordert ist. Wenn Liebe gleich Liebe ist, dann allerdings ist geschlechtliche Verschiedenheit vollkommen bedeutungslos und damit auch die Frage nach der potenziellen Fruchtbarkeit einer sexuellen Vereinigung.

Die Gendertheorie stützt sich auf die Unterscheidung von Geschlecht und Gender. Während das Geschlecht biologisch vorgegeben ist, ist Gender ein soziales Konstrukt. Und in der Tat scheint es so zu sein, dass man unterscheiden kann zwischen der biologischen Tatsache des Mann- oder Frauseins und der individuellen oder sozialen Aneignung oder Äußerung dieser Tatsache. Deswegen schreibt Jutta Burggraf: „Der Begriff *Gender* kann akzeptiert werden als menschlicher und damit freier Ausdruck, der gegründet ist auf die sexuelle biologische Identität als männlich oder weiblich. Er ist angemessen für die Beschreibung kultureller Aspekte, die sich um die Struktur der Rollen von Mann und Frau im sozialen Kontext drehen."[60] Aber die Gendertheorie geht darüber hinaus. Sie führt einen Bruch zwischen biologischem Geschlecht und sozialem Gender herbei und zieht damit die extremen Konsequenzen aus Simone de Beauvoirs berühmten Worten: „Man kommt nicht als Frau zur Welt, sondern wird es."[61] Sie leugnet jegliche Bedeutung des sexuellen Unterschieds für die Bildung der eigenen Identität so weitgehend, dass nach Tony Anatrella „die Vorstellung der sexuellen Orientierung die Idee der sexuellen Identität vollständig ersetzt und zum Beispiel Homosexualität als Alternative zur Heterosexualität darstellt, was sie in Wirklichkeit nicht ist"[62]. Ob jemand sich ausschließlich vom anderen Geschlecht angezogen fühlt oder ob man sich selbst als zu einer der LGBT-Kategorien (lesbisch, gay, bisexuell, transgender) zugehörig empfindet, wird somit wichtiger für die Definition der eigenen Identität als das Mannoder Frausein.

Es scheint in der Tat so zu sein, dass die Gendertheorie nur in einer Gesellschaft entstehen kann, der jedes Bewusstsein für den Zusammenhang zwischen sexueller Aktivität und Zeugung verloren gegangen ist. Nur in einem derartigen Kontext kann die sexuelle Präferenz wichtiger werden als der Geschlechtsunterschied mit seinem inneren Bezug zur Fruchtbarkeit. Wenn Menschen auf der Grundlage ihrer Genderidentität anerkannt werden müssen und wenn die Genderidentität nahezu vollkommen unabhängig ist vom biologischen Geschlecht, dann ist für Erzieher keinerlei objektive Tatsache gegeben, die es ihnen erlauben würde, Mädchen und Jungen unterschiedlich zu behandeln. Das Beste für sie wird sein, den Geschlechtsunterschied vollkommen zu ignorieren, damit die Kinder ihre Genderidentität ohne Einmischung der Erwachsenen von sich aus aufbauen können. Dies hat zum Ergebnis, dass es bereits Orte gibt, an denen die wohlbekannte Tatsache, dass Frauen schwanger werden können, keine größere Rolle in der Sexualerziehung spielen darf, so als wäre Schwangerschaft lediglich eine weitere Geschlechtskrankheit, die aufgrund irgendeiner Ungerechtigkeit nur weibliche Wesen betrifft, wobei allerdings alle Beteiligten gemeinsam die Verantwortung dafür tragen, sie zu vermeiden. Offensichtlich bewirkt das bloße Ignorieren der Tatsache, dass Geschlechtlichkeit, das heißt der geschlechtliche Unterschied, existiert, nicht, dass dieser einfach verschwindet. Wie die feministische Autorin Camille Paglia unterstreicht, kann die Ignorierung des Geschlechtsunterschieds nur schädliche Folgen haben, weshalb sie die öffentlichen Schulen in Amerika ermahnt, das Geschlecht in der Sexualerziehung wieder zum Thema zu machen und den wesentlichen Unterschied zwischen Jungen und Mädchen anzuerkennen. Mit gesundem Realismus warnt sie, „dass es absurd ist, die raue Wirklichkeit zu umgehen, dass

Jungen bei sorglosen Sexabenteuern weniger zu verlieren haben als Mädchen, die eine Schwangerschaft riskieren und deren zukünftige Fruchtbarkeit von Krankheit beeinträchtigt werden kann"[63].

Im Kontext einer von der Gendertheorie beeinflussten Kultur wird es als roher Biologismus angesehen, wenn man der Tatsache große Bedeutung beimisst, dass eine wie auch immer erreichte „Vereinigung" zwischen Personen desselben Geschlechts von sich aus unfruchtbar ist, während die sexuelle Vereinigung zwischen einem Mann und einer Frau potenziell fruchtbar ist, und wenn sie unfruchtbar sein sollte, so ist sie dies nur akzidenziell. Dass menschliche Fortpflanzung von höchster persönlicher Bedeutung ist, wird einfach geleugnet, im Gegensatz zur gelebten Erfahrung der meisten Menschen fast aller Altersstufen. Ist nicht auch heute das Vater- oder Mutterwerden eines der bedeutendsten Ereignisse im eigenen Leben, das es am meisten verändert? Ein Mann, der Vater wird, und eine Frau, die Mutter wird, sind nicht mehr dieselben. Die neue Beziehung zum Kind bringt eine tiefe Veränderung für die personale Identität mit sich, und sie verändert auch die Beziehung zwischen Mann und Frau, die jetzt mehr sind als zwei Liebende: Sie sind der Vater und die Mutter des Kindes des jeweils anderen geworden. Gerade durch ihre prokreative Dimension offenbart die menschliche Sexualität dem Menschen eine Berufung, einen Ruf zur Transzendenz, einen Aufruf, über sich selbst hinauszugehen. Die heutige Kultur läuft Gefahr, all dies aus dem Blick zu verlieren. Die Gendertheorie behauptet, dass persönliche Identität wesentlich selbstbestimmt ist und wenig zu tun hat mit Fruchtbarkeit oder zwischenmenschlichen Beziehungen. In diesem Augenblick wächst eine neue Generation heran, die in Bezug auf ihre Identität vollkommen verwirrt und verunsichert ist. Die Kinder dürften wohl spüren, dass es ihnen nicht länger erlaubt ist, Söhne und Töchter zu sein, dass sie nicht berufen sind, Ehemänner und Ehefrauen, Väter und Mütter zu werden. Es wird sehr schwer für

sie werden, eine Antwort auf die grundlegende Frage nach
dem Ziel und Sinn zu finden, das heißt, nach dem, wofür sie leben sollen. Die Zielursache ist der Grund aller Gründe und sie
laufen Gefahr, sie aus dem Blick zu verlieren. Was wir sehr viel
mehr ersehnen als sexuelle Befriedigung ist, dass unser Leben
fruchtbar ist, dass wir ein Zeichen im Leben eines anderen hinterlassen (und was könnte ein größeres Zeichen im Leben eines
Menschen sein, als einen Menschen ins Leben gerufen zu haben?), dass wir nicht umsonst gelebt haben, sondern anderen
Leben geschenkt haben. Was wird mit einer Generation geschehen, der man beigebracht hat, dass derartige Wünsche roher Biologismus sind?

Angesichts der Herausforderung, die der Kirche durch die
Gendertheorie gestellt wird, erhalten die Worte Kardinal Kaspers besondere Dringlichkeit: „Wir dürfen die Diskussion nicht
beschränken auf die Situation der wiederverheiratet Geschiedenen."[64]

In der Zeit einer radikalen anthropologischen Revolution
können wir es uns nicht erlauben, Zeit mit Problemen zu ver-
bringen, die vor vierzig Jahren wichtig waren und die nur im
Kontext einer zumindest nominell christlichen Kultur im Westen zutage getreten sind. Diese Kultur existiert nicht mehr. Die
gegenwärtige Kultur der westlichen Welt ist eine Kultur, in der
unsere Zeitgenossen versuchen, die Schöpfungswahrheit „Als
Mann und Frau schuf er sie" (Gen 1,27) auszulöschen. Darüber
hinaus ist die universale Kirche größer als der Westen, wo dieses Problem deutlicher zu spüren ist. Mit einer unzulässigen
Betonung des Problems der wiederverheirateten Geschiedenen
laufen wir Gefahr, der Gesamtkirche eine eurozentrische oder
auf den Westen zentrierte Perspektive aufzuerlegen und so die
Interessen derjenigen Ortskirchen zu ignorieren, die andere
Sorgen haben.[65]

Im Gegensatz dazu haben die von der Gendertheorie gestell-
ten Herausforderungen Bedeutung für die Perspektive der
Gesamtkirche. Ihre Wichtigkeit für die Verkündigung des

Evangeliums darf nicht unterschätzt werden. Eine Synode, die über die pastoralen Herausforderungen für die Familie im Kontext der Evangelisierung berät, würde sicherlich gut daran tun, dieses Thema anzuschneiden, weil es das Herz des Christentums berührt. Benedikt XVI. hat in den ersten Monaten seines Pontifikats in der Ansprache an die Teilnehmer der Pastoraltagung der Diözese Rom eine Tatsache behandelt, die so offensichtlich ist, dass sie leicht übersehen werden kann: „Das Geheimnis der Liebe Gottes zu den Menschen erhält seine sprachliche Gestalt aus dem Vokabular von Ehe und Familie."[66] Gott hat sich selbst als *Vater* offenbart; Jesus bezeichnet sich selbst als *Sohn* Gottes, der uns befähigt, Gottes Söhne und Töchter zu werden, was Gläubige zu tatsächlichen und alle Menschen zu potenziellen *Brüdern* und *Schwestern* werden lässt. Nach der Heiligen Schrift ist die Kirche die *Mutter* aller Gläubigen (Gal 4,26) und die *Braut* Christi (Offb 21,9). Welche Bedeutung könnte diese Verkündigung des Evangeliums noch haben, wenn die Menschen nicht länger im Schoß einer Familie geboren und aufwachsen würden? Sie wären nicht länger im Besitz der fundamentalen Erfahrungen, die im Zentrum des christlichen Glaubens stehen: Brautschaft, Elternschaft, Kindschaft, Geschwisterlichkeit. Der Glaube würde für sie ganz einfach unverständlich werden.

Einige westliche Bürokratien gehen im Gender-Mainstreaming mittlerweile so weit, dass sie die Worte „Vater" und „Mutter" aus Dokumenten und offiziellen Formularen streichen und diese anscheinend tadelnswerten Begriffe durch die annehmbareren Ausdrücke „Elter 1" und „Elter 2" ersetzen. Die Genderideologie wurde im Westen in die schulischen Lehrpläne eingeführt, und wenn die Kirche weiter schweigt, dann könnte in ungefähr zwanzig Jahren das „Vaterunser" für fromme, gender-gemainstreamte Ohren anstößig klingen. Das könnte so weit gehen, dass Eltern, die ihren Kindern das Vaterunser beibringen, das Sorgerecht verlieren und ins Gefängnis wandern. Da der *Katechismus der Katholischen Kirche* unter Nummer 2358

Homosexualität als „Neigung, die objektiv ungeordnet ist", bezeichnet, könnte er früher oder später auf dem Index moralisch sensiblerer Regierungen landen, die rigoros das Recht jedes Menschen hochhalten, nicht diskriminiert zu werden. Wir sehen, dass viel auf dem Spiel steht und dass die Kirche viel zu tun hat, um die Schönheit der sexuellen Differenz zu verkünden und zu erklären, die, wie Luce Irigaray sagt, *das* Thema unserer heutigen Zeit ist.[67] Die Kirche muss zeigen, dass die sexuelle Differenz mit unserer Berufung zur Liebe zusammenhängt und mit unserer Berufung, Leben zu gestalten, die fruchtbar sind. Bahnbrechendes hat in diesem Zusammenhang Papst Johannes Paul II. mit seiner Theologie des Leibes geleistet. Wir sehen auch die Notwendigkeit, besser zu erklären, dass Unterscheiden und Differenzieren nicht automatisch Diskriminieren bedeutet, dass eine Neigung ungeordnet zu nennen nicht bedeutet, den Menschen, der sie hat, als einen schlechten Menschen zu bezeichnen, und dass eine solche Neigung zugleich keine Rechtfertigung für frei gewählte Akte, mit der sie ausgelebt wird, ist.

All dies mag uns teuer zu stehen kommen, weshalb es wichtig ist, dass diejenigen, die im Namen der Kirche lehren, wieder ein Bewusstsein von der Schönheit und Kostbarkeit der Botschaft des Evangeliums erlangen. Der karitative Einsatz der Kirche auf der ganzen Welt verleiht ihrem Zeugnis große Kraft. Und doch darf sie nicht eine von vielen karitativen Organisationen sein. Als bloße Agentur für Sozialdienste ist die Kirche ersetzbar. Und ebenso reicht es nicht, über Gottes Liebe und Barmherzigkeit zu sprechen, ohne darauf hinzuweisen, wie diese Liebe und Barmherzigkeit unser Leben berührt und verwandelt. Gottes Barmherzigkeit ist eine heilende Barmherzigkeit, die uns wieder auf die Beine stellt, damit wir laufen können. Sie deckt unsere Wunden und Sünden nicht bloß zu, sondern sie verwandelt uns von innen her.

Angesichts des gegenwärtigen kulturellen Kontexts wäre es ein schrecklicher Fehler, auch nur entfernt den Eindruck zu hinterlassen, dass die mit der Verkündung der kirchlichen Lehre Beauftragten selbst nicht an die Unauflöslichkeit der Ehe, an eheliche Treue, eheliche Ausschließlichkeit und die Möglichkeit einer keuschen Enthaltsamkeit glauben, wenn dies die Liebe in besonderen Lebenssituationen erfordern sollte. Kardinal Kasper hat sicherlich recht, wenn er uns an Folgendes erinnert: „Ebenso muss man die Lehre von der Unauflöslichkeit der Ehe aus dem inneren Zusammenhang der Glaubensgeheimnisse (so das Erste Vatikanische Konzil; vgl. DH 3016) und gemäß der Hierarchie der Glaubenswahrheiten (so das Zweite Vatikanische Konzil in UR 11) verstehen."[68] Das steht in klarer Übereinstimmung mit dem, was Franziskus in *Evangelii gaudium* schreibt. Mit einem Zitat aus dem Zweiten Vatikanischen Konzil bezieht er sich auf dieselbe Tatsache:

> „Alle offenbarten Wahrheiten entspringen aus derselben göttlichen Quelle und werden mit ein und demselben Glauben geglaubt, doch einige von ihnen sind wichtiger, um unmittelbarer das Eigentliche des Evangeliums auszudrücken. In diesem grundlegenden Kern ist das, was leuchtet, die Schönheit der heilbringenden Liebe Gottes, die sich im gestorbenen und auferstandenen Jesus Christus offenbart hat. In diesem Sinn hat das Zweite Vatikanische Konzil gesagt, ,dass es eine Rangordnung oder Hierarchie der Wahrheiten innerhalb der katholischen Lehre gibt, je nach der verschiedenen Art ihres Zusammenhangs mit dem Fundament des christlichen Glaubens'. Das gilt sowohl für die Glaubensdogmen als auch für das Ganze der Lehre der Kirche, einschließlich der Morallehre."[69]

Wenn, wie der Papst betont, der Rang einer bestimmten Lehre in der Hierarchie der Wahrheiten bestimmt wird von ihrer mehr oder weniger unmittelbaren Beziehung zum grundlegenden Kern, nämlich der „Schönheit der heilbringenden Liebe

Gottes, die sich im gestorbenen und auferstandenen Jesus
Christus offenbart hat", dann ist die Lehre von der Unauflöslichkeit der Ehe sicherlich auf einem sehr hohen Rang anzusie-
deln, angesichts der Tatsache, dass der Autor des *Epheserbriefes*
die Beziehung zwischen Mann und Frau mit der Beziehung
zwischen Christus und seiner Kirche in Verbindung bringt
(Eph 5,32), sodass Johannes Paul II. sagen kann, dass eheliche
Untreue es mit sich bringt, „das Zeichen des Bundes mit Christus und der Treue zu ihm" verletzt zu haben.[70] Mit anderen
Worten: Wenn Ehe ein reales und wirksames Zeichen von Gottes Bundestreue ist, wie könnte dann die Lehre der Kirche über
die Unauflöslichkeit der Ehe und eheliche Ausschließlichkeit
nicht einen eher hohen Rang in der Hierarchie der Glaubenswahrheiten haben? Nicht nur Gott ist es, der durch die Ehe zu
uns spricht, sondern auch die Ehe spricht von Gott. Und so betont Benedikt XVI.: „Dem monotheistischen Gottesbild entspricht die monogame Ehe."[71]

1.4. Verantwortung, Furcht und Hoffnung im Vorfeld der Synode

Kardinal Kasper unterstreicht im Zusammenhang mit der pastoralen Sorge für die wiederverheirateten Geschiedenen: „Es
gibt in unserer Frage große Erwartungen in der Kirche." Er
gibt zu: „Zweifellos können wir nicht alle Erwartungen erfüllen." Aber zugleich mahnt er, dass es „zu einer schlimmen Enttäuschung führen" würde, „wenn wir nur die Antworten wie-
derholen, welche angeblich schon immer gegeben wurden"[72].
Hier müssen wir allerdings die Frage stellen, ob dies ein ange-
messenes Argument darstellt. Es sollte scheinen, dass die
Frage, was Menschen von uns hören wollen, uns nicht im Geringsten beeinflussen darf, wenn wir uns der Wahrheit so verpflichtet fühlen, wie wir das sollten. Der Kardinal fährt fort:
„Als Zeugen der Hoffnung dürfen wir uns nicht von einer

Hermeneutik der Angst leiten lassen."[73] Nun könnten wir uns fragen, ob Furcht immer etwas Negatives ist. Es scheint, dass einiges vernünftigerweise zu fürchten ist. Daher stützt Hans Jonas in seinem hervorragenden Buch *Das Prinzip Verantwortung* einen großen Teil seiner Argumentation über die menschliche Verantwortung im Zeitalter der Technologie gerade darauf: auf eine „Heuristik der Furcht"[74], die für ihn ganz und gar nicht dasselbe ist wie Ängstlichkeit oder Furcht *vor* etwas, sondern vielmehr Sorge *um* etwas. Sicherlich sprechen wir hier über einen anderen Kontext als den, um den es bei Jonas geht. Er spricht von einer Angst *um* und einer Verantwortung *für* den Planeten Erde und *für* die Menschheit und spricht uns eine Verantwortung *vor* uns selbst und *vor* den zukünftigen Generationen zu. Im vorliegenden Thema geht es um die Verantwortung der Hirten und Lehrer in der Kirche *für* das Evangelium und *für* die ihnen anvertrauten Gläubigen. Es handelt sich um die Verantwortung *für* ein Erbe, das nicht ihnen gehört, eine Verantwortung, die sie vor Gott haben. Wer sich für etwas verantwortlich fühlt, wird auch Angst haben um das, wofür er verantwortlich ist. Ist es wirklich so unangemessen, eine Heuristik der Furcht auf den vorliegenden Kontext anzuwenden? In manchen Augenblicken sollte uns in der Tat eine gesunde Furcht leiten: die Furcht, dass wir das Evangelium verwässern und verraten; die Furcht, den Menschen nicht die Wahrheit des Evangeliums zu sagen oder Verwirrung unter ihnen zu stiften hinsichtlich seines Inhalts; die Furcht, die Zahl der Sakramente von sieben auf sechs herabzusetzen, wenn nicht in Worten („Lehre"), dann in Werken („pastorale Praxis").

Sicher stimmen wir dem Kardinal zu, wenn er sagt: „Etwas Mut und vor allem biblischer Freimut (*parrhesia*) sind notwendig."[75] Aber sollte dies wirklich der Mut sein, den außerehelichen Vollzug der Sexualität zu tolerieren und letztlich zu billigen? Das ist es, worauf die Vorschläge Kaspers letztlich hinauslaufen. Wenn er, wie er es tut, den Grundsatz aufrechterhält, dass eine vollzogene sakramentale Ehe unauflöslich ist, und

zur selben Zeit vorschlägt, zumindest einige der wiederverheirateten Geschiedenen zur Kommunion zuzulassen, die keinerlei Absicht erkennen lassen, sich dem Vollzug der Sexualität zu
enthalten, dann befürwortet er durch diese Billigung ihrer objektiven Lebenssituation, dass die Kirche „einen außerehelichen Vollzug der menschlichen Sexualität"[76] legitimiert. Ist der
Mut, den wir brauchen, wirklich der Mut, die zweitausendjäh-
rige Lehre der Kirche aufzugeben, dass Sex nur für die eheliche Liebe bestimmt ist? Wäre es nicht vielmehr der Mut, einer
pansexualistischen Kultur zu widersprechen? Wäre es nicht
eher der Freimut, das Evangelium der Familie trotz aller Opposition zu verkünden, ein Evangelium, das als eines seiner zentralen Elemente die Unauflöslichkeit und Einheit der Ehe als
ein wirksames Zeichen von Gottes Bundestreue enthält? Wäre
es nicht vielmehr die Hoffnung, dass das „Für-immer" wirklich möglich ist und dass Gott uns Stärke und Gnade gibt, damit wir fähig sind, das zu erfüllen, was wir in der Tiefe unseres Herzens immer ersehnt haben?

Gegen Ende seiner Überlegungen schreibt der Kardinal:
„Wenn wir das nicht wollen, dann sollten wir keine Synode zu
unserem Thema abhalten, denn dann wäre die Situation nachher schlimmer als vorher."[77] Die Frage ist, was er mit „unserem
Thema" meint. Der unmittelbare Kontext lässt darauf schließen, dass er sich auf das Thema der Zulassung von wiederverheirateten Geschiedenen zur Kommunion bezieht, die nicht
der von *Familiaris consortio* und *Sacramentum caritatis* vorgeschlagenen Praxis folgen wollen. Der weitere Kontext scheint
dieser Interpretation zu widersprechen. An früherer Stelle in
seinen Darlegungen weist er sehr zu Recht darauf hin, dass
man das Problem der wiederverheirateten Geschiedenen
„nicht auf die Frage der Zulassung zur Kommunion reduzieren"[78] darf und etwas weiter, an einer bereits zitierten Stelle,
sagt er klar: „Wir dürfen die Diskussion [über das Evangelium
der Familie und damit vermutlich über das Thema der Synode]
nicht beschränken auf die Situation der wiederverheiratet

Geschiedenen und viele andere, in diesem Zusammenhang nicht genannte schwierige pastorale Situationen." Vielmehr müssten wir „positiv ansetzen und das Evangelium von der Familie in seiner ganzen Schönheit wiederentdecken und verkünden"[79]. Diesen Worten ist nichts hinzuzufügen noch sind hier in irgendeiner Weise Abstriche zu machen.

2. Kapitel

Die Wahrheit des Ehesakraments: Barmherzigkeit und Treue begegnen sich

Die Stichworte Barmherzigkeit und Treue,[1] die die Thematik unseres Buchs erhellen, finden sich in der Weisheitsliteratur als Wesensbestimmungen Gottes wieder. Beide Begriffe beziehen sich auf den *Bund*, der auch die Grundlage für ihre einzigartig starke Einheit bildet.[2] Barmherzigkeit und Treue lassen sich nicht von der Idee eines Schöpfergottes ableiten. Vielmehr äußern sie sich in der geschichtlichen Selbstoffenbarung Gottes, so wie er sich im menschlichen Leben zeigt und erkennen lässt. Innerhalb des Kontextes des Bundes haben Barmherzigkeit und Treue mit dem Willen Gottes für den Menschen zu tun, aber auch mit der menschlichen Antwort darauf, ohne die der Bund nicht entstehen kann.

2.1. Ein Ort der Offenbarung Gottes

Von ihrer Etymologie her sind die beiden Begriffe sehr verschieden. Es handelt sich hier deshalb keineswegs nur um eine semitische Wiederholung, sondern es wird etwas von dem Geheimnis Gottes ausgesagt. Die Barmherzigkeit (*ḥesed*) ist eher affektiv geprägt und hat mit dem Verbleiben im Bund als einer *Bindung* zu tun, die die innere Kraft schafft, Widerstände gegen den Bund zu überwinden;[3] der Begriff der Treue (*'emet*) ist in einem Umfeld von erfahrungsgemäßem Wissen eher kognitiv gekennzeichnet und bezieht sich auf die Beständigkeit des Gotteswortes, die dem Menschen eine einzigartige Sicherheit vermittelt. Beide besitzen somit eine zeitliche Kontinuität, die aus Gott selbst stammt. Die Anrufung „Denn seine Huld/ Barmherzigkeit währt ewig *(kî l^e'ôlām ḥasdô)"*, die im Psalm 136 zur Litanei wird, ist also eine Bitte des Menschen der weiß, dass er mit seinem Gebet ein himmlisches Gut erlangt.

Wir verstehen den Inhalt der Begriffe „Barmherzigkeit" und „Treue" besser, wenn wir sie als Antwort Gottes auf die menschliche Schwäche sehen. Der Mensch kann dann an einer Eigenschaft des göttlichen Handelns teilhaben. Im biblischen Wortgebrauch werden sie fast ausschließlich auf Gottes Handeln bezogen, aber immer in Hinblick einer Wirkung auf den heilsbedürftigen Menschen.

Im Einzelnen hat „Treue" *('emet)* mit dem Glauben zu tun; daraus folgt die Zustimmung des Gläubigen zu eben dieser Treue Gottes und wird zum Ja des *Amen*.[4] Die Festigkeit dieser Zustimmung ist eigentlich nicht menschenmöglich; durch den Glauben wird der Mensch zu einem Zeugen der Treue *('emet)* Gottes. Die Verbindung zur Barmherzigkeit zeigt, dass der eigentliche Gegenstand des christlichen Glaubens die Liebe ist und so besitzt die Barmherzigkeit eine Reihe von spezifischen Eigenschaften, die sie von einfachem Mitleid unterscheidet.

Die größte Einheit der beiden Haltungen findet sich in einer Person, in Christus, der „voll von Gnade und Wahrheit" (Joh 1,14) ist. Seine offensichtliche Fülle steht im Gegensatz zur vorangegangenen Heilsgeschichte: „Das Gesetz wurde durch Moses gegeben, die Gnade und die Wahrheit kamen durch Jesus Christus" (Joh 1,17). Bei beiden Zitaten handelt es sich um eine interessante Interpretation: *ḥesed* wird mit *cháris* (Gnade) übersetzt, und *'emet* mit *alétheia* (Wahrheit).[5] In der johanneischen Theologie bedeutet das eine Klärung der *personalen* Bedeutung der Begriffe in Christus als Offenbarung des Vaters.[6] In ihm ist die Einheit der Barmherzigkeit Gottes (seine Heilstat des Lobes) und seine Treue als Mensch eine Einheit im *Fleisch*, die die gesamte Heilsgeschichte in ihrer größtmöglichen Konkretheit rekapituliert.

Wie Kasper richtig betont, sind in der biblischen Tradition Barmherzigkeit und Wahrheit untrennbar.[7] Diese tiefe Einheit muss das Handeln der Kirche leiten. Der heilige Paulus lädt uns ein, „die Wahrheit in der Liebe" (Eph 4,15) zu tun.[8] Dazu müssen wir aber wissen, dass es eine Wahrheit der Liebe gibt, die eine eigene Logik besitzt und die das kirchliche und gesellschaftliche Leben lenken muss. Sehr tiefgründig wurde dies von Papst Benedikt XVI. in *Caritas in veritate* gelehrt, wo er der Liebe eine gesellschaftliche Bedeutung zuteilt, die einen großen Unterschied macht.[9] Damit sie eine wirkliche Einheit schafft, muss die Liebe sich im Leben eines Volkes verwirklichen, das die Barmherzigkeit lebt und bezeugt.[10] Das ist keine private Dimension, sondern eine universale, die evangelisierend wirkt. So muss also die Pastoral der Kirche aussehen.

2.2. Ihre Leuchtkraft in der Geschichte einer bräutlichen Liebe

Das Aufeinandertreffen von Barmherzigkeit und Treue bedarf einer geschichtlichen Heilstat Gottes innerhalb eines Volkes, um für die Menschen bedeutsam zu werden. Deshalb hat es seinen Platz im *Bund*, dem zentralen und fundamentalen Ereignis der biblischen Tradition.

Der Bundesschluss bildet die Grundlage einer *bräutlichen Analogie* für die Verbindung zwischen Gott und seinem Volk, welche die Tiefe der Liebe Gottes sichtbar macht. Gott bindet sich an Israel wie ein Bräutigam an seine Braut. Gerade das polygame Umfeld Israels lässt uns die wahre Bedeutung dieser göttlichen Offenbarung verstehen.[11] Dabei nimmt das *Hohelied der Liebe* einen besonderen Platz ein. Es sammelt und eint die Weisheitsliteratur, die von der göttlichen Perspektive her die menschliche Erfahrung der Liebe erleuchtet. Auch die prophetischen Zeugnisse werden aufgenommen, um die liebende Gegenwart Gottes inmitten seines Volkes und in der konkreten

Geschichte zu bezeugen. Die Liebe, die der Gläubige erfährt, ist radikal neu und stammt aus einer Unbedingtheit, die das menschliche Maß weit übersteigt.[12] Benedikt XVI. hat das so ausgedrückt: „Dem monotheistischen Gottesbild entspricht die monogame Ehe. Die auf einer ausschließlichen und endgültigen Liebe beruhende Ehe wird zur Darstellung des Verhältnisses Gottes zu seinem Volk und umgekehrt: Die Art, wie Gott liebt, wird zum Maßstab menschlicher Liebe. Diese feste Verknüpfung von *Eros* und Ehe in der Bibel findet kaum Parallelen in der außerbiblischen Literatur."[13]

Die biblische Neuigkeit zeigt eine erstaunliche *Ausschließlichkeit*. Diese ist der Raum, in dem sich das personale Antlitz Gottes zeigt, der uns eine neue Weise zu lieben schenkt: nämlich zu lieben, wie er uns liebt. Das wird von der Enzyklika *Lumen fidei* von Papst Franziskus „ursprüngliche Liebe"[14] genannt. Dieser Ausdruck verdeutlicht, wie diese erste göttliche Gabe alle Menschen in der Liebe, die sie geschaffen hat, umfängt und jedem Leben einen Sinn gibt.

Diese persönliche Liebesverbindung mit Gott strukturiert die gesamte Heilsgeschichte: In ihr finden sich die Hauptgründe unseres Glaubens. Auch die *zentrale* Stellung der Ehe innerhalb der Hierarchie der christlichen Wahrheiten[15] und ihrer wesentlichen Eigenschaften, die zuallererst auf die göttliche Barmherzigkeit gründen, wird damit bestätigt.

Zwei Strukturelemente sind für das Leben des Volkes Israel und für die Kirche wesentlich. Das erste ist die *Verheißung* oder das Versprechen, das sowohl die Ehe wie auch den Bund begründet. In der Geschichte Israels ist die Verheißung die Quelle der Offenbarung Gottes, vor allem wenn in der Exilzeit der Inhalt der Verheißung nicht mehr länger das (nicht mehr vorhandene) Land, der Tempel oder der König ist, sondern ein *Neuer Bund* im Herzen des Volkes versprochen wird, das aus göttlichem Erbarmen heraus wieder treu sein kann. Der Inhalt der Verheißung wird somit durch die Umkehr eine verinnerlichte und universale Wahrheit.[16]

Das zweite Strukturelement bei der Grundlegung des Bundes stützt sich auf die Analogie zwischen Ehebruch und Götzendienst, um so die Kraft der Gegenwart Gottes in der Ehe anzudeuten. Der Parallelismus hat nichts mit einer bloßen Gesetzesübertretung zu tun, sondern zielt auf das *Herz* des Menschen. Für Israel war die Untreue des Götzendienstes schlimmer als eheliche Untreue. Der Vergleich mit dem Ehebruch hat daher nicht die Absicht, die offensichtliche Schwere der Abgötterei zu unterstreichen, sondern ihn vielmehr in einen *neuen,* nicht mehr nur gesetzlichen, sondern affektiven *Sinnzusammenhang* zu rücken. Nur so kann die überraschende Reaktion Gottes darauf richtig eingeordnet werden. Es handelt sich nicht mehr nur um das bloß kultische Problem der Anbetung des einen Gottes *(Henotheismus);* es geht vielmehr um den Kontext eines affektiven Liebesaustausches mit einem Gott, der sich selber schenkt. So muss also die Ausschließlichkeit angesichts eines auf sein Volk eifersüchtigen Gottes verstanden werden.[17] Es ist mehr eine Angelegenheit des Herzens und der Gefühle als die eines äußerlichen Gesetzes. Wir erkennen an Gott eine Innerlichkeit, ein Gefühlsleben. Er will einen *ausschließlichen* Bund mit seinem Volk. Die Ehe als Verbindung zwischen einem Mann und einer Frau fügt sich ein in die geheimnisvolle Absicht Gottes, der im Ehebund der menschlichen Liebe gegenwärtig ist und sich in ihm offenbar macht.

In diesem Kontext zeigt sich die *göttliche Barmherzigkeit* in ihrer Absicht, den Bund mit Gott als endgültig und deshalb unauflöslich zu bewahren. Das größte Hindernis, das dabei zu überwinden ist, bleibt die Schwäche des Menschen, der den Ansprüchen eines solchen Bundes nicht zu entsprechen scheint. Der verheißene Bund muss also das überwinden können, was als ein endgültiger Bruch erscheint: die Sünde des Volkes.

2.3. Sünde und Hartherzigkeit

Die äußeren Zeichen des Bundes ändern sich bekanntlich nach dem Verlust der politischen Unabhängigkeit Israels. Die *Beschneidung* wird wieder ein Bezugspunkt für die Generationsfolge als Verbindung mit dem Bundesschluss der Patriarchen. Das bedeutet die Existenz einer Treue, die in der Verheißung einer Kindschaft besteht, mit der Leben selbst weitergegeben wird und die ein Zeichen der göttlichen Erwählung ist, die uns zuvorkommt und unsere Freiheit vorformt. Die deuteronomische Metapher der „Beschneidung des Herzens"[18] wird mit Bezug auf den Neuen Bund wieder aufgenommen. Diese kann nur von göttlicher Hand gewirkt werden und setzt die Bekehrung des Volkes voraus.

Die Offenbarung der bräutlichen Liebe Gottes richtet sich gegen die sündhafte Untreue, um sie *endgültig* zu besiegen. Das Bild ist also mehr als eine Metapher und unterstreicht die Neuigkeit der göttlichen Vergebung: Sie ist eine Gnade, die das Herz verwandelt, damit der Mensch *wieder dem Bund treu sein kann*, dem Bund, den die Sünde nicht in seiner tiefsten Wirklichkeit zerstören konnte und der im erbarmenden Herzen Gottes bestehen bleibt.[19] Dabei geht es auf keinem Fall darum, die Untreue als unwichtig oder, im Sinne eines kleineren Übels, für zulässig zu halten. Im Gegenteil: Das Vergehen der Untreue wird mit dem Ehebruch verglichen, weil in beiden Fällen ein *Bund gebrochen* wird. Das ist das Schlimmste, was einem Menschen geschehen kann. Gott will die Umkehr des gefallenen Menschen und als Frucht der Barmherzigkeit die Rückkehr zum Leben des Bundes. Er will durch die Wiederversöhnung die Untreue besiegen und eine neue, *treue* Bindung schaffen. Es ist dies eine Rückkehr zur ursprünglichen Bindung aus einer noch größeren Liebe heraus.[20]

Die Antwort Gottes auf die menschliche Sünde ist Vergebung, die aus Erbarmen heraus angeboten wird und selbst ein Zeichen von Erbarmen ist. Die innere Dynamik der Vergebung verhilft uns zu einem besseren Verständnis von Erbarmen selbst:

> „Die Antwort strömt aus dem Inneren Gottes. Angesichts der Sünde des Menschen antwortet Gott mit der *Ver-gebung*. Das italienische Wort *per-dono* setzt sich etymologisch gesehen zusammen aus der Vorsilbe *per-*, die eine Vollkommenheit bedeutet, und *dono*, Geschenk: *per-dono* ist ein vollkommenes Geschenk und bedeutet ‚sich erneut schenken'. Damit geht die Vergebung an die Wurzel der Sünde, die eine Verweigerung der Annahme des Geschenkes ist. Dagegen kann die Strafe nichts ausrichten, denn diese blockiert nur die äußere Handlung. Die Sünde besteht nicht nur in einer Ordnungswidrigkeit oder der Nichtbefolgung einiger Gebote. Sie ist eine Zurückweisung der Gabe, die Gottes eigene Hingabe ist, und kann nur durch eine erneuerte Liebe zu Gott besiegt werden."[21]

Gott verlangt eine Umkehr, die auch einen konkreten Inhalt hat. Im biblischen Sprachgebrauch hat Umkehr mit der „Rückkehr zum Bund" zu tun, ohne die sie keinen Sinn besitzt.[22] Darüber hinaus hat Israel durch die Exilserfahrung begriffen, dass Gottes Handeln überall spürbar ist und seine Barmherzigkeit somit eine universale Bedeutung besitzt, noch über den Schöpfungsplan hinaus.

Das unbeschnittene Herz, das sich nicht bekehrt, sondern sich in seine Gottesferne einkapselt, wird auf Griechisch „Hartherzigkeit", *sklerokardia*,[23] genannt. Es ist ein Herz, das sich innerlich weigert, dem Bund entsprechend zu leben, obwohl es dem Normenkodex genauestens Folge leistet. Der Neue Bund trifft den Menschen im Innersten, im Herzen, und dieses Herz muss von der Untreue zur Treue gelangen. Das Stehen in dieser neuen Bindung von Gott und Mensch, die in Christus unauflöslich ist, wird ein bleibendes Angebot: „Wenn wir untreu werden, bleibt er treu, denn er kann sich nicht selbst verleugnen" (2 Tim 2,13).

Wenn es um die Beseitigung der Sünde geht, hat das Bedeutungsgespann Barmherzigkeit – Treue, zusammen mit Gnade – Wahrheit, noch eine andere Bedeutung. Der lateinische Ausdruck „misericordia" unterstreicht im Gegensatz zum hebräischen *ḥesed* den Sieg über die menschliche Erbärmlichkeit,[24] im hauptsächlichen Sinne die Überwindung von Sünde und Tod. Die Treue Gottes zu seinem Bund ist die eigentliche Wurzel der Barmherzigkeit. Das barmherzige Handeln Gottes will den Menschen wieder treu werden lassen. Die aus der Gnade Gottes wiedergefundene Treue befähigt den Menschen, gemäß den Ansprüchen der Wahrheit zu leben.

Hier wird die christologische Dimension der Verbindung von Barmherzigkeit und Treue entscheidend: Christus verwirklicht als Mensch die gesamte Wahrheit des Menschen in der vollkommenen Treue zum Willen des Vaters und wird so Quelle der Vergebung für alle. Wir sehen also an ihm den größtmöglichen Ausdruck von Barmherzigkeit. Er versöhnt die Schöpfung mit der Erlösung und zeigt eine *höhere Wahrheit*, die nur durch die Barmherzigkeit aufscheint.

Das mitleidsvolle Herz Christi besiegt die *sklerokardia*, die der Grund der Sünde ist, endgültig. Sein erbarmendes Handeln legt seine innersten Gefühle offen und macht den Sünder wieder frei. Hier erfüllt sich die Prophetie Hoseas: „Erbarmen *(ḥesed)* will ich, nicht Opfer" (Hos 6,6), die Christus zitiert, um seine Sendung zu bezeugen.[25] Die Barmherzigkeit ist der Schlüssel zu einem Leben in der endgültigen Wahrheit des Menschseins, welche die Würde des Geschöpfes ernst nimmt, aber auch das Gefallensein, das durch die erlösende Gnade besiegt wird.

Diese Terminologie benützt Jesus bei der Frage des Aus-der-Ehe-Entlassens.[26] Er fügt in diesem Zusammenhang den Satz an: „Was Gott zusammengefügt hat, soll der Mensch nicht trennen" (Mt 19,6). Der Evangelist stellt diesen Abschnitt direkt nach den Gleichnissen über die Barmherzigkeit Gottes (vgl. Mt 18,10–14.21–31), die zu den sogenannten „Reden über das

Leben in der Gemeinde" gehören. Darin wird ein Bild von der Gemeinschaft der Gläubigen *(ekklesia)* geboten, das von der brüderlichen Ermahnung (vgl. Mt 18,15–20) und von Werken der Barmherzigkeit gekennzeichnet ist. Innerhalb dieses kirchlichen Umfelds von barmherziger Sendung ist die wirkliche Bedeutung der christlichen Ehe zu verstehen. Sie ist ein Zeugnis für eine erneuerte Liebe zwischen den Menschen, welche die ursprüngliche Absicht Gottes wieder sichtbar werden lässt, die von der Sünde verdunkelt wurde.

Unmittelbar darauf folgt die Rede von einem göttlichen Beistand (vgl. Mt 19,1), um den Anforderungen, die sich für den Menschen daraus ergeben, gewachsen zu sein. Das hat zwei Bedeutungen: Zunächst einmal geht es hier um den *realen, konkreten* Sinn der Anforderung, die das Leben der Menschen betrifft, und nicht nur um eine Metapher oder eine geistige oder exemplarische Haltung. Zudem geht es um die Annahme einer Gabe, die nicht willkürlich ist, sondern Teil der Berufung zur Ehe selbst. Hier ist wieder der Parallelismus zur Taufe als Geschenk des Glaubens offensichtlich. Die tatsächliche Annahme des Geschenkes schließt die anderen nicht aus, auch wenn „nicht alle … den Glauben [annehmen]" (2 Tess 3,2), sondern besitzt eine universale Absicht. Es wäre absurd zu denken, dass Gottes Absicht Ausnahmen für eine der beiden Ansprüche einschließt. Beide bestärken die geschichtliche Wahrheit des Neuen Bundes, der unter dem Zeichen der Ehe gelebt wird. Das heißt, sie wird gelebt innerhalb des Offenbarungsraumes der heilsbringenden Liebe Gottes, die, indem sie barmherzig ist, auch universal ist.[27]

Der Ausspruch Jesu „der Mensch trenne nicht, was Gott zusammengefügt hat" (Mt 19,6) bezeichnet deshalb für die Kirche den endgültigen Sinn eines Sakramentes des Neuen Bundes, eines realen Zeichens des endgültigen Bundes Gottes mit dem Menschen. Durch die Gabe, die Gott dem Menschen anbietet, wird der unauflösliche Bund der Ehe zum „Ort", an dem sich die vom Sakrament gespendete Barmherzigkeit mit der

Gnadengabe der Treue verbindet, damit die Ehe unter dem Zeichen des neuen Gesetztes gelebt wird.[28] Die Unauflöslichkeit ist nicht zuerst eine Gesetzesforderung, sondern ein unmittelbarer Ausdruck der barmherzigen Liebe des Vaters.

2.4. *Barmherzigkeit und Gerechtigkeit*

„Es begegnen einander Erbarmen und Treue, Gerechtigkeit und Frieden küssen sich" (Ps 85,11). In der Gegenüberstellung der beiden Halbverse des Psalms wird zwischen Erbarmen und *Gerechtigkeit* eine Parallele gezogen. Die Barmherzigkeit als Tugend hat tatsächlich mit der Gerechtigkeit zu tun. Wie Kasper daher zu Recht betont, dürfen wir keine ungerechte Barmherzigkeit walten lassen. Das wäre eine völlige Verfälschung der göttlichen Offenbarung. Das geschieht, wenn ein Gut zerstört wird, das die menschliche Würde betrifft.[29]

Die Gerechtigkeit, von der wir sprechen, ist in ihrer spezifischen Form kein Vertrag zwischen Menschen, sondern ein Bund mit Gott. Es geht um viel mehr als nur eine rein menschliche Ordnung und kann so nicht nur als Gesetzesgerechtigkeit verstanden werden. Hier müssen wir also ihre Grundlagen erörtern. In seinem Vortrag hat sich Kasper, wie schon zuvor in seinem Buch *Barmherzigkeit*, auf Thomas von Aquin als Quelle berufen. Nehmen darum auch wir den *Doctor Angelicus* als Leitfaden unserer kurzen Analyse.

Auch der Aquinate zitiert den Psalm 85, allerdings in der Überlieferung der Vulgata, die lautet: *Misericordia et veritas obviaverunt sibi* – „Erbarmen und *Wahrheit* begegnen sich."[30] In der Anordnung seiner *Quaestiones* hat deshalb die Wahrheit die Funktion eines Bindegliedes zwischen Barmherzigkeit und Gerechtigkeit.[31] Das bedeutet, dass man nie *gegen* die Gerechtigkeit handeln darf, aber *über sie hinaus*, und zwar genau innerhalb des Raumes, den die göttliche Barmherzigkeit geschaffen hat. Eine ungerechte Handlung ist somit nie barmherzig. Der Unterschied zum einfachen Mitleid ist, dass die Barmherzigkeit „das Elend des anderen beseitigen"[32] will; oder mit anderen Worten, die Barmherzigkeit ist *aktiv* gegen das Böse tätig, das der Mitmensch erleidet. Es ist nicht barmherzig, sondern ein falscher Trost, von einem kleineren Übel zu sprechen, wenn man nicht den davon erlöst, der darunter leidet.

Kasper zeigt sehr richtig, dass in der Interpretation des heiligen Thomas bei den göttlichen Eigenschaften dem Erbarmen gegenüber der Gerechtigkeit der Vorrang eingeräumt wird, und das gegen eine Tradition, die sich auf Anselm beruft.[33] Leider entfaltet Kasper aber die dafür ausschlaggebenden Gründe nicht genügend. Es geht hierbei um die *innere Ordnung der Handlung*, die aus der *Liebe* stammt. Die bedeutendste Stelle, die bei Thomas von der Barmherzigkeit spricht, lautet: „Jedes Werk der göttlichen Gerechtigkeit setzt ein Werk der Barmherzigkeit voraus und gründet in ihr"[34], und sie ist vergleichbar mit dieser Stelle: „Deshalb ist offensichtlich, dass jeder Handelnde, gleich wer er sei, jede Handlung aus irgendeiner Art von Liebe heraus tut."[35] Es findet sich bei Thomas eher eine sehr weit entwickelte Metaphysik der Liebe als eine Metaphysik der Barmherzigkeit.[36] Das zeigt sich klar in dieser Aussage: „Gott ist barmherzig nur aus Liebe heraus, denn er liebt uns wie einen Teil von sich selbst."[37] Wenn die Barmherzigkeit als „Wurzel der göttlichen Liebe"[38] bezeichnet wird, soll das auf die affektive Bedeutung am Ursprung aufmerksam machen; es handelt sich dabei um die durch die Liebe bewirkte Vereinigung der Liebenden, die der Ursprung jeder Handlung ist.[39] In jeder menschlichen Handlung wird also die Barmherzigkeit als Tugend von der *caritas* – der übernatürlichen Gottesliebe – konstituiert,[40] die ihr die richtige Absicht verleiht: Es muss ihr nämlich immer vor allem um die *Vereinigung mit Gott* gehen, das heißt, um ein Leben im Bund mit ihm.

Der Hinweis auf die Liebesdynamik als Grundlage der Barmherzigkeit ist nicht zweitrangig. Es geht dabei um eine

Dynamik, die *zwei Objekte* einschließt: den Geliebten und das ihm vermittelte Gut. Beide gehören zur Wahrheit des durch Liebe motivierten Handelns[41] und sind wesentlich, um zu verstehen, wie die Barmherzigkeit dem Sünder vermittelt wird. Man liebt den Sünder, aber das Gut, das man ihm mitteilen möchte, hat das Ziel, ihn von seiner Sünde abzubringen, denn diese stellt ein Übel für ihn dar. Deshalb hat die göttliche Barmherzigkeit – und hier sind wir wieder beim Thema der Gerechtigkeit – nichts mit einer Duldung der Sünde zu tun. Es geht vielmehr um die Suche nach der Bekehrung des Sünders, die ihre Zeit erfordern kann.

Die Wahrheit des *unauflöslichen Ehebundes*, die wir zuvor als geschichtliche und konkrete Offenbarung Gottes gezeichnet haben, fügt sich vollständig in diese Vorstellung von Gerechtigkeit ein. Er ist ein Gut, das im Neuen Bund in einzigartiger Weise bewahrt werden muss. Die Barmherzigkeit gegenüber der Person, die diesem Bund untreu geworden ist, besteht deshalb nicht darin, den Bund für aufgelöst zu erklären oder ihn für unwiederbringlich zerrüttet zu halten,[42] sondern in der Unterstreichung einer „größeren Gerechtigkeit", die nur durch göttliche Gnade möglich ist und aus der göttlichen Verzeihung stammt. Jeglicher Akt des Verzeihens oder des Erbarmens kann nur innerhalb der Absicht verstanden werden, die Gerechtigkeit durch die Gnade der Wiederversöhnung wiederherzustellen.

In diesem Sinn ist es richtig zu sagen: „Die Barmherzigkeit ist ein hermeneutisches Prinzip für die Auslegung der Wahrheit."[43] Es handelt sich um die „höhere Gerechtigkeit"[44] mit einer zweifachen Bedeutung: Sie ist „größer", weil sie die verletzte Gerechtigkeit durch eine nicht geschuldete Vergebung wiederherstellen kann; das ist der einfachen Gerechtigkeit nicht möglich; andererseits verteidigt Kasper diese höhere Gerechtigkeit so stark, dass das Zuwiderhandeln gegen die Gerechtigkeit nicht als ein Zeichen von Mangel an Barmherzigkeit erscheint. Im Zeichen der Barmherzigkeit „Ausnahmen von

Gerechtigkeit" zu suchen, ist ein Irrweg. Die Vergebung ist keine ungerechte Handlung, sondern sie geht über die Gerechtigkeit hinaus, und zwar in dem Sinne, dass sie nicht geschuldet ist. Das ist *erst recht* wahr, wenn es sich um Gott handelt. Die Suche nach wahrer Vergebung bedeutet eine *Rückkehr zur Gerechtigkeit,* indem man das wieder gutmacht, was das Unrecht zerstört hat. Damit die Barmherzigkeit vollkommen ist, muss sie die Gerechtigkeit in einem größeren Maß wiederherstellen; aber sie richtet sich nie *gegen die Gerechtigkeit,* um dabei die *Untreue* zu rechtfertigen.

Konsequenterweise darf man die göttliche Barmherzigkeit nie als einfache Duldung des Bösen oder als implizite Akzeptanz der Sünde verstehen. Natürlich duldet Gott das Böse und sogar die Sünde im Hinblick auf ein größeres Gut; dies geschieht aber nach Thomas immer innerhalb der spezifisch sittlichen Wahrheit der Handlung, das heißt mit Bezug auf eine „Ordnung der Gerechtigkeit", die immer überboten werden kann, aber auch schon immer gegenwärtig ist.[45] So duldet Gott im Falle der Sünde, dass sie begangen wird, weil er auf die zukünftige Umkehr des von ihm geliebten Sünders hofft. Das Erbarmen kommt aus der Liebe zu der Person, um sie vom Übel der Untreue zu erlösen, die sie bedrückt und die sie an einem Leben in Vereinigung mit Gott hindert. Das ist etwas völlig anderes, als die Untreue ohne eine innere Erneuerung durch die Gnade einfach stehen zu lassen. Gott deckt nicht unsere Sünden zu, ohne unser Herz zu bekehren und zu reinigen. Das ist ein wichtiger dogmatischer Unterschied zwischen der katholischen und der lutherischen Rechtfertigungslehre.

Eine Barmherzigkeit, die uns in dem Stand eines Sünders belassen würde, hätte nicht das eigentliche Ziel ihrer Bewegung erreicht. Die Barmherzigkeit will die Umkehr und Reinigung des Herzens, damit wir teilhaben an der Sohnschaft des geliebten Sohnes, der in der Einheit mit dem Vater lebt. Wo eine wirkliche Barmherzigkeit am Werk ist, da gibt es keine Sünde. Karol Wojtyła sagt dazu:

„Nach der katholischen Lehre beinhaltet weder die göttliche noch die menschliche Barmherzigkeit Zustimmung zum Bösen oder Duldung des Bösen. Die Barmherzigkeit will vom Bösen zum Guten leiten. Wo Barmherzigkeit ist, da gibt das Böse auf. Wo das Böse weiterlebt, dort ist keine Barmherzigkeit, aber auch: Wo keine Barmherzigkeit waltet, setzt sich das Böse fort. Aus dem Bösen kann nämlich kein Gutes kommen."[46]

Das ist die Wahrheit, die der Psalm als Ausdruck des Erbarmens von uns fordert: „Wahrheit wächst aus der Erde hervor; Gerechtigkeit scheint vom Himmel herab" (Ps 85,12). Der gläubige Christ, der das Geschenk des Erbarmens empfängt, wird zum Nährboden für eine treue Antwort und ein Leben in der Gerechtigkeit Gottes in Einheit mit ihm, das heißt nach seinem Willen. Es geht um die Wahrheit eines Lebens, das entsteht und wächst, und nicht um ein Ziel, dass man erreicht. Die Dynamik des Lebens ist die Verheißung eines größeren Gutes, und die Fülle der Gabe ist die Barmherzigkeit, denn „der Herr spendet Segen und das Land gibt seinen Ertrag" (Ps 85,13).

2.5. Ein unauflösliches Sakrament des Neuen Bundes innerhalb der göttlichen Heilsökonomie

Für die Ehe bedeutet der Raum des Neuen Bundes eine Klärung ihres spezifisch sakramentalen Charakters, im Sinne eines Zeichens der Einheit von Christus und seiner Kirche (vgl. Eph 5,32). Die Endgültigkeit des Neuen Bundes in Christus, mit dem Vollkommenheitsanspruch, der darin enthalten ist, betrifft somit die christliche Ehe im Kern.

Auf sakramentaler Ebene drückt sich die Endgültigkeit dieser zentralen Wahrheit des Christentums in der Unwiederholbarkeit einiger Sakramente aus. Sie deuten auf die Unwiderrufbarkeit der Erwählung durch Gott hin (vgl. Röm 11,29), die nicht beeinflusst wird durch mögliche unmoralische Handlungen des Menschen. Die Gnade ist stärker als die Schwachheit und bleibt als Mahnung zur Umkehr bestehen. Die Grundlage dafür ist die *Taufe* als wirkliches Zeichen dieses Bundes, der für immer bestehen bleibt, trotz Sünde und Glaubensabfall.

Innerhalb dieses Raumes stellt die Barmherzigkeit die fortdauernde Möglichkeit dar, nach den Anforderungen des Evangeliums zu leben. Die Größe der göttlichen Gnade übersteigt das menschliche Bewusstsein und jegliches Urteil über sich selbst und die eigenen Fähigkeiten. Die kirchliche Barmherzigkeit muss sich von der göttlichen inspirieren lassen und deren innerer Logik folgen. Die Wirklichkeit der Taufgnade widerspricht der Forderung nach „Ausnahmen vom Sittengesetz", die dadurch gerechtfertigt wären, dass der Mensch dessen Anforderungen unmöglich erfüllen könnte.

„Es wäre ein schwerwiegender Irrtum, den Schluss zu ziehen, ... die von der Kirche gelehrte Norm sei an sich nur ein ‚Ideal', das dann, wie man sagt, den konkreten Möglichkeiten des Menschen angepasst, angemessen und entsprechend abgestuft werden müsse: nach ‚Abwägen der verschiedenen infrage stehenden Güter'. Aber welches sind die ‚konkreten Möglichkeiten des Menschen?' Und von *welchem* Menschen ist die Rede? Von dem Menschen, der von der Begierde *beherrscht* wird, oder von dem Menschen, der *von Christus erlöst* wurde? Schließlich geht es um Folgendes: um die *Wirklichkeit* der Erlösung durch Christus. *Christus hat uns erlöst!* Das bedeutet: Er hat uns die *Möglichkeit* geschenkt, die *ganze* Wahrheit unseres Seins zu verwirklichen; Er hat unsere Freiheit von der *Herrschaft* der Begierde befreit."[47]

Die Heilsökonomie Gottes ist die Weise, wie Gott den Menschen zu sich hinzieht; deshalb nimmt er dabei die gesamte Zeitlichkeit der menschlichen Bedingung auf. „*Oikonomia* meint die ganze Heilsordnung Gottes als des gütigen Hausvaters und eine Spiritualität, die geprägt ist vom Lob des allbarmherzigen ‚Haushalters' (oikonomos) der Kirche, vom Vertrauen auf den *Guten Hirten*, der jeden und jede bei ihrem Namen kennt und ruft."[48]

Es gibt keinen Begriff, der eine größere pastorale Bedeutung haben könnte als dieser; allerdings muss er mit der Offenbarungswahrheit innerhalb einer Logik der Liebe verstanden werden,[49] zusammen mit dem Sündenbekenntnis und dem Vorsatz, die Sünden zukünftig zu vermeiden.[50] Wir sehen später, wie die konkrete Anwendung dieses Prinzips der Ehe in den orthodoxen Kirchen ganz anders ausfällt.

Die Unauflöslichkeit stammt nicht aus einem göttlichen Gebot, das der Ehe von außen zukäme, sondern ist eine Eigenschaft *der persönlichen Einheit, die sich formt*: „Das Gut der Unauflöslichkeit [ist] das Gut der Ehe selbst; und das Unverständnis der unauflöslichen Wesenseigenschaft bildet das Unverständnis der Ehe in ihrem Wesen."[51] Die westliche Tradition spricht von der unauflöslichen Bindung, die die Eheleute vereint, als einer klaren Sichtbarwerdung des übernatürlichen Handelns Gottes in der Ehe: die Wirklichkeit der Gnade dessen, „was Gott verbunden hat". Das Tridentinische Konzil nimmt diese Terminologie auf, um das Wesen dieses Sakramentes auszudrücken.[52] Das Zweite Vatikanische Konzil wiederum benutzt eine personalistische Sichtweise, die aber keineswegs im Gegensatz zur vorhergehenden Wortwahl steht: „Dieses heilige Band unterliegt ... nicht mehr menschlicher Willkür"[53], und somit erklärt es die Ehe für unauflöslich.[54]

Um das Fortbestehen des Ehebundes auch im Angesicht eines möglichen sündigen Fehlverhaltens des Menschen zu erklären, hat die mittelalterliche Theologie auf den Ausdruck *res et sacramentum* zurückgegriffen, der sich direkt aus dem Charakter der Sakramente ableitet, die nicht wiederholt werden können. Dazu sagt *Familiaris consortio*: „Die Eheleute haben daran als Eheleute Anteil, zu zweit, als Paar – so sehr, dass die erste und unmittelbare Wirkung der Ehe *(res et sacramentum)* nicht die übernatürliche Gnade selbst ist, sondern das christliche Eheband, eine Gemeinschaft zu zweit, die als Darstellung des Geheimnisses der Menschwerdung Christi und seines Bundesgeheimnisses spezifisch christlich ist."[55] Der Bund bleibt bestehen, auch wenn die Menschen untreu werden und diese Gnade nicht leben.

Das Eheband hat personalen Charakter und wird über die Sakramentalität direkt durch das Handeln Gottes geprägt, um die Beständigkeit des Ehebundes zu garantieren. So wird die vom Gesetz als rechtliches Gut geschützte Stabilität der Ehe zu einem *sakramentalen* rechtlichen Gut, das die Kirche zu bewahren hat. Es hat Anteil an der Gnade und Treue, die in den Neuen Bund einführen.

Die Barmherzigkeit ist das großartige Geschenk Gottes an die Ehe, um die „Hartherzigkeit" zu überwinden und eine wirklich unauflösliche Verbindung zu leben. Diese Gnade ist für die getrennt Lebenden wesentlich, um zu verstehen, dass es immer die Möglichkeit zu Treue und Vergebung gibt. Und dieses Thema ist besonders wichtig für die Hilfsangebote der Gemeinschaft der Gläubigen an die Getrenntlebenden.[56] Viel zu oft fühlen sich diese nämlich alleingelassen.

Es ist also klar, dass jede eheähnliche Verbindung außerhalb des Ehebundes eine Untreue einschließt und deshalb ein Ehebruch ist. Die Worte Christi sind hierzu kategorisch: „Wer seine Frau aus der Ehe entlässt und eine andere heiratet, begeht ihr gegenüber Ehebruch; auch eine Frau begeht Ehebruch, wenn sie ihren Mann aus der Ehe entlässt und einen anderen heiratet" (Mk 10,11–12).[57] Es gibt keinen Platz für Barmherzigkeit, wenn die Untreue fortgesetzt wird, selbst wenn man bereut, sie begangen zu haben. Genauso wie man einen, der vom Glauben abgefallen ist und darin verharrt, nicht aus Barmherzigkeit wieder aufnehmen kann, so kann man das nicht mit dem, der nicht zu der von Gott bekräftigten Ehe zurückkehrt oder zumindest nicht im Gegensatz dazu lebt. Dabei geht es nicht darum, die Möglichkeit zur Vergebung zu verneinen wie

die Novatianer, sondern um das Bewusstsein, dass die Vergebung nur dem gewährt werden kann, der in wirklicher Reue
die sündige Situation ändert. Natürlich kann der Ehebruch
vergeben werden; ebenso logisch ist aber, dass dieser nicht die
einzige Sünde sein kann, die ohne Reue vergeben wird.

Eine Heilsökonomie, die tatsächlich den sakramentalen
Charakter des Ehebundes zwischen Mann und Frau verneint
oder einen Weg außerhalb dieser Sakramentalität akzeptiert,
ist ein Widerspruch in sich. Denn das würde bedeuten, dass
die von Christus gestiftete Heilsökonomie nur vorläufig wäre,
dass man eine neue erwarten könnte, oder das sie nicht allgemein gültig wäre, denn nur dann könnte sich eine Person davon absichtlich dispensieren. Seit Anbeginn hat der Gläubige
auf die Tatsache, dass er weiterhin ein Sünder bleibt, die Rückkehr zum Taufbecken – zur Buße – als Antwort gefunden, aber
das war nie als eine eigentlich neue Taufe intendiert. Die Wiederversöhnung bedeutet die Erneuerung des Bundes, der als
Quelle erhalten bleibt, und nicht eine Suche nach einem neuen
Weg für ein sogenanntes christliches Leben außerhalb des
Neuen Bundes.

2.6. Die Bedeutung des Ehesakramentes für das kirchliche Leben

Die katholische Kirche lehnt die orthodoxe Praxis nicht wegen
unterschiedlicher Meinungen bezüglich Laxismus und Rigorismus ab, sondern wegen einer weiterentwickelten Theorie
der Sakramentalität entsprechend den mittelalterlichen Dispu-
ten, deren Traktate über die Sakramente weiter vertieft wurden. Diese Lehrmeinungen wurden ohne Abstriche den östlichen Kirchen bei den beiden Unionskonzilen von Lyon (1274)
und Florenz (1442) vorgelegt.[58] Dabei ist der ausdrücklichste
Bezug auf die Unmöglichkeit einer jeglichen weiteren Verbindung nach der Trennung im Glaubensbekenntnis enthalten,
das Michael Palaiologos im Konzil von Lyon vorgelegt wurde.[59]

Die Sakramentalität hat die pastoralen Überlegungen der Kirche geleitet, in dem Sinne, dass die Kirche nicht die unbegrenzte Macht über die Sakramente besitzt. Die Kirche hat sie von Christus, ihrem Bräutigam, empfangen und ist somit deren Verwalterin, nicht deren Beherrscherin. Und so gilt: „Niemand stellt die Unauflöslichkeit einer sakramentalen Ehe, die geschlossen und vollzogen *(ratum et consumatum)* wurde, infrage."[60] Dies nennt Johannes Paul II. eine *endgültige Glaubenslehre*: „Daraus geht klar hervor, dass die Nichtausdehnung der Vollmacht des Römischen Pontifex auf die gültigen und vollzogenen sakramentalen Ehen vom Lehramt der Kirche als definitiv anzusehende Lehre verkündet wird."[61] Man kann dieses Thema nicht einfach nur unter dem Gesichtspunkt einer Dispens vonseiten des Lehramts betrachten. Das wäre eine viel zu juristische und zu wenig sakramentale Vision von Kirche.

Jeder Lösungsvorschlag für einen veränderten Umgang mit den wiederverheirateten Geschiedenen muss *zuvor* den tiefen Sinn des Ehesakraments erhellen, das besondere Eigenheiten besitzt und Teil des *Lehrgutes der Kirche* ist. Eine Änderung in dieser Frage setzt eine tiefgreifende *Diskussion der Lehre* voraus; jeder Versuch, dieser Diskussion auszuweichen oder ihr eine nur sekundäre Bedeutung zuzuweisen, steht im Widerspruch zur Tradition der Kirche in einem zentralen Bereich des Glaubens.[62]

Freilich gibt es viele neue Fragen, denn über viele Jahrzehnte hinweg wurde die Ehe als nur marginal gegenüber den anderen Sakramenten behandelt. Eine erneute Betonung der dem Mysterium zugeordneten Dimension der Sakramente hat, besser als die Diskussion um den Moment ihrer Einsetzung, neue und vielversprechende Wege eröffnet, welche die Bischofssynode für eine erneuerte Familienpastoral in Betracht ziehen könnte. Die Ehe ist ein besonderes Sakrament, weil es in der Schöpfungsordnung wurzelt und ein Zeugnis ist für die Bekehrung des Herzens, die es erst möglich macht.[63]

2.7. Die Gabe der Unauflöslichkeit als Lebensquelle

Unser eingeschlagener Weg unterscheidet sich stark von Kaspers Buch, vor allem von den darin enthaltenen Vorschlägen im Anhang und der besonderen Art der Behandlung der Geschichte des Ehesakraments und der (Häring-ähnlichen) Bewertung der orthodoxen Heilsökonomie. Vielleicht ist deshalb seine Abhandlung über den Ehebund sehr schwach; er tendiert sogar dahin, ihn infrage zu stellen. Der orthodoxe Theologe Evdokimov sagt zu diesem Thema mit deutlichem Bezug auf die Unauflösbarkeit: „Die Liebe interessiert sich kein bisschen für die Unauflöslichkeit des Ehebundes. Das Problem ist, wenn es nichts mehr zu retten gibt: Der Ehebund, der anfangs für unauflöslich gehalten wird, hat sich schon aufgelöst und das Gesetz hat keine Macht, die Gnade zu ersetzen: Es kann weder heilen noch wiederbeleben."[64] Auch Kaspers Worte scheinen einen ähnlichen Zweifel anzudeuten: „Man darf dieses Band jedoch nicht als eine Art metaphysische Hypostase neben oder über der personalen Liebe der Eheleute verstehen; es geht allerdings auch nicht in der affektiven gegenseitigen Liebe auf und stirbt nicht mit ihr (GS 8; EG 66)."[65]

Es stimmt, dass er in seinem 1977 geschriebenen Buch über die Theologie der Ehe versucht, dem Ehebund eine personalistische Deutung zu geben, wenn er meint: „In der Treuebindung finden Mann und Frau ihren endgültigen Stand. Sie werden ‚ein Leib' (Gen 2,24; Mk 10,8; Eph 5,31), das heißt eine Wir-Person. Die eheliche Treuebindung stiftet deshalb etwas Personenübergreifendes, das endgültig die Geschichte zweier Menschen prägt und zusammenbindet: das Eheband bzw. den Ehestand."[66] Aber wenn er dann diesen personalen Wert in die konkrete Diskussion über die Geschiedenen einbringen will, bleibt alles zweideutig. So schließt er: „Alle diese Aussagen lassen sich freilich nicht rein ‚objektiv' machen. Aus sich sind die aufgewiesenen Phänomene vieldeutig und auf eine letzte und endgültige Deutung angewiesen."[67]

Diese letztendliche Nicht-Definition bleibt offen für die Interpretation von Häring, der auch Kasper zu folgen scheint. Der Moraltheologe Häring ist in seiner pastoralen Darstellung dem sehr nahegekommen, was Evdokimov aus orthodoxer Sichtweise und noch radikaler zur Ehescheidung gesagt hat. Der russische Theologe benutzt die Analogie des Todes als Ende der Ehe für die folgende Liste des „Zerbrechens" des Ehebundes: „der Tod der eigentlichen *Materie* des Ehesakramentes durch den Ehebruch; den *geistlichen* Tod durch die Apostasie; den *bürgerlichen* Tod durch die Verurteilung; den *physischen* Tod durch die Abwesenheit"[68].

Kasper meinte zuvor, dass das Eheband nicht mit den gegenseitigen Gefühlen stirbt. Dagegen scheinen die eben zitierten Autoren zu unterstellen, dass es einen Tod der Liebe gebe, der den Menschen vom göttlichen Siegel trennen könnte, das heißt von eben jenem Siegel, das wie ein Feuer brennt und von allen Meeren nicht ausgelöscht werden kann und das im Zentrum der Offenbarung des Hoheliedes der Liebe steht (Hld 8,6).[69]

Schlussendlich scheint Kardinal Kasper die Meinung zu vertreten, dass von dem Sakrament etwas bestehen bleibt, denn er ist einverstanden, dass es (im Gegensatz zu den orthodoxen Kirchen) keine zweite Eheschließung geben kann. Dazu sagt er sehr deutlich: „Die Unauflöslichkeit einer sakramentalen Ehe und die Unmöglichkeit, zu Lebzeiten des anderen Partners eine zweite sakramentale Ehe zu schließen, ist ein *verbindlicher Teil der Glaubenstradition der Kirche.*"[70] Die „nicht rigoristische" Lösung bestände also in der duldenden Akzeptanz der zweiten Verbindung, die allerdings nicht sakramental wäre. Nach seiner Meinung wäre damit die Unauflöslichkeit gerettet.[71] Das Problem bestände also darin, die natürliche, wenn auch unvollkommene, aber dennoch in seinen Augen ausreichende Gutheit der neuen „Ehe" zu begreifen. Das ist wichtig, um die Art der pastoralen Lösung Kaspers zu verstehen, die seiner Meinung nach die dogmatische Unauflöslichkeit nicht antasten würde. Das Problematische dabei ist, dass sein

Vorschlag eben gerade gegen die Endgültigkeit der Heilsökonomie Christi in seinen Sakramenten geht. Es ist bizarr, zwei
Arten von Ehe für das kirchliche Leben vorzuschlagen: eine sakramentale für die Vollkommenen und eine rein natürliche für
die Unvollkommenen. So wird in der Tat das Wirken der Gnade in den Herzen der Menschen gering geschätzt!

Die letzte Ressource Kaspers ist die Rede von der unvollkommenen Teilhabe *aller* Ehen an der Vereinigung Christi mit
seiner Kirche.[72] Dieses letzte Argument ist allerdings höchst
fraglich. Es gibt verschiedene Grade der Unvollkommenheit,
eine davon ist die *Sünde der Ungerechtigkeit.* Wenn der Bund eine Liebesverbindung ist, der Gerechtigkeit zusteht, dann ist jede dagegen gerichtete Handlung eine *unannehmbare* Unvollkommenheit, die nicht aus Barmherzigkeit akzeptiert werden
kann, solange sie nicht bereut wird und die wirkliche Situation, die dem Ehebund widerspricht, geändert wird.

Bei jeder Diskussion zu diesem Thema muss man sich die
aktuelle Praxis der orthodoxen Kirchen vor Augen halten. Es
kann nicht vertuscht werden, dass in den meisten Fällen nach
Zahlung eines Betrages an das Bischofsamt einfach eine Dispens erteilt wird, auf die hin der orthodoxe Bischof automatisch die Erlaubnis für eine zweite oder dritte Ehe unter-
schreibt. Mit solchen Situationen werden die katholischen
Priester und Bischöfe, die in diesen Territorien arbeiten, täglich
konfrontiert: In der Praxis wird so die Ehescheidung akzeptiert. Kasper hat davon eine viel idyllischere Vorstellung: „Der
infrage stehende Weg *wäre keine generelle Lösung.* Er ist nicht der
breite Weg der großen Masse, sondern der schmale Weg des
wohl nur kleineren, an den Sakramenten ehrlich interessierten
Teils der wiederverheiratet Geschiedenen."[73] Dazu werden wir
im Kapitel zur Pastoral ausführlicher Stellung nehmen.

2.8. Ein kirchliches Verständnis

Aus der kurzen vorliegenden Erörterung schließen wir auf die Bedeutung der geoffenbarten Grundwahrheiten, die bei diesem Thema auf dem Spiel stehen. Es geht um ein theologisches Zentralgebiet, das bei ausgewogener Behandlung grundlegend für das christliche Kerygma und das wirkliche Leben der Kirche ist.

Deshalb folgern wir aus unserer Darlegung, dass kein Platz ist für eine rein „pastorale Lösung" im Sinne von Toleranz. Wenn es dabei um den Sinn des *Ehebundes* geht, kann man nicht in einigen Fällen Ausnahmen zugestehen. Es geht dabei um das Leben *aller Ehen*, die den unauflöslichen Ehebund als Quelle von Gnade und neuer Kraft in schwierigen Momenten leben. So ist die wahre sakramentale Gegenwart Christi in ihrem Leben erfahrbar. Wenn man den Ehebund in etwas anderes verwandeln will, ihn herabstuft zu einer einfachen gegenseitigen Erfahrung zwischen den Eheleuten, dann tut man allen christlichen Ehen unrecht. Ein so wichtiges Thema muss unbedingt geklärt werden, bevor man einfach behauptet, dass sich mit der Veränderung der pastoralen Disziplin an der Lehre nichts änderte.

Wir müssen also klare Aussagen treffen, wenn es sich wie hier um den Kern des Kerygmas handelt. In diesem Sinne ist es durchaus verständlich, wenn jemand Schwierigkeiten damit haben sollte, eine so wichtige Frage einfach von einer theologischen Argumentation wie der hier vorliegenden abhängig zu machen, selbst wenn wir versucht haben, präzise zu sein und uns dabei auf die sehr klaren Aussagen des jüngsten Lehramts gestützt haben. Daher ist die Tradition der Kirche ein notwendiger Anhaltspunkt. Sie hilft uns zu sehen, wie die Problematik verstanden wurde und ob die orthodoxe Ökonomie der Toleranz vielleicht eine breitere Grundlage besitzt, als wir ihr in diesen Seiten zugestanden haben. Wir müssen schauen, ob sich eine solche Möglichkeit für eine Aufnahme dieser Lösung und eine Änderung in der Lehre vom Ehebund auch innerhalb der lateinischen Kirche ergibt.

Ein Blick auf die Kirchenväter ist hierzu unausweichlich. Darum geht es im nächsten Kapitel.

3. Kapitel

Die Erfahrung der Frühkirche: Treue zum Evangelium der Familie

„Die heutige Situation der Kirche ist nicht ungewöhnlich. Auch die Kirche der ersten Jahrhunderte war konfrontiert mit Begriffen und Modellen von Ehe und Familie, die sich unterschieden von dem, was Jesus gepredigt hatte."[1] Die geschichtliche Parallele, die Kardinal Kasper hier zieht, ist von großem Interesse und angebracht. Es geht dabei sowohl um eine kulturelle wie auch normative Wertung und schaut auf die Art und Weise, wie die Kirche seit dem Anfang ihrer Geschichte auf die kulturellen Herausforderungen geantwortet hat. Wie wir schon im ersten Kapitel gesehen haben, ist das wiederum für unsere Zeit lehrreich. Gleichzeitig handelt es sich um eine normative Parallele, denn hier zeigt sich, wie die ersten kirchlichen Gemeinden die Offenbarung Christi angenommen und in ihrem Leben konkret das verwirklicht haben, was uns die Bibel zur Frohbotschaft der Familie sagen will.

Das ist für die Ehe als geschichtliche Institution von lebenswichtiger Bedeutung. Sie ist den kulturellen Veränderungen und besonders den verschiedenen sexuellen Revolutionen, die die Geschichte durchziehen, stark unterworfen. Gerade heute können wir davon lernen, wie die Kirche in diesen Zeitperioden die Familie evangelisiert hat.

In der Frühkirche hatten die kulturellen Konfrontationen bezüglich der Ehe mit drei Faktoren zu tun. Zunächst befanden sich die Christen in einer Gesellschaft, in der die Scheidung weit verbreitet war. Das übte einen großen Einfluss aus, denn das christliche Verhalten wurde von den anderen als eigenartig eingestuft, und die Scheidungsmentalität war ihrerseits verlockend. Außerdem kamen viele Neubekehrte aus komplizierten Situationen: Einige waren geschieden, und für die pastoral Verantwortlichen war es nicht leicht, die Zulassungsbedingungen zur Taufe zu bestimmen. Drittens mussten die Bischöfe auf neue Situationen antworten, ohne dabei über eine vorausgehende Überlieferung für eine ausgewogene Beurteilung zu verfügen. Es wäre da nicht sinnvoll gewesen, sich auf das jüdische oder römische Recht zu berufen.

Während der erste Faktor, der die Art der Konfrontation mit der Kultur des Umfeldes zur Zeit der Väter bedingte, unserer heutigen Situation ähnlich ist, gilt dies nicht für die beiden anderen. Besondere Unterschiede sind dabei unsere gegenwärtige Trennung von kirchlicher und ziviler Eheschließung und die Tatsache, dass damals der sakramentale Aspekt der Ehe in Bezug auf Wesen und Unterschied zur natürlichen Ehe noch nicht genau geklärt war.[2] Wir müssen das bei der Untersuchung der charakteristischen Zitate der Väter präsent halten, wenn wir Schlüsse für unser Verhalten gegenüber den kulturellen Herausforderungen der Gegenwart ziehen wollen.

3.1. Eine konstruktive und kirchliche Sichtweise

Bevor wir ins Detail der einzelnen umstrittenen Thesen gehen, muss ein Prinzip geklärt werden: Die Texte sollen nicht die eigene Meinung untermauern. Vielmehr gilt es, von einer Vorgehensweise zu lernen. Wir müssen das Ganze der Zeugnisse im Auge behalten, nicht nur *ausschließlich* diejenigen, die eine bestimmte Haltung favorisieren. Die Bewertung der Texte hängt von ihrer Gattung ab: Ein Brief ist von einer Predigt zu unterscheiden; ein biblischer Kommentar ist nicht dasselbe wie ein Kanon mit gesetzlicher Valenz. Innerhalb des *corpus* eines Autors darf man keinen Einzeltext isolieren, sondern der Text muss im Rahmen der gesamten Lehrmeinung seines Verfassers interpretiert werden. Das sind Grundkriterien für eine konstruktive Vorgehensweise, die nicht *apologetisch* die eigene Position verteidigt. Der Rekurs auf diese Schriften ist sinnlos, wenn er aus einem Vorurteil heraus erfolgt. Dann nämlich lernt man nichts aus ihnen, sondern benutzt sie nur für einen vorher bestimmten Zweck. Wir unterstreichen das, weil viele Abhandlungen zur Ehe gegen diese Prinzipien verstoßen, und einige sogar offensichtliche Manipulationen sind.[3]

Außerdem muss die Sichtweise der Bischofssynode *kirchlich* sein, wenn sie für eine Entscheidungsfindung hilfreich sein will. Sie darf nicht polemisieren, sondern muss respektieren, dass es sich hier um ein Thema handelt, das die Gesamtkirche betrifft und mit der nötigen Genauigkeit und Klugheit behandelt werden muss. Wie wir im vorherigen Kapitel gesehen haben, handelt es sich bei dieser Frage um einen Teil des Glaubensschatzes der Kirche; wir müssen also nach der Grundlage dieses Glaubens auch innerhalb der praktischen Interpretation der Frühkirche suchen. Für ein so wichtiges Thema genügt es nicht, einfach an eine vage diesbezügliche *Einstellung* der Kirchenväter zu appellieren. In ihrer formalen Elastizität würde sich eine solche Argumentation für jede Art von subjektiver Deutung eignen; wir sollten dagegen nach einigen gemeinsamen Punkten suchen, die für ein kirchliches Handeln hilfreich sind.

Vor allem muss eine schädliche Strategie vermieden werden, die der Kirche schon oft Schaden zugefügt hat: Ausführungen zu gebrauchen, die keinerlei Überzeugungen vermitteln und bloß den *Zweifel säen*. Es ist nicht schwer, eine Überzeugung anzuzweifeln und sie so auszuhöhlen. Das ist bei vielen Fragen der Moral geschehen und hatte verheerende Auswirkungen auf gesellschaftlicher Ebene. Innerhalb der Kirche dürfen wir nicht mit dieser Taktik des Misstrauens arbeiten. Außerdem ist es unangebracht, bei einem solch wichtigen Thema vorzuschlagen, man könne doch bestimmte Praktiken *zur Probe* zulassen. Die einzige Lehre, die man dadurch in Erfahrung bringen könnte, wäre einfach, dass jede Praxis sowohl positive als auch negative Wirkungen zeigt. Letztendlich gilt das Moralprinzip, dass im Zweifelsfall vor einem gewissenhaften Handeln der Zweifel weitmöglichst ausgeräumt werden muss, um so zur *moralischen Sicherheit* zu gelangen, die das Handeln ermöglicht. Das hat der heilige Alfons von Liguori[4] theoretisiert, um sich damit sowohl von einem einfachen Probabilismus[5] zu distanzieren, der den geringeren Zweifel als Handlungsgrund zulässt, als auch von einer Verabsolutierung der tutioristischen Sicherheit.

Um eine wichtige Änderung in einer die Lehre betreffenden kirchlichen Praxis zu begründen, reicht es nicht, einfach einen Zweifel zu streuen, ob man auf der Grundlage einiger vergangener Erfahrungen vielleicht auch anders handeln könnte. Das ist keine angemessene Art und Weise, sich den Schriften der Kirchenväter zu nähern.

3.2. Ein Irrtum Kaspers

Nach den oben genannten Kriterien erweisen sich die Ausführungen Kaspers zur Frühkirche als *einseitig*, gestützt auf unbegründete und manchmal deutlich übertriebene Aussagen. Stilistisch gesehen erläutert Kasper zwar immer zwei Theorien und schlägt dann eine Synthese vor. Dennoch muss man die Textauswahl, die Art der Interpretation und den vorgeschlagenen geschichtlichen Rahmen einseitig nennen.

Mehr noch: Die Argumentation und die angeführten Quellen seines jüngsten Vortrags folgen fast wörtlich seinem vor fast vierzig Jahren veröffentlichten Buch *Zur Theologie der christlichen Ehe*, und doch kommt es im Ersteren zu einer Radikalisierung einer Haltung der kirchlichen Toleranz zugunsten der wiederverheirateten Geschiedenen. Um den Unterschied zu sehen, braucht man die beiden Texte nur daraufhin zu vergleichen, wie sie die patristischen Quellen bewerten, die als

mögliche Zeugen für eine tolerante Praxis der Frühkirche angeführt werden.

In seinem Buch über die Ehe schreibt Kasper: „[Es] finden
sich bei einigen sehr angesehenen Kirchenvätern eine Reihe
von Texten, die gegenüber unschuldig Geschiedenen, die sich
wieder verheiratet haben, eine relativ geschmeidige kirchliche
Praxis zeigen."[6] Das sind vorsichtige Bemerkungen, die einige
wenige Zeugnisse anführen, die auf eine gewisse Toleranz in
diesen Fällen hinweisen. Klar wird gesagt, dass es hierbei nicht
um einfach gescheiterte Ehen geht, sondern um den besonderen Fall einer ohne Schuld vom Ehepartner verlassenen Person.
Bei dem Vortrag vor dem Konsistorium nimmt Kasper dagegen
eine andere Position ein, wenn er sagt: „So viel ist jedoch sicher: In einzelnen Ortskirchen gab es das Gewohnheitsrecht,
wonach Christen, welche zu Lebzeiten des ersten Partners in
einer zweiten Verbindung lebten, *nach einer Zeit der Buße* zwar
kein zweites Schiff, keine zweite Ehe, wohl aber durch die Teilnahme an der Kommunion *eine Planke des Heils* zur Verfügung
stand."[7] Er stuft also jetzt diese Praxis als eine „sichere" Tatsache ein; damit unterstellt er den danach angeführten Textstellen eine positive Sichtweise der Toleranzpraxis. Diese Haltung
wird im Anhang noch ausdrücklicher formuliert, wobei er einige Texte anfügt und daraus schließt: „Es kann jedoch kein
Zweifel an der Tatsache bestehen, dass es … in der frühen Kirche in vielen Ortskirchen gewohnheitsrechtlich nach einer
Bußzeit die Praxis der pastoralen Duldung, Milde und Nachsicht gab."[8] Hier wird davon geredet, dass es keinen Zweifel daran gibt, dass die Praxis der Toleranz *in vielen Ortskirchen* üb-
lich war. Das heißt, dass jetzt, im Vortrag vor dem Konsistorium, fast als Norm gilt, was vorher, das heißt in seinem Buch
Zur Theologie der christlichen Ehe, noch als eventuelle Möglichkeit gedeutet wurde.

Nach der Sichtung der Texte müsste man dagegen vorsichti-
gerweise von „einigen Zeugnissen für eine gewisse Flexibilität" sprechen; mit diesem Ausdruck könnte man die frühen

Aussagen Kaspers zusammenfassen. Der offensichtliche Meinungsumschwung, der zwischen der einen und der anderen Veröffentlichung Einzug hält, scheint aus der Notwendigkeit zu erwachsen, vor dem Konsistorium einen konkreten Vorschlag zu vertreten, das heißt, eine Beweisführung der apologetischen Art zu benutzen.

Innerhalb dieser neuen Argumentationslinie ist es für den Kardinal ein Leichtes zu folgern: „Die orthodoxen Kirchen haben dem pastoralen Gesichtspunkt der frühkirchlichen Tradition gemäß das bei ihnen geltende Prinzip der *oikonomia* bewahrt."[9] Diese bruchlose Kontinuität zwischen der Väterzeit und der Orthodoxie stände dann im Widerspruch zu dem, was als wesentliche Veränderung im Westen gegenüber der ursprünglichen Haltung der Kirche dargestellt wird: „Die westliche Kirche ist einen anderen Weg gegangen. … Wobei man fragen kann, ob dabei nicht historisch sehr späte juristische Gesichtspunkte einseitig in den Vordergrund geschoben werden."[10]

Diese Aussage bedarf einer Erläuterung. Einerseits ist sie reduktiv gegenüber der westlichen Tradition, die angeblich aus der Verabsolutierung einiger juristischer Ausdrücke hervorgehen würde, wobei es der westlichen Theologie doch zu eigen ist, den *sakramentalen* Wert der Ehe durch wertvolle theologische Überlegungen vertieft zu haben, die in der orientalischen Theologie dieser Periode ihresgleichen suchen.[11] Die juridischen Folgen dieser *grundlegend theologischen* Entwicklung sind nicht von der Hand zu weisen. Aber es war eine Zeitperiode, in der die Tradition noch nicht in Pastoral, Theologie und Recht aufgespalten war.

In diesem Sinn kann man mit Sicherheit von einem *schweren historischen Fehler* sprechen, wenn die gegenwärtige Praxis der orthodoxen *oikonomia* auf eine hypothetische patristische Duldung zurückgeführt wird.[12] Aus einem ernsthaften historischen Studium ergibt sich der Schluss, dass die Ehescheidung in der juridischen Tradition der orthodoxen Kirchen *auf Druck der byzantinischen Kaiser* eingeführt wurde.[13] Der Kardinal zitiert diese historische Tatsache nur beiläufig und als Beispiel für die Fälle, bei denen eine bereits weitverbreitete Toleranz geübt wurde.[14] Dabei kam es hier zu einer wirklichen Veränderung des Eheverständnisses, da nun die Scheidung implizit akzeptiert wurde. Tatsächlich waren sich die orthodoxen Kirchen teils selbst bewusst, dass es sich hier um eine *Änderung*, und nicht um *Kontinuität* handelte. Aus einer objektiven Analyse der Geschichte der orthodoxen Theologie können wir schließen, dass es eben die Auflage einer politischen und juridischen Praxis war, die die byzantinischen Theologen veranlasste, nach Vorläufern zu suchen, die diese Neuigkeiten rechtfertigen könnten.[15] Die neue Praxis weitete sich von Byzanz fortscheitend auf die anderen orthodoxen Kirchen aus. Das heißt, sie entstand aus dem Wunsch der politischen Machtausdehnung der byzantinischen Kaiser über die Kirche, aus einer cäsaropapistischen Haltung heraus, die nichts mit biblischen Prinzipien oder einer wirklich theologischen Auffassung von *oikonomia* zu tun hat. Das muss aus Respekt für historische Genauigkeit, die bei diesem Thema wichtig ist, deutlich ausgesprochen werden; aber auch aus pastoraler Verantwortung heraus, denn auch wenn es heute keine Kaiser mehr gibt, so fehlt es doch nicht an Machtzentren, die großes Interesse daran haben, der Kirche auf viele Weisen ihre Auffassungen aufzuzwingen.

3.3. Die angeführten Texte

Die Absicht des hier vorliegenden Buches ist die Klärung der Begriffe für eine ausgewogene Debatte, die sich zu Recht an der Ansprache Kaspers entzündet hat. Deshalb beschränken wir uns hier auf die Behandlung der von Kardinal Kasper zitierten Texte, um sie in ihren Kontext zu stellen und sie danach zu interpretieren.

In der Summe seiner Argumente führt der Kardinal nur die Texte an, die seine Überzeugung stützen: nämlich, dass die Frühkirche eine weitverbreitete und allgemein akzeptierte Duldung des Kommunionempfangs für wiederverheiratete Geschiedene kannte. Dabei verschweigt er aber die offensichtliche Tatsache, dass die Schriften der Väter, die diese Möglichkeit absolut verneinen, wesentlich zahlreicher sind und noch dazu viel deutlicher sprechen als die von ihm zitierten. Für eine objektive wissenschaftliche Untersuchung und eine Rekonstruktion des geschichtlichen Panoramas, das verlässliche Schlüsse zulässt, muss man das Gesamte ins Auge fassen und nicht nur einige Details.

Natürlich ist die Möglichkeit einer Ausnahme von einer allgemeinen Regel wichtig. Um das wirkliche Umfeld der Väterzeit im Auge zu behalten, dürfen wir aber nicht übersehen, dass die Christen sich ihrer deutlichen Kontrasthaltung zur Umwelt bewusst waren. Das Zeugnis durch die eigene Ehe war für die Christen sehr wichtig. Dadurch besitzen die angeführten Begründungen besondere Originalität und unterscheiden sich stark vom römischen Recht oder den Bräuchen der Zeit, auch wenn deren Einflüsse auf die Gläubigen nicht unterschätzt wurden.

3.3.1. Der Kanon 8 des Konzils von Nicäa

Beginnen wir mit dem 8. Kanon des Konzils von Nicäa, der in Kardinal Kaspers Vortrag sozusagen die Schlussfolgerung darstellt: „Es gab also eine Pastoral der Duldung, der Milde und der Nachsicht, und es gibt gute Gründe zu der Annahme, dass diese Praxis gegen den Rigorismus der Novatianer durch das Konzil von Nicäa (325) bestätigt wurde."[16] Kasper zitiert diesen Kanon außerdem in einer Fußnote (Nr. 20), um seinen Inhalt zu unterstreichen.

In der angeführten Bibliografie wird unter anderem Giovanni Cereti[17] aufgelistet, der genau diesen Kanon im Sinne einer

ausdrücklichen Wiederaufnahme der wiederverheirateten Geschieden in die volle Kirchengemeinschaft interpretiert hat.
Der Hinweis auf dieses Buch ist bedeutsam, da Ceretis Interpretation künstlich und radikal apologetisch ist und Begriffe
und Quellen manipuliert. Als Beispiel für den Mangel an Ceretis Wissenschaftlichkeit reicht es, seine Art des Umgangs mit
dem Kanon von Epiphanus zu untersuchen,[18] der als Parallele
zum Kanon von Nicäa gesehen werden muss und die beste
Hilfe zur Interpretation desselben bietet. So benutzt Cereti
nicht die kritische Ausgabe, die zu einer Klärung der Begriffe
beigetragen hätte, sondern zitiert eine Ausgabe, die seinem
Zweck dienlicher ist.[19]

Aber betrachten wir den 8. Kanon des Konzils von Nicäa
selbst. Zunächst geben wir ihn in der von Kardinal Kasper an-
gebotenen Übersetzung wieder: „Es wird von den ‚sogenannten Reinen' beim Übertritt zur katholischen Kirche verlangt,
dass ‚sie Gemeinschaft pflegen [müssen] sowohl mit denen, die
in zweiter Ehe leben, als auch mit den in der Verfolgung Abgefallenen.'"[20] Die von ihm angegebene Quelle gibt diesen Text jedoch etwas anders wieder. Im zitierten *Kompendium der Glaubensbekenntnisse und kirchlichen Lehrentscheidungen* lesen wir,
dass von denen, „die sich ‚Katharer' [= ‚Reine'] nennen" verlangt wird „mit denen, die **zum zweiten Male verheiratet**
sind … Gemeinschaft zu pflegen"[21].

Der Text ist tatsächlich von großer Bedeutung, denn er bezieht sich nicht nur auf diejenigen, die „zweimal verheiratet"
sind *(digamoi)*, sondern kämpft auch gegen eine *rigoristische*
Haltung wie die der Novatianer, die für einige Sünden das
Bußsakrament verweigern wollten. Der Text besitzt eine hohe
Autorität, denn er stammt von einem allgemeinen Konzil – sogar dem ersten! Wenn es dem Konzil aber wirklich um das un-
terstellte Thema gegangen wäre, müsste eine zuvor bestehende Praxis angenommen werden, die die volle Wiederaufnahme
dieser Personen in die Kirchengemeinschaft beinhaltet hätte.
Außerdem müsste das im Kanon angeführte Prinzip dieser

Lösung als Beispiel gelten: In diesem Konzil hätte die Kirche die Toleranz unterstützt und sich gegen einen unannehmbaren Rigorismus gestellt. Es wäre das Handeln einer Kirche, die die Sünder aufnimmt, gegenüber einer Kirche der „Reinen", welche diejenigen verstößt, die ihre oftmals unmenschlichen Anforderungen nicht beachten.

Um die beiden Aussagen allerdings im richtigen Kontext zu sehen, müssen die bei diesen bekannten Fakten verwendeten Begriffe geklärt werden. Dann wird auch der Text verständlich: Es handelt sich um einen *Widerruf* innerhalb eines juridisch gültigen *Kanons*; seine Absicht besteht darin, das zu verlangen, was als das notwendige Minimum an Konsens angesehen wird. Um den Inhalt des Widerrufs zu verstehen, muss man die Position der Novatianer kennen, sonst stellt man die verwendeten Begriffe in einen falschen Zusammenhang. Der Begriff *digamoi* ist an sich sehr allgemein. Das wird auch von den unterschiedlichen Übersetzungsmöglichkeiten bestätigt. Nur durch den Kontext des Kanons und die darauffolgenden Interpretationen kann ihm die volle Bedeutung zugestanden werden. Allerdings verwenden ihn die Kirchenväter niemals unterschiedslos für Witwer und Witwen, die nochmals geheiratet haben, und für wiederverheiratete Geschiedene.

Leider folgt Cereti nicht dieser Logik,[22] sondern erfindet eine andere. Seine einfache Argumentationslinie können wir in drei Schritten zusammenfassen: 1) Es geht hier um einige Rigoristen, die verneinen, dass es die Vergebung der Sünden gibt. 2) Als die drei schwersten Sünden der Epoche galten Glaubensabfall, Ehebruch und Mord. 3) Man verlangt, dass die Urheber dieser Sünden, und deshalb auch die Ehebrecher, wieder in die Kirche aufgenommen werden. Dies beträfe seiner Meinung nach auch die wiederverheirateten Geschiedenen. Zur Rechtfertigung seiner Argumentation muss Cereti anfügen, dass nichts weiter zum Mord gesagt wird, weil es nur wenige derartige Fälle gegeben habe und sie deshalb kein pastorales Problem darstellten.[23]

Es gibt für Cereti nur eine einzige wichtige Frage, auf die er sich konzentriert und die wir unterstreichen, weil sie unserer Meinung nach auch Kasper beeinflusst hat. Es ist folgende: „Unsere Abhandlung kreist um ein einziges Problem: War die Kirche davon überzeugt, dass sie jede Sünde vergeben konnte, oder nicht?"[24] Mit dieser Absicht im Hintergrund behandelt der Autor das Problem, als ginge es um einen Disput zwischen Rigoristen und Barmherzigen. Er übersieht, dass es in beiden Fällen bei der kirchlichen Praxis um eine Wiederversöhnung mit der Kirche geht, bei der eine Glaubenswahrheit bezüglich des sakramentalen Charakters von Taufe und Ehe das Handeln bestimmt, gerade auch wenn es um die Buße geht. Der vom Glauben Abgefallene bleibt getauft und zu einem Leben in der Einheit mit Gott berufen; der Ehebruch kann vergeben werden, wenn er bereut und ein Rückfall verhindert wird. Wenn man nur in Begriffen von Rigorismus und Toleranz denkt, werden diese Prinzipien verdeckt, bei denen es um eine Wahrheit geht und nicht nur um subjektive Zustände. Und das führt dann natürlich zu Spaltungen innerhalb der Kirche.

Konditioniert von seinem anfänglichen Vorurteil konzentriert sich Cereti in seiner ausgiebigen Quellensuche zu den Novatianern auf das, was ihn interessiert: die Verweigerung der Absolution für die Sünde des Ehebruchs, wofür er Text über Text anführt. Dabei übersieht er ihre offensichtliche und radikale Ablehnung der zweiten Ehe von Witwen und Witwern als Konfliktpunkt mit der katholischen Kirche.[25] Dabei handelt es sich um eine Haltung, die große Ähnlichkeit mit dem typisch nordafrikanischen Rigorismus besaß, der stark von Tertullian beeinflusst war. Cereti hält das für äußerst nebensächlich. Methodologisch unzulässig ist außerdem die Auslassung jedwedes weiteren Kommentars zu den Novatianern nach Nicäa. Dabei wären gerade hier die Schriften der Väter interessant gewesen, um zu sehen, wie der Kanon, der ja schon bekannt war, interpretiert und in der Praxis der Kirche angenommen worden ist. Es ist absurd zu glauben, dass eine solch

starke Notwendigkeit für Toleranz keine Spuren in der Folge-
zeit auch bei den Anhängern Novatians hinterlassen hätte. Ohne in technische Details zu verfallen genügt es, darauf zu verweisen, dass Augustinus die Novatianer als *Häretiker* definiert.
Dabei bezieht sich der Kirchenlehrer nicht auf ihren Rigorismus, sondern darauf, dass sie etwas verneinen, was zum Glauben der Kirche gehört. Seine Worte sind deutlich: Er bezeichnet
sie als Häretiker in Bezug auf nur zwei Fragen, nämlich die, die
im Kanon von Nicäa erwähnt werden. Er benutzt dabei sehr
ähnliche Begriffe: „Die Katharer, die sich selbst diesen Namen
gegeben haben und dabei hochmütig und verachtenswert auf
ihre Reinheit anspielen, gestehen nicht die Zweitehe zu und
verweigern die Buße. Darin folgen sie dem Häretiker Novatian
und werden so auch Novatianer genannt."[26] Deren Unterschied
zu der katholischen Kirche liegt nicht nur in der Verweigerung
der Buße (moralischer Rigorismus), sondern auch in einem falschen Verständnis der Ehe (Häresie bezüglich von Sexualität).
Hier haben wir also eine andere Interpretation von Nicäa.

Um zu erklären, dass es hier um eine Glaubensfrage und
nicht nur um die Vergebung einiger Sündenarten geht, spricht
Augustinus in seinem Brief an Juliana von dem Witwenstand:
„Dein Witwenstand ist keine Verurteilung für eine Zweitehe,
noch für den, der sie schließt. Diese Lehre wurde besonders
von den Häresien der Montanisten und Novatianern aufge-
bauscht, die dabei von den mehr tönenden, denn vernünftigen
Worten Tertullians inspiriert wurden."[27] Augustinus macht
deutlich: Das Verbot der zweiten Ehe nach dem Tod des Ehepartners gehört zur Lehre der Novatianer, die sich darin von
der katholischen Kirche unterscheiden. Allerdings unterstreicht er auch ebenso deutlich den Unterschied: „Die Übel,
auf die ich mich beziehe, sind Ehebruch und Unzucht"[28] – und
eben nicht das Eingehen einer weiteren Ehe nach dem Ableben
des Gatten oder der Gattin. Es besteht kein Zweifel daran, dass
es bei der Diskussion mit den Novatianern um die Zulassung
der zweiten Ehe der Witwen und Witwer ging.

Cereti dagegen gibt nirgendwo zu, dass diese Sekte die *absolute Monogamie* durchsetzen wollte, indem sie von den Laien verlangte, nach dem Tod des Ehepartners nicht wieder zu heiraten, etwas, das die Kirche eben nur von Klerikern forderte. Dagegen stellt Cereti eine Reihe von absurden Überlegungen an bezüglich eines Verbotes für Kleriker, nach der Scheidung eine neue Ehe einzugehen.[29] Und all das, um zu beweisen, dass sich der Begriff *digamoi* bei Nicäa auf die zweite Ehe eines Geschiedenen beziehe, der rechtens in die Kirchengemeinschaft aufgenommen sei.

Worum es dem Konzil von Nicäa wirklich geht, ist, mit einem juristischen (und nicht pastoralen) Kanon die Bedingungen festzulegen, unter denen die Novatianer wieder in die katholische Kirche aufgenommen werden können. Das geforderte Minimum ist die Akzeptanz einer zweiten Ehe der Witwen und Witwer, die übrigens schon eine von der Heiligen Schrift bestätigte Praxis war (vgl. Röm 7,3; 1 Kor 7,9). Wenn man der Argumentationslinie Ceretis folgte, wäre die gegenwärtige katholische Kirche novatianisch und müsste Abbitte leisten, um wieder in die Gemeinschaft mit der Kirche von Nicäa aufgenommen zu werden.

Ceretis Behauptungen wurden in einem von der Glaubenskongregation herausgegebenen Buch zum Kommunionempfang für wiederverheiratete Geschiedene ausdrücklich kritisiert.[30] Es handelt sich hierbei um ein Dokument, das veröffentlicht wurde, um aufzuzeigen, dass das von den Bischöfen der Oberrheinischen Kirchenprovinz – darunter auch Kasper – in einem gemeinsamen Hirtenschreiben geforderte Vorgehen nicht rechtmäßig ist. Sicher kennt der Kardinal die harte Kritik, die an Cereti geübt wurde, und wir fragen uns, warum er ihn als eine ernsthafte Quelle zu diesem Thema herangezogen hat. Kasper hat öffentlich in einem Brief an *Die Tagespost* erklärt, dass seine Haltung von der Ceretis abweicht.[31] Das begrüßen wir, doch müsste geklärt werden, wo die Unterschiede liegen, da Kasper bei der Interpretation des 8. Kanons von

Nicäa als Bezugspunkt ausschließlich den italienischen Theologen heranzieht.[32]

3.3.2. Origenes' Kommentar zur Ehebruchsklausel bei Matthäus

Hier geht es um den zweitwichtigsten Text, den Kasper für eine Logik der Duldung anführt. Er greift zweimal darauf zurück, das zweite Mal explizit: „Dieses Gewohnheitsrecht wird
von Origenes ausdrücklich bezeugt, der es für ‚nicht unvernünftig' hält. ... Sie begründen das ‚Nicht-unvernünftig' mit
der pastoralen Absicht, ‚Schlimmeres zu verhüten'."[33]

Wir sollten die fragliche Textstelle aus Origenes' Kommentar ganz zitieren:

> „Entgegen der *Schrift* haben einige Hirten der Kirche einer
> Frau, deren Ehemann am Leben war, die zweite Ehe gestat-
> tet. Das haben sie getan, obwohl *geschrieben* steht ‚die Frau ist
> gebunden bis der Ehemann stirbt' (1 Kor 7,39), und ‚eine
> Frau, die sich einem anderen Mann hingibt, während ihr
> Ehemann am Leben ist, muss als Ehebrecherin betrachtet
> werden' (Röm 7,6). Dennoch haben diese nicht völlig ohne
> Grund gehandelt (οὐ μὴν πάντη ἀλόγως). Vermutlich wur-
> de diese Schwäche [*symperiphora*, Zugeständnis] geduldet in
> Anbetracht von schlimmeren Übeln, aber im Gegensatz zum
> ursprünglichen Gesetz, von dem die *Schrift* spricht."[34]

Es überrascht, dass Kasper niemals den gesamten Text zitiert,
bei dem Origenes dreimal unterstreicht, dass es sich dabei um
eine Praxis handelt, die *gegen die Schrift* geht, die für ihn die
höchste Autorität darstellt.[35] Folglich kann Origenes' Zeugnis
bezüglich dieser in seinen Augen widerrechtlichen Praxis absolut nicht als Zustimmung zur genannten Toleranz gelten. Als
Ganzes gesehen ist die Textstelle nämlich ausgesprochen erhellend. Das Handeln der oben genannten Hirten wird zwar

als verständlich angesehen: „Sie haben nicht völlig ohne Grund gehandelt *(ou mēn pántē alógōs)."* Dies ist jedoch etwas anderes, als zu behaupten, was sie tun sei „nicht unvernünftig". Es geht darum, die Existenz eines Grundes zuzugestehen (das Handeln ist nicht *völlig* unvernünftig), der jedoch aus der menschlichen Logik stammt und sich in die höhere Logik der Heiligen Schrift einfügen muss. In diesem Sinne können die „kleineren Übel" als etwas interpretiert werden, das im Gegensatz zu schlimmeren Ausschweifungen steht, welche die ersten als weniger unvernünftig erscheinen lassen,[36] und nicht als etwas, das im Gegensatz zu den Übeln steht, die aus einer fehlenden Toleranz stammen könnten. Aus dieser Sicht sind die Schlussfolgerungen aus dem Text ganz andere, als die in Kaspers Vortrag suggerierten. Auch die Art der Zitierung ist dann nicht mehr annehmbar. Gleichermaßen ist es unangemessen, davon zu sprechen, „Schlimmeres zu verhüten", ohne das in der Tat geschehende Übel zu bedenken.

Kasper benutzt dieses Schlagwort als Zusammenfassung der gesamten patristischen Toleranz: „Diese Väter wollten aus pastoralen Gründen – ‚um Schlimmeres zu verhüten' – dulden, was an sich unmöglich ist."[37] Danach ist es ein Leichtes, daraus einen Vorschlag für die gegenwärtige Situation der Kirche zu formulieren. Dabei benutzt er eine konsequenzialistische Vorgehensweise:

„Der infrage stehende Weg wäre keine generelle Lösung. Er ist nicht der breite Weg der großen Masse, sondern der schmale Weg des wohl nur kleineren, an den Sakramenten ehrlich interessierten Teils der wiederverheiratet Geschiedenen. Aber gilt es nicht gerade hier, Schlimmeres zu verhüten? Denn wenn Kinder in Familien von wiederverheiratet Geschiedenen nie sehen, dass ihre Eltern zu den Sakramenten gehen, dann werden auch sie selbst im Normalfall den Weg zu Beichte und Kommunion nicht finden. Nehmen wir hierbei nicht in Kauf, dass wir auch die nächste und

vielleicht auch die übernächste Generation verlieren? Wird
da unsere bewährte Praxis nicht kontraproduktiv?"[38]

Jede Duldung eines Übels vonseiten derer, die Regierungsge-
walt haben, kommt aus der Furcht vor größeren Übeln. Im Falle der Kirche darf aber nicht die darin enthaltene Ungerechtigkeit verleugnet werden – es geht hier um die Realität einer Sünde – noch kann von deren Konsequenzen dispensiert werden.

3.3.3. Der Kanon des hl. Basilius

Kommen wir zum momentan umstrittensten Text, bei dem es
ohne Zweifel um Toleranz gegenüber den wiederverheirateten
Geschiedenen geht. Es ist genau dieser Text, der von den orthodoxen Kanonisten zur Rechtfertigung der orthodoxen Praxis
angeführt wurde.[39]

I Iier ist er im Wortlaut: „Die Anklage richtet sich also an die,
welche ihren Mann aus welchen Gründen auch immer verstoßen hat … [Die Frau] ist eine Ehebrecherin, wenn sie einen anderen Mann hat. Der verlassen wurde ist entschuldbar und die
mit ihm lebt wird nicht verurteilt."[40]

Sicher ist dieser Text schwierig. Es wird davon geredet, jemanden nicht zu verurteilen, sondern zu entschuldigen, aber
die genaue Situation, um die es geht, ist nicht einfach zu verstehen. Später sieht man am Kanon 46,[41] dass die Frau, die nicht
verurteilt wird, die vorausgehende Situation des Mannes nicht
zu kennen scheint. Anders ist es mit der den Mann betreffenden Entschuldigung. Hier wird nicht genau gesagt, was entschuldigt wird, ob es die Schuld der Trennung ist, die nach Buße verlangt, oder die nachfolgende Verbindung, die mit Verständnis betrachtet wird, auch wenn sie nicht für legitim gehalten wird. Oder geht es um das Nichtwissen um die frühere
Frau, die ja auch gestorben sein könnte?[42] Die Textstelle lässt
viele Fragen offen. Es wird nicht geklärt, wie und wann diese

Toleranz geübt werden sollte. Der Kontext ist der von vielen sehr unterschiedlichen Kanones, die schwierige, konkrete Fälle behandeln. Auf keinen Fall handelt es sich um eine etablierte Norm, die einen wiederverheirateten Geschieden als jemanden ansieht, der in einem von der Kirche akzeptierten Lebensstand steht.

Auf jeden Fall muss man diese eigenartige Ermahnung im Rahmen eines offensichtlichen Verbots jedweder Ehescheidung verstehen, die der Kappadokier ohne Abstriche und mit ausdrücklich verurteilenden Worten in einer anderen Schrift ausdrückt: „Wer seine Frau verstoßen hat, darf keine andere heiraten, und die Frau, die von ihrem Mann verstoßen wurde, darf keinen anderen Mann heiraten."[43]

Die Toleranz bezieht sich sicherlich nicht darauf, die zweite Verbindung als legitim zu betrachten, sondern eine bestimmte Buße nicht aufzuerlegen.[44] Basilius hat diese Kanones auf Bitte des Bischofs von Iconium geschrieben, um eben dieser Frage der angemessenen Buße nachzugehen, und so haben sie auch eher die Form eines Briefes als die eines Gesetzestextes.[45]

3.3.4. Die Erwähnung von Gregor von Nazianz

Im von Kardinal Kasper erwähnten Text von Gregor von Nazianz geht es um eine Randbemerkung, die eigentlich nur zeigt, wie die Kirchenväter mit der sogenannten „matthäischen Ehebruchsklausel" oder „Unzuchtsklausel" (Mt 5,32) umgingen.[46] Jesu Worte wurden nicht so interpretiert, als sei *porneia* ein Grund für Scheidung und legitime Wiederverheiratung, sondern vielmehr als Gebot, sich von einer unzüchtigen Ehefrau zu trennen, ohne dass damit die Erlaubnis für eine weitere Eheschließung verbunden wäre. Lesen wir die Worte Gregors genau: „Das Gesetz erlaubt die Verstoßung aus jedem Grund, Christus nicht aus jedem Grund, sondern er erlaubt die Trennung nur von der zuchtlosen Frau, während man sich in allen anderen Fällen wie ein Philosoph verhalten muss."[47] Es wird also von einer Trennung, aber nie von der Erlaubnis einer zweiten Bindung gesprochen. Die Vermutung, dass in diesem Fall das Schweigen als ein Argument für eine solche Erlaubnis angeführt werden könnte, ist nicht nachzuvollziehen, denn *direkt zuvor* wird gesagt: „Es gibt nur einen Christus, also gibt es nur ein Haupt der Kirche und nur einen Leib. So muss die zweite Ehe verweigert werden. Wenn Christus die zweite Ehe verbietet, was soll man zu einer dritten sagen? Die erste Ehe ist vom Gesetz gestattet, die zweite Ehe aus Nachsicht zugelassen, und die dritte Ehe ist nichts als Gesetzesüberschreitung. Was diese Zahl überschreitet, ist ein Leben als Schweine."[48]

Aus diesem Text können wir schließen, dass das generelle Verbot eine gewisse Nachsicht gegenüber der zweiten Ehe einer Witwe oder eines Witwers zulässt. Was aber würde Gregor zu den Ehen sagen, die direkt gegen die Schrift verstoßen? Das ist umso wahrer, wenn wir daran denken, dass er ausdrücklich dem römischen Recht widerspricht, wenn er sagt: „Die Verstoßung ist völlig gegen unsere Gesetze, auch wenn die Römer anders darüber denken."[49]

3.3.5. Die mögliche Ausnahme bei Augustinus

Die letzte patristische Quelle aus Kaspers Vortrag bezieht sich auf Augustinus,[50] das heißt genau auf den Kirchenvater, dem die Lehre von der Unauflöslichkeit des Ehebundes zugeschrieben wird. Wenn dieser Autor, der für seine rigorose Sichtweise bekannt ist, einige Ausnahmen zugesteht, warum dann nicht auch wir?

Hier sind seine genauen Worte: „Aus der Heiligen Schrift ist nicht ganz klar, ob derjenige, der ohne Zweifel rechtmäßig eine Ehebrecherin verstoßen darf, seinerseits Ehebruch begeht, wenn er sich wieder verheiratet: In diesem Fall wäre seine Sünde eine lässliche."[51]

Die Textstelle wird zitiert, weil darin die Scheidung als „lässliche Sünde" definiert wird. Allerdings ist die augustinische Terminologie bezüglich „lässlicher" Sünden sehr komplex und müsste zumindest zu Vorsicht aufrufen. Wir kennen Augustinus' eiserne Haltung gegen jedwede Ehe nach der Scheidung.

Die Interpretation ändert sich, wenn wir den Kontext des behandelten Falles in den Blick nehmen: Es handelt sich hier um einen *geschiedenen, wiederverheirateten Katechumenen*,[52] der *zur Taufe zugelassen* werden soll. Das heißt, er hat *vor* der Taufe zweimal geheiratet. Die Haltung des Augustinus, der ihn unter bestimmten Bedingungen, die garantieren, dass er nicht an der Scheidung schuld war, zur Taufe zulässt, setzt ein besonders weit entwickeltes Verständnis des Unterschiedes zwischen der Scheidung von Katechumenen und der Ehe zwischen Getauften voraus. Das war zur damaligen Zeit keineswegs verbreitet.[53] Somit kommen wir nach der Untersuchung des Textes wieder zu ganz anderen Schlüssen als Kasper.

Schluss

Der Rückgriff auf die Väter hatte zwei Bedeutungen. Unsere Schlussbemerkung muss nach unserem kurzen Durchgang darauf Bezug nehmen.

Schauen wir zunächst auf die Haltung der Frühkirche zur Scheidung, in einem Umfeld, in dem diese ähnlich verbreitet war wie heute. In einer Zeit des Beginns der Institutionalisierung der Kirche hat die Behandlung des Themas juridische Bedeutung. Die Wortmeldungen wollen immer *objektiv die Situationen beurteilen*, unterscheiden zwischen verschiedenen Fällen und geben *objektive* Leitlinien vor, die auch juridische Bedeutung besitzen.

Innerhalb dieser Perspektive zeichnete sich ein pastoraler Weg ab, der aus wirklich grundlegenden Überlegungen heraus auf eine Gemeinschaft hinzielte. Dabei wurden Argumente

verwendet, die das pastorale Handeln auf feste Prinzipien
gründen konnten.

Wenn man die Gesamtheit der Zeugnisse anschaut, überrascht die *geringe Zahl* von Hinweisen auf eine Toleranz. Die
Fälle der größten Offenheit betreffen äußerst konkrete und besondere Situationen, die auch im Kontext einer sehr strengen
Bußdisziplin verstanden werden müssen, deren übliche Bedingung die Enthaltsamkeit von sexuellem Umgang war. In einem
Umfeld, das von Scheidung geprägt war, ist die vergleichswei-
se wenig ausgeprägte Haltung der Toleranz ein wichtiges Lehr-
beispiel, wie die Problematik eingeschätzt wurde: nicht als etwas Sekundäres, sondern als etwas, das für das Evangelium
von großer Wichtigkeit ist und das unter dem enormen kulturellen Druck, den man erduldete, mit allen Kräften verteidigt
werden musste. Die Verteidigung der Unauflöslichkeit im Wi-
derstand gegen die Gesellschaft der damaligen Zeit war ein
Zeugnis, das den prophetischen Charakter der christlichen
Ehe entdecken half und so die Gesellschaft veränderte.

4. Kapitel

Ein in der Zeit geschenktes Leben: zur Erneuerung des moralischen Subjekts

4.1. Die Fähigkeit, Versprechen zu geben und zu halten

Kardinal Kasper erklärt sehr schön, dass die Lehre über das unauflösliche Band der Ehe „Evangelium" ist, „d. h. endgültiger Zuspruch und bleibende gültige Zusage. Als solche nimmt sie den Menschen und seine Freiheit ernst. Es ist die Würde des Menschen, endgültige Entscheidungen treffen zu können."[1] Nirgendwo sonst findet diese Fähigkeit, endgültige Entscheidungen treffen zu können, einen deutlicheren Ausdruck als in der Fähigkeit, ein Versprechen zu geben und es zu halten. Darin wird die menschliche Freiheit am klarsten verwirklicht. Um die Größe dieser Fähigkeit und ihre Beziehung zur Freiheit zu sehen, muss man kein gläubiger Mensch sein. In seiner *Genealogie der Moral* preist Friedrich Nietzsche, der nicht unter dem Verdacht steht, ein christlicher Apologet zu sein, den Menschen, der zu einem Versprechen fähig ist. Für Nietzsche ist das der Fall eines souveränen Individuums. Wir haben hier „den Menschen des eignen unabhängigen langen Willens, *der versprechen darf* – und in ihm ein stolzes, in allen Muskeln zuckendes Bewusstsein davon, was da endlich errungen und in ihm leibhaft geworden ist, ein eigentliches Macht- und Freiheitsbewusstsein"[2]. Der „Freigewordene, der wirklich versprechen darf, dieser Herr des freien Willens", ist „der Inhaber eines langen unzerbrechlichen Willens."[3] Was ihn von anderen Menschen unterscheidet, ist, dass er „sein Wort gibt als Etwas,

auf das Verlass ist, weil er sich stark genug weiß, es selbst gegen Unfälle, selbst ‚gegen das Schicksal' aufrechtzuhalten."[4] Es
ist sicherlich wahr, dass wir in diesen Sätzen nicht ein Körn-
chen geschöpflicher Demut finden, keine Andeutung menschlicher Schwäche oder die geringste Vorstellung von unserem
menschlichen Bedürfnis nach heilender Gnade. Sie wurden
nicht mit einer christlichen Haltung geschrieben, für die auch
unsere Verdienste Gaben Gottes sind. Und obwohl Nietzsche
allzu sehr der menschlichen Stärke vertraut, nennt er hier doch
eine herausragende Eigenschaft beim Namen und bringt so eine tiefe Wahrheit zum Ausdruck, die für unsere Tage von großer Bedeutung ist.

Viele meinen heute, dass die dauerhafte Verpflichtung auf
ein unwiderrufliches Versprechen bedeutet, ihre Freiheit ein-
zuschränken oder sie zu verlieren. Mit den Worten von Benedikt XVI. stellt sich für den Menschen die Frage, ob er sich le-
benslang binden kann: „Ist das seinem Wesen gemäß? Widerspricht es nicht seiner Freiheit und der Weite seiner Selbstverwirklichung? … Ist Bindung für ein Leben lang Gegensatz zur
Freiheit?"[5] Nietzsche würde sicherlich antworten, dass das Gegenteil der Fall ist: Durch das Versprechen verwirklichen wir
unsere Freiheit und nehmen unsere Zukunft in die Hand. Indem wir unseren Willen binden, werden wir dessen Herr und
emanzipieren uns von den Stürmen der Leidenschaft, von den
Schwankungen des Glücks und auch von den Launen des
Schicksals. Ein wirklich freier Mensch kann ein Versprechen
geben, und nur wer ein Versprechen geben kann, ist wirklich
frei. Deshalb würden Benedikt und Nietzsche wahrscheinlich
darin übereinstimmen, dass „die Absage an die menschliche
Bindung" das Ergebnis „von einem falschen Verständnis der
Freiheit und der Selbstverwirklichung" ist wie auch eine
„Flucht vor der Geduld des Leidens."[6]

Die offene Frage ist also nicht, ob ein Versprechen im Gegensatz zur Freiheit steht – das tut es nicht –, sondern ob ein Versprechen etwas ist, das in unserer Macht steht. Vertraute Nietzsche

nicht allzu sehr auf die menschliche Macht? Wenn es eine Frage der menschlichen Macht allein wäre, dann müsste die Antwort wohl lauten, dass er zu großes Vertrauen in sie setzte. Die frohe Botschaft des Evangeliums jedoch ist genau dies: Gott schenkt seinen Gläubigen ein neues Herz, ein Herz, das sie befähigt, dem Bund, den Gott ihnen anbietet, treu zu sein, und dem sie eben gerade mit einem Versprechen antworten: das Taufversprechen bei allen Christen und dann das Eheversprechen oder die Ordensgelübde, je nach der persönlichen Berufung.

4.2. Das Problem der ungültigen Ehen

All dies berücksichtigend wollen wir uns nun den ersten der beiden Ansätze genauer ansehen, den Kardinal Kasper für eine Lösung des Problems der wiederverheirateten Geschiedenen vorschlägt. Er schreibt: „*Familiaris consortio* sagt, dass manche wiederverheiratet Geschiedenen der subjektiven Gewissensüberzeugung sind, dass ihre frühere, unheilbar zerstörte Ehe niemals gültig war (FC 84). Viele Seelsorger sind in der Tat davon überzeugt, dass viele in kirchlicher Form geschlossene Ehen nicht gültig geschlossen sind."[7] Seiner Meinung nach kann man nicht mehr generell davon ausgehen, dass eine bestimmte Ehe gültig ist, eine Annahme, die für ihn zu einer „Rechtsfiktion" geworden ist. Angesichts der vermutlich sehr häufig vorkommenden ungültigen Ehen fragt der Kardinal, „ob der gerichtliche Weg, der ja nicht *iure divino* (göttlichen Rechts) ist, sondern sich geschichtlich entwickelt hat, der einzige Weg zur Lösung des Problems sein kann, oder ob nicht auch andere, mehr pastorale und geistliche Verfahren denkbar sind"[8]. In der Tat „könnte man sich vorstellen, dass der Bischof einen geistlich und pastoral erfahrenen Priester als Pönitentiar oder Bischofsvikar mit dieser Aufgabe betraut"[9].

Hier macht Kardinal Kasper einen konkreten Vorschlag hinsichtlich der Modifikation eines Verfahrens, dessen Änderung der kirchlichen Autorität zusteht. Der gegenwärtige gerichtliche Weg, der möglicherweise zur Erklärung der Nichtigkeit führt, ist nicht Teil der göttlichen Offenbarung und daher kann man sicherlich über Möglichkeiten diskutieren, ihn zu verbessern. Und doch könnte es gute praktische Gründe geben, weshalb man mit dem Vorschlag des Kardinals nicht einverstanden sein kann, so zum Beispiel diejenigen, die er einige Zeilen später im folgenden Abschnitt selbst anführt, wo er sagt: „Es wäre falsch, die Lösung des Problems in einer großzügigen Ausweitung der Ehenichtigkeitsverfahren zu suchen. Damit würde der fatale Eindruck erweckt, die Kirche nehme auf unehrliche Weise in Wirklichkeit Ehescheidungen vor."[10] Uns ist nicht klar, wie man diese beiden Passagen in Einklang bringen kann. Es ist wohl kaum zu leugnen, dass ein Verfahren, in dem nicht länger ein Kirchengericht, sondern ein einzelner Priester die Ungültigkeit der Ehe beurteilt, genau diese „großzügige Ausweitung der Ehenichtigkeitsverfahren" darstellen würde, die laut Kardinal Kasper nicht wünschenswert wäre aufgrund des „fatalen Eindrucks", den dies erwecken könnte.

Bekanntermaßen ist es bereits schwierig genug, den Menschen zu erklären, dass die Annullierung einer Ehe keine katholische Scheidung ist. Von Johannes dem Täufer bis hin zu den englischen Märtyrern und darüber hinaus kennt die Kirche Zeugen, die ihr Blut vergossen haben, um die Heiligkeit des Ehebandes zu verteidigen. Was hätte ein einfacher Pönitentiar angesichts des Ansinnens von Heinrich VIII. getan? Im 16. Jahrhundert hat die Kirche im Grunde genommen eine ganze Nation verloren, weil sie fest auf der Unauflöslichkeit der Ehe bestand. Sollten wir etwa heute meinen, dass dies unklug war? Oder gibt es nicht eine höhere Logik, die auch nur den Anschein eines Kompromisses verbietet, wenn es um das Glaubensgut geht, das Gott selbst seiner Kirche anvertraut hat? Demnach hat Kardinal Kasper selbst die Gründe angeführt, die gegen seinen Vorschlag sprechen. Und doch muss noch etwas Grundlegenderes zu seinem Vorschlag gesagt werden.

Es ist in der Tat zu fragen, wie die Aussage, dass „viele Seelsorger davon überzeugt sind, dass viele in kirchlicher Form geschlossene Ehen nicht gültig geschlossen sind"[11], als Lösung für irgendetwas angeführt werden kann. Sollte sich die Überzeugung vieler Seelsorger wirklich als wahr erweisen, dann kann dies unmöglich als Weg zu einer teilweisen Lösung der Probleme gesehen werden, die mit den wiederverheirateten Geschiedenen verbunden sind. *Das größere Problem ist die Tatsache an sich.* Wir müssen die Dinge in der richtigen Perspektive sehen. Kardinal Kasper weist zu Recht darauf hin, dass „wohl nur ein kleinerer Teil" der wiederverheirateten Geschiedenen „an den Sakramenten ehrlich interessiert" ist.[12] Die Frage der Zulassung von wiederverheirateten Geschiedenen zur Kommunion ist damit ein Problem, das nur wenige Einzelpersonen betrifft. Es ist ein Problem, das im kulturellen Kontext des Westens entstanden ist und nur dort als relativ dringlich wahrgenommen wird, während die Ortskirchen in Afrika und Asien wohl ganz andere Sorgen haben. Außerdem haben, wie gesagt, Johannes Paul II. und Benedikt XVI. bereits gangbare Lösungen angeboten (FC 84, SC 29), sodass die neue pastorale Situation nur diejenigen der wiederverheirateten Geschiedenen betreffen würde, die die Sakramente empfangen möchten *und* nicht geneigt sind, den bisher von der Kirche vorgegebenen Weisungen zu folgen. Auf die angenommene Tatsache, dass zahlreiche sakramental geschlossene Ehen heutzutage ungültig sind, als Lösung für das Problem der Zulassung einer kleinen Zahl von wiederverheirateten Geschiedenen zu den Sakramenten zu verweisen, bedeutet, eine größere Notlage als Lösung für eine kleinere Schwierigkeit zu präsentieren.

Mit anderen Worten, die „Lösung" verweist auf eine Krise, die viel grundsätzlicherer Natur ist als das Problem, das sie lösen soll. Eine Sache ist es, sich auf ein Lebensprojekt einzulassen und dann auf Schwierigkeiten und auch Versagen zu stoßen, die dann zu Trennung und sogar ziviler Scheidung führen können. Etwas ganz anderes ist es, sich selbst zu erfahren, als jemand, dem sogar die Fähigkeit fehlt, sich auf ein Projekt einzulassen, in dem man erfolgreich sein oder versagen kann, und um nichts weniger geht es, wenn wir von ungültigen Versuchen sprechen, eine Ehe zu schließen. Deshalb ist die wichtigere Frage für die Familienpastoral heute: *Wie kann man sicherstellen, dass Ehen gültig geschlossen werden?*, und nicht: Wie kann man zusätzliche Möglichkeiten finden, um die wiederverheirateten Geschiedenen, die nicht die bereits von der Kirche dargelegten Wege gehen wollen, zur Kommunion zuzulassen?

4.3. Der Mensch in der Moderne: durch die Scheidung heimatlos geworden

Um die Richtung anzugeben, in der eine Antwort auf diese kritische Frage gefunden werden kann, ist es notwendig, einen Blick auf die heutige Krise des moralischen Subjekts zu werfen. Warum finden Menschen es so schwierig, ein Versprechen zu geben, das heißt Verpflichtungen einzugehen, die sich auf ihr ganzes Leben beziehen? Der polnische Soziologe Zygmunt Bauman hat ein sehr eindrückliches Bild gefunden, um die menschliche Person in der Moderne zu beschreiben, nämlich das Bild eines Campers auf einem Campingplatz. „Die Wohnwagenbesitzer bringen ihre eigene mobile Unterkunft mit, die mit allem ausgestattet ist, was zum Leben notwendig ist, und ihr Aufenthalt ist in aller Regel kurz."[13] Camper sind autonom, sie sind sich ihrer Rechte bewusst und zugleich nicht allzu sehr daran interessiert, etwas für den Ort, den sie besuchen, zu tun:

> „Da sie zahlen, haben sie auch Forderungen. Sie können ihre Rechte bezüglich der zugesagten Dienstleistungen gegenüber dem Management resolut vertreten, wollen ansonsten aber ihre Ruhe … Wenn sie das Gefühl haben, übers Ohr gehauen zu werden, oder wenn sie meinen, der Platzverwalter

halte seine Versprechen nicht, kann es passieren, dass es zu Beschwerden und Protesten kommt – aber niemand käme auf die Idee, die Art und Weise, wie die Anlage betrieben wird, infrage zu stellen geschweige denn, den Platz zu übernehmen."[14]

Wenn den Campern ein Ort nicht gefällt, dann ziehen sie weiter. Sie sind nicht bestrebt, Zeit und Arbeit in die Verbesserung des Ortes zu investieren. Ähnlich neigen moderne Individuen dazu, zu denken, dass sie alles, was sie benötigen, in sich selbst finden. Wenn sie mit ihrer Stadt, ihrem Arbeitsplatz, ihrer intimen Beziehung unzufrieden sind, dann werden sie kaum einen Versuch unternehmen, um die Dinge zum Laufen zu bringen. Ihre instinktive Reaktion wird vielmehr sein, weiterzuziehen. Für Bauman liegt eine der Wurzeln dieser Mentalität in den veränderten Arbeitsbedingungen. Während in den Zeiten der ersten Fordfabrik – im Zeitalter der „schweren Moderne" – „Kapital und Arbeit vereint waren, ... bis dass der Tod sie scheiden würde"[15], ist Flexibilität zum Credo der „flüssigen Moderne" unserer Tage geworden. Das Arbeitsleben ist episodisch geworden und die Bereitschaft, alles hinter sich zu lassen und neu anzufangen, ist mittlerweile eine absolute Notwendigkeit für den, der weiterhin einer beruflichen Beschäftigung nachzugehen wünscht. Es ist nur allzu verlockend, dieses Modell auch auf zwischenmenschliche Beziehungen anzuwenden.

Außerdem sind unsere heutigen Produktionsmittel so leistungsstark geworden, dass das einzige Limit der Produktion die Konsumobergrenze zu sein scheint. Das deutet Hannah Arendt an, wenn sie sagt: „Nicht das Vernichten, sondern das Erhalten und Konservieren ruiniert die moderne Wirtschaft, deren Umsatzprozesse durch das Vorhandensein von Bestand jeglicher Art nur verlangsamt werden können, weil die einzige, ihr eigene Konstante in der ständigen Geschwindigkeitszunahme des Produktionsprozesses liegt."[16] Der Konsum ist es, der die Wirtschaft am Laufen hält, und so wird dies zur obersten Tugend eines gewissenhaften Bürgers, während Sparsamkeit und Genügsamkeit öffentliche Laster sind, zumindest in dem Augenblick, wo wir verstehen, wie die moderne Wirtschaft funktioniert. Zu leicht macht sich diese Mentalität in den menschlichen Beziehungen breit. So betont Bauman: „Partnerschaften und Bindungen werden wie Dinge behandelt und wahrgenommen, die man *konsumieren* kann, nicht wie etwas, das erst hergestellt werden muss; ... Nimmt man den eigenen Partner in diesem Sinne wahr, dann ist es keine gemeinsame Aufgabe, eine Partnerschaft ‚zum Laufen' zu bringen ... Vielmehr geht es darum, Befriedigung von einem gebrauchsfertigen Produkt zu erlangen."[17]

Die bloße Existenz des Rechtsinstituts Scheidung hat viel zur Förderung dieser Haltung beigetragen. Recht hat erzieherische Wirkung. Die einfache Tatsache, dass es das Scheidungsrecht in einer säkularen Gesellschaft gibt, ist ein Zeugnis dafür, dass die staatliche Autorität – die für viele auch heute noch eine Autorität ist – nicht annimmt, dass die Ehe andauern soll, „bis dass der Tod uns scheidet", sondern dass es sich um eine zeitlich begrenzte Übereinkunft handelt. Vor einigen Jahren verursachte eine Lokalpolitikerin in Deutschland große Aufregung, weil sie vorschlug, das Eheversprechen auf sieben Jahre zu begrenzen.[18] Die allgemeine Missbilligung, die Frau Pauli für ihren Vorschlag erntete, zeigt, dass die Menschen noch ein gewisses Bewusstsein davon haben, dass die Ehe eine natürliche Institution ist, die man eingeht, die man aber nicht selbst schafft, eine Institution ehelicher Liebe, die ihrer Natur gemäß bis zum Tod eines der beiden Ehepartner dauert. Und doch gibt es in den staatlichen Gesetzestexten nichts, was die öffentliche Entrüstung rechtfertigen würde. Es gibt kaum einen *qualitativen* Unterschied zwischen der gesetzlich vorgesehenen Möglichkeit einer verschuldensunabhängigen Scheidung und dem Vorschlag, die gesetzlich bindende Frist für eine Ehe auf sieben Jahre zu begrenzen.

Das Rechtsinstitut Scheidung geht davon aus, dass Partnerschaft zeitlich begrenzt ist, was laut Bauman „zur selbsterfüllenden Prophezeiung wird. ... Wenn Menschen ihre Verpflichtungen als vorläufig und temporär begrenzt definieren, dann werden diese Verpflichtungen aufgrund der Handlungen dieser Menschen dazu neigen, so zu werden."[19] Die bloße Tatsache, dass es eine einfache Möglichkeit gibt, eine Scheidung zu erlangen, trägt in hohem Maße dazu bei, dass Menschen in Situationen kommen, wo sie denken, dass für sie eine Scheidung notwendig ist, wie dies auch ihre Art ändert, Beziehungen einzugehen, und ebenso, wie sie an diesen Beziehungen arbeiten oder auch nicht. Wenn Menschen davon ausgehen, eine dauerhafte Bindung einzugehen, dann werden sie wählerischer sein, bevor sie sie eingehen, und sie werden auch mehr Mühe investieren, um sie gelingen zu lassen, nachdem sie sie eingegangen sind. Jeder Ehekonsens unter Vorbehalt der Scheidung sieht die Vereinigung der Partner dagegen implizit mit derselben Haltung, wie sie ziemlich explizit in den Eheverträgen zum Ausdruck kommt, die in einigen Ländern in Mode sind. Hier treffen die zukünftigen Eheleute bereits Übereinkünfte über die Bedingungen einer zukünftigen Scheidung, für den Fall, dass einer oder beide die Beziehung beenden möchten. Wie könnte man erwarten, dass eine solche Partnerschaft auf Dauer bestehen kann? Wie sollte sie nicht ein vorzeitiges Ende finden, wenn dieses Ende von Anfang an mitgedacht und im Voraus arrangiert wurde? Ist es nicht besser, von seinen Freunden hintergangen zu werden, als ihnen zu misstrauen?[20] Ist irgendeine Freundschaft und besonders die der Ehe möglich, wenn sie von Anfang an von Argwohn gekennzeichnet ist?

Der kanadische Soziologe Jacques T. Godbout stellt fest, dass „Scheidung wahrscheinlich die wichtigste gesellschaftliche Revolution der Neuzeit ist"[21]. Der Grund dafür ist, dass sich durch die Scheidung die Beziehung zwischen Ehemann und Ehefrau von einer bedingungslosen Bindung in eine Bindung mit Vorbehalt verwandelt hat. Was Freunde von Familienmitgliedern unterscheidet, ist die Tatsache, dass Erstere frei gewählt worden sind und Letztere nicht. Wir suchen uns unsere Eltern, Brüder, Schwestern oder Kinder nicht aus. Das Resultat ist, dass Familienbeziehungen weniger frei sind als Freundschaften, aber dafür sicherer, insofern sie eben bedingungslos sind. Zu jeder Zeit kann ein Freund einem anderen Freund mitteilen, dass es für sie oder ihn mit der Freundschaft vorbei ist, und in diesem Augenblick wird sie in der Tat zu Ende sein. Ein Vater kann aus Verzweiflung und großer Enttäuschung zu seinem Sohn sagen: „Du bist nicht länger mein Sohn." Und doch wird sein Sohn weiterhin sein Sohn sein. Infolgedessen „kann Freundschaft nicht die Familie ersetzen"[22]. Es gibt allerdings eine einzige Familienbeziehung, die frei gewählt ist, und das ist der sie begründende Kern: das Ehepaar.[23] Ehe in ihrem vollen Sinngehalt bedeutet, dass ein Mann und eine Frau durch einen Ehebund eine bedingungslose Beziehung eingehen, die all den anderen familiären Beziehungen ähnlich ist und die aus zwei Fremden Verwandte macht.[24] Die Beziehung wird am Anfang frei gewählt wie die Freundschaft, aber dann wird sie durch den Bund so bedingungslos wie Blutsverwandtschaft. Diesem Gedankengang zufolge ist es ebenso absurd, seiner Frau zu sagen, dass sie nicht länger die eigene Frau ist, wie seiner Schwester zu sagen, dass sie nicht mehr die eigene Schwester ist, und es ist genauso unmöglich, einen Ex-Mann zu haben, wie es unmöglich ist, einen Ex-Vater zu haben.

Eine Ehevereinbarung, die eine Scheidung in Betracht zieht, ist offensichtlich von ganz anderer Art: Die Beziehung wird am Anfang frei gewählt und wird auch in ihrer Dauer weiterhin frei gewählt. Dieser Unterschied ist es, der eine echte gesellschaftliche Revolution darstellt, und der Godbout fragen lässt, ob „die bedingungslose Natur anderer familiärer Beziehungen (Brüder, Schwestern …) das Ende der Bedingungslosigkeit beim Ehepaar überleben"[25] wird. Die Moderne läuft Gefahr, die Menschen zu isolieren – sie macht sie wurzel-, bindungs- und letztlich haltlos. So leistet die Kirche durch ihre Verteidigung der Unauflöslichkeit der Ehe der Menschheit unserer Zeit einen unschätzbaren Dienst. Es wäre verhängnisvoll, wenn ihre Hirten und Lehrer auch nur im Geringsten den Eindruck erwecken würden, als hätten sie sich abgefunden mit der Tatsache, dass in den meisten Gesetzgebungen der Welt das Rechtsinstitut der Scheidung existiert. Es handelt sich um eine Tatsache, die sie niemals akzeptieren kann.[26]

Wenn sie die Menschen liebt, wenn sie helfen will, das moralische Subjekt wiederherzustellen, wird sie ihren Widerspruch gegen die Scheidung immer sehr deutlich machen und unterstreichen, dass der Staat nicht mehr Autorität besitzt, das Wesen der Ehe zu bestimmen, als er Autorität hat, die Gesetze der Schwerkraft festzulegen, und dass er deshalb mit der Festlegung der Scheidungsbestimmungen seine Grenzen überschreitet. Tatsächlich war vor nicht allzu langer Zeit die Position, dass es nicht im Ermessen des Staates liegt, festzusetzen, was Ehe ist, nicht ausschließlich auf die Kirche beschränkt, sondern wurde auch von Denkern aufrechterhalten, die bekanntermaßen keine eifrigen Kirchgänger waren. In einem Leitartikel für die *Rheinische Zeitung,* die der junge Karl Marx damals leitete, äußerte er sich mit den folgenden Worten zur Frage des Gesetzentwurfs zur Ehescheidung: „Der Gesetzgeber … *macht* die Gesetze nicht, er erfindet sie nicht, er formuliert sie nur, er spricht die inneren Gesetze geistiger Verhältnisse in bewussten positiven Gesetzen aus. … Wer eine Ehe schließt, der *macht*, der *erfindet* die Ehe nicht, so wenig als ein Schwimmer die Natur und die Gesetze des Wassers und der Schwere erfindet."[27]

Wir haben mit der Frage begonnen, wie die kirchliche Pastoral den Menschen helfen kann, sich an eine Zusage zu binden und auf Dauer etwas zu versprechen, um sie zur Schließung einer gültigen Ehe zu befähigen. Eine erste Antwort wäre, den Gläubigen eine neue Perspektive zu eröffnen und zu betonen, dass die Kirche wirklich an das glaubt, was sie sagt. Einige ihrer Gläubigen mögen vielleicht beim letzten Treffen mit dem

Priester im Rahmen der Ehevorbereitung zum ersten Mal etwas von der Unauflöslichkeit der Ehe hören. Die Verlobten mögen aufrichtig sein; sie mögen die Worte hören und doch man-
gels eines größeren Kontexts sich nicht ganz klar sein über deren literarisches Genre. „Bis dass der Tod uns scheidet." Ist das
nicht eine wunderschön poetische Art und Weise, das zum
Ausdruck zu bringen, was man in jenem Augenblick fühlt?
Was könnte man anderes meinen, wenn man diese Worte sagt,
als: „Ja, jetzt gerade fühle ich, dass ich für den Rest meines Lebens mit dir zusammen sein will"? Dass diese Worte mehr sind
als ein Ausdruck momentaner Gefühle, dass sie Ausdruck eines Versprechens sind, mit dem man seinen Willen für die gesamte Zukunft bindet und seinem Leben eine endgültige Form
gibt, mag für Menschen, die in unserem von Emotivismus geprägten Zeitalter aufwachsen, nicht ohne Weiteres vorstellbar
sein. Sie werden nicht in der Lage sein, dies zu verstehen, wenn
es nicht beharrlich und mit Überzeugung verkündet wird.

Auch wenn es stimmt, dass es seine sehr große Zahl von ungültig geschlossenen Ehen gibt, dann ist das keine Lösung für
irgendetwas, und genauso wenig ist eine gültige, unauflösliche
Ehe eine Bürde. Die Kirche muss alles in ihrer Macht Stehende
tun, damit die Gläubigen in der Lage sind, gültige Ehen zu
schließen; und dazu gehört, ihnen klar die Wahrheit über die
Unauflöslichkeit der Ehe zu sagen. Die Hirten und Lehrer der
Kirche dürfen nicht in Versuchung geraten zu denken, dass diese Wahrheit eine Last ist, dass, solange die Menschen unwis-
send sind, sie für ihre Sünden keine Schuld trifft, und dass sie
deshalb ein frohes Leben führen können, ohne ihre ewige Se-
ligkeit aufs Spiel zu setzen.[28] Sünde tut weh. Auch in diesem Leben. Es ist in der Tat die Barmherzigkeit, die von uns verlangt,
den Menschen die Wahrheit zu sagen, sicherlich mit dem Blick
auf ihr ewiges Heil, aber auch mit Blick auf das Glück, das man
diesseits des Himmels erfahren kann. Die Wahrheit macht dieses Leben nicht härter, sondern sie macht uns fähig, es gut zu
führen. Das Leben kommt nicht mit einer Gebrauchsanweisung

und gerade im Bereich der Sexualität sind alle Menschen sehr verletzlich. In diesem Kontext die Menschen durch Versuch und Irrtum lernen zu lassen, ist nichts weniger als grausam. Es würde bedeuten, sie im Stich zu lassen; es würde bedeuten, sie möglicherweise verhängnisvollen Konsequenzen auszuliefern. Manche Irrtümer sind so verheerend, dass man sie nur einmal zu begehen braucht, um sein ganzes Leben zu zerrütten. Sicherlich kann die Schuld immer vergeben werden, aber mancher Schaden kann menschlich gesehen irreparabel sein. Durch einen Fehler kann ein Leben, das wunderschön hätte werden können, vollkommen zerstört werden, zumindest in seiner irdischen Dimension. Deshalb dürfen Erzieher keine Angst haben, Verantwortung zu übernehmen, und insbesondere die Kirche muss der Sendung gerecht werden, die sie von Gott empfangen hat, das heißt den Menschen die Frohe Botschaft mitzuteilen, ein Evangelium, das ihr Leben berührt und sie zur Bekehrung ruft (vgl. Mk 1,15). Neue und wirksamere Formen der Ehevorbereitung zu finden, insbesondere der entfernteren und näheren Vorbereitung, von der *Familiaris consortio* unter Nummer 66 spricht, würde demnach zu den dringendsten Herausforderungen an die Familienpastoral im Kontext der Evangelisierung gehören.

4.4. Sein Leben binden in einer Perspektive der Fruchtbarkeit

Wie können wir dem „emotivistischen" moralischen Subjekt helfen, einem Menschen, der ein Gefühl versprechen kann, aber nicht sein Leben? Wir haben bereits über die Gesellschaft als Ganzes gesprochen. Hier hat das Rechtsinstitut der Scheidung eine sehr negative erzieherische Auswirkung auf Menschen, die kurz vor der Eheschließung stehen. Hier kommt die „Kultur des Provisorischen", vor der Papst Franziskus uns gewarnt hat, am deutlichsten zum Ausdruck.[29] Ein weiterer wichtiger Grund, warum es heute vielen schwerfällt, einander ihr ganzes Leben zu versprechen, ist, dass sie nicht in der Lage sind, ihr Leben als ein Ganzes zu sehen. Sie sehen ihr Leben als eine Ansammlung von austauschbaren Episoden ohne innere Einheit. Einigen Autoren zufolge ist unsere gegenwärtige Kultur einem „chronologischen Atomismus" zum Opfer gefallen, das heißt „ein[em] Verständnis des Lebens als Zusammensetzung aus austauschbaren und im wesentlichen identischen Zeiteinheiten."[30] Zu vergessen, dass es in unserem Leben unterschiedliche Phasen gibt, kann zu grotesken Situationen führen. So erzählt Max Scheler von seiner seltsamen Begegnung mit einem betagten Herrn, der sich verhielt, als wäre er achtzehn.[31] Sein Fall war der einer klinisch nachgewiesenen Geisteskrankheit. Und doch leben viele unserer Zeitgenossen in ähnlicher Weise, ohne in wörtlichem Sinne ein psychisches Problem zu haben. Ihre Schwierigkeit liegt eher darin, dass sie dazu neigen, das Leben als zufällige Summe ganz verschiedener Teile zu sehen, während das Leben in Wirklichkeit mehr wie eine Symphonie ist, bei der jeder einzelne Teil, gerade in seiner Verschiedenheit von allen anderen, in einer bedeutungsvollen und quasi notwendigen Weise auf das Ganze bezogen ist, und so das Ganze schön werden lässt.[32]

Vielen unserer Zeitgenossen fehlt die Vorstellung, dass sie nicht bloße Verwalter dessen sind, was auch immer ihren Weg kreuzen mag, sondern dass sie die Künstler ihres Lebens sind. Um ein Künstler zu sein, um sein Leben aufzubauen, braucht man einen Plan. Um einen Plan zu haben, braucht man ein Ziel. Wir meinen, dass hier einer der zentralen Gründe dafür zu suchen ist, dass viele Menschen der heutigen Zeit zu einem Versprechen nicht in der Lage sind: Sie sehen kein Ziel mehr, das ihrem Leben als Ganzes einen Sinn geben würde. Wie Papst Franziskus sehr schön sagt: „Eine Liebe zu versprechen, die für immer gilt, ist möglich, wenn man einen Plan entdeckt, der größer ist als die eigenen Pläne, der uns trägt und uns erlaubt, der geliebten Person die ganze Zukunft zu schenken."[33] Im Wesentlichen ist der Begriff von der Fruchtbarkeit der

Liebe verloren gegangen. Jesus sagt zu seinen Jüngern – und wir dürfen glauben, dass er dies zu jedem Menschen sagt: Ich habe euch „dazu bestimmt, dass ihr euch aufmacht und Frucht bringt und dass eure Frucht bleibt" (Joh 15,16). Jede aus mehreren Teilen zusammengesetzte Wirklichkeit erhält ihre Einheit von ihrem Ziel oder Zweck her. Leben kann nur eine Einheit haben, wenn es eine Aufgabe, ein Ziel hat. Jesus sagt uns, dass diese Aufgabe die Fruchtbarkeit ist, und vor der modernen Zeit waren seine Worte für jeden Leser oder Hörer selbstverständlich. Zum Leben gehört mehr als das bloße Dahinleben. Wenn es nichts gibt, was wir mehr wünschen als zu leben, dann werden wir bald des Lebens überdrüssig. Es gibt kaum etwas, nach dem sich Menschen, und vor allem Jugendliche, mehr sehnen, als nach einer Mission, etwas für das es sich zu leben und möglicherweise gar zu sterben lohnt.

Bis vor Kurzem war es ganz klar, dass diese edle Sehnsucht natürlicherweise mit der Familie in Bezug stand. Indem man sich selbst als Sohn oder Tochter wahrnimmt, schätzt und akzeptiert man das Ur-Geschenk des Lebens. Wenn man dankbar auf das Geschenk des Lebens antwortet, das man umsonst empfangen hat, dann wird man sich des Rufes bewusst, dieses Geschenk in Liebe weiterzugeben: Ehemann und Ehefrau zu werden, die gemeinsam gerufen sind, Vater und Mutter zu werden.[34] Für die meisten Menschen geschieht es in der Familie, dass sie beginnen, für andere zu leben, dass sie beginnen, auf ihre ureigene Berufung zu einem gemeinschaftlichen und in fruchtbarer Liebe gelebten Leben zu antworten. Auch für diejenigen, die zur Ehelosigkeit um des Himmelreiches willen berufen sind, bleibt diese Grundstruktur intakt. Sie sind ebenso zur Fruchtbarkeit berufen. Sie verzichten um des Himmelreiches willen nicht nur auf die Freuden der sexuellen Vereinigung. Sie verzichten auch auf ihre irdische Fruchtbarkeit: eine Familie und eigene Kinder zu haben. Und Jesu Verheißung an sie ist eine überreiche Belohnung gerade *dieses* Verzichts. Sie werden eine reiche geistliche Fruchtbarkeit besitzen: „Amen,

ich sage euch: Jeder, der um des Reiches Gottes willen Haus
oder Frau, Brüder, Eltern oder Kinder verlassen hat, wird dafür
schon in dieser Zeit das Vielfache erhalten und in der kommenden Welt das ewige Leben" (Lk 18,29–30).

Durch die Trennung von Sexualität und Fruchtbarkeit hat
die sexuelle Revolution den Sex banalisiert und die Idee ausgeschlossen, dass menschliche Sexualität irgendetwas zu tun
hätte mit der grundlegendsten Berufung des Menschen, das
heißt mit dem Sinn seines Lebens. Und doch gibt es keinen unverbindlichen Sex. Jedes Mal, wenn ein Mann und eine Frau
ein Fleisch werden, dann vereinen sie sich auch im tiefsten Inneren ihrer Seelen. Ein geistliches Band wird geknüpft, das das
ganze Leben lang halten wird, so zufällig die Begegnung auch
immer gewesen sein mag: „Wer sich an eine Dirne bindet, ist
ein Leib mit ihr" (1 Kor 6,16). Unbeteiligter, unverbindlicher
Sex ist anthropologisch unmöglich. Menschen gehen eine sehr
tiefe Verbundenheit mit ihren Sexpartnern ein, und jedes Mal,
wenn sie diese austauschen, dann nimmt der vorhergehende
Partner einen Teil von ihnen mit. Schlussendlich verlieren die
Menschen dann sich selbst. Der Wechsel der Sexpartner zersplittert den Menschen. Diesbezüglich liefert der Soziologe Jay
Teachman statistische Daten, die darauf hinweisen, dass Frau-
en, die ihre ersten Erfahrungen sexueller Intimität mit demje-
nigen machen, der ihr Ehepartner ist oder sein wird, einem geringeren Risiko des Scheiterns der Ehe ausgesetzt sind als Frau-
en, die vorher Sex mit anderen Partnern hatten.[35] Er betont,
dass nach seinen Erkenntnissen vorehelicher Geschlechtsverkehr oder voreheliches Zusammenleben der Frau mit dem zukünftigen Ehemann das Risiko des Scheiterns der Ehe nicht erhöht. Und deshalb sprechen seiner Meinung nach diese Zahlen
dafür, vorehelichen Geschlechtsverkehr und das Zusammen-
wohnen vor der Ehe als kulturell akzeptable Praxis zu befürworten.[36] Allerdings ist schwerlich nachvollziehbar, wie diese
Interpretation aus den beschriebenen Fakten abgeleitet werden
kann. Wenn Paare, denen es ernst ist oder die verlobt sind,

sexuell intim werden, dann wissen sie ja eben noch nicht, dass ihr jetziger Partner mit Sicherheit ihr zukünftiger Ehemann oder seine jetzige Partnerin die zukünftige Ehefrau sein wird. Wenn es sich herausstellt, dass sie oder er nicht der zukünftige Ehepartner oder die Ehepartnerin sein wird, dann kann man diesen Untersuchungsergebnissen zufolge davon ausgehen, dass die zukünftige Ehe mit einem anderen Partner mit einer schweren Bürde belastet sein wird.

Teachmans Studie besagt, dass die erste sexuelle Begegnung eine besonders starke Bindung hervorruft. Das kommt sehr gut zum Ausdruck in dem ansonsten fast unerträglich nihilistischen Film *Die Große Schönheit (La Grande Bellezza)* von Paolo Sorrentino. Jep Gambardella, gespielt von Toni Servillo, verbringt sein vollkommen zersplittertes Leben damit, auf der Suche nach der Großen Schönheit – nach etwas, das dem Leben Geschmack und Sinn verleiht – von einer Blume zur nächsten zu schwirren. Die Große Schönheit allerdings findet er dabei nicht, sodass die Geschichte seines Lebens, also dessen „narrative Einheit" – wie Alasdair MacIntyre es nennen würde[37] – sich ganz treffend mit den letzten Worten des Films zusammenfassen ließe: „Bla, bla, bla." Bei allem handelt es sich nur um narrative Bruchstücke. Und doch erkennt man bei näherer Betrachtung, dass Jep Gambardellas Hauptproblem nicht seine Unfähigkeit ist, die Große Schönheit zu finden. Sein Hauptproblem ist, dass er sie gefunden hat – in der ersten Frau, die er je geliebt hat und mit der er auch seine erste sexuelle Erfahrung hatte – und sie dann verloren hat. Sein gesamtes Leben sollte von diesem Verlust gezeichnet sein. Jede spätere Beziehung wurde banal. Der Verlust der Großen Schönheit hatte ihm jedes echte Ziel im Leben genommen, wie reich und geachtet er auch sein mochte. So interpretiert könnte man sagen – vielleicht mit ironischem Unterton, da dies wahrscheinlich keineswegs beabsichtigt war –, dass die grundlegende Botschaft des Films, der sich sehr viel mit oberflächlichen sexuellen Begegnungen befasst, genau dies ist: Es gibt keinen unverbindlichen Sex.

Es gehört zur allgemeinen Überzeugung, dass es sehr viel ratsamer und zweckmäßiger ist, etwas zu bewahren, was noch ganz ist, als etwas Zerbrochenes zu reparieren. Aus diesem Grund ist die entferntere Ehevorbereitung äußerst wichtig, und es könnte eine gute Idee sein, sie in einem Alter zu beginnen, bevor junge Menschen in einer bestimmten Gesellschaft sexuell aktiv werden, was in der westlichen Welt bedeuten würde: vor der Teenagerzeit. Man sollte ihnen die Bedeutung der menschlichen Sexualität vermitteln, nämlich dass sie für die eheliche Liebe bestimmt ist. So werden sie auch ganz natürlich die Bedeutung der vorehelichen Enthaltsamkeit verstehen. Sicherlich ist die Kirche gerufen, Wunden zu verbinden und zu heilen, aber wie jeder Arzt weiß, ist Prävention die beste Medizin: zu verhindern, dass Menschen überhaupt verletzt werden.

Jugendliche sind sehr viel offener dafür, etwas über die Tugend der Keuschheit zu hören, als allgemein angenommen wird. Die vom Studierendenbüro veranstalteten Vorträge zum Thema, an denen ich in meiner Studienzeit teilgenommen habe, gehörten gewöhnlich zu den bestbesuchten Veranstaltungen, die außerhalb des Lehrplans angeboten wurden. Es gab für uns Studenten kaum ein anderes Thema, über das wir mehr zu lernen wünschten, als über die Frage der wahren Bedeutung der menschlichen Sexualität. Keuschheit heißt nicht Unterdrückung des Sexualtriebs, sondern einen Bedeutungshorizont zu eröffnen, in den der Sexualtrieb integriert werden kann. Gerade weil der Vollzug unserer Sexualität für die eheliche Liebe bestimmt ist – das heißt, weil die Sexualität in Verbindung mit einer Berufung unseres Lebens steht –, ist Keuschheit nicht repressiv, sondern schön. Enthaltsamkeit ist keineswegs eine negative Unterdrückung der „schlimmen" Sexualität. Es ist nicht Enthaltsamkeit *von*, sondern Enthaltsamkeit *für*: für den zukünftigen Ehepartner, für den sich zu bewahren schön, anziehend und bedeutungsvoll ist, das heißt für denjenigen Menschen, mit dem man ein gemeinsames Leben aufbauen will. Jede andere Sicht der menschlichen Sexualität setzt sie herab und lässt das moralische Subjekt verwundet und zersplittert zurück.

Mancher mag einwenden: „Wie kann man angesichts des Schicksals ein gemeinsames Leben aufbauen? Wie kann ich mein Leben versprechen, wenn ich nicht weiß, was die Zukunft bringen wird?" Es ist wahr, dass im Leben häufig Dinge geschehen, auf die wir überhaupt keinen Einfluss haben: Krankheit, finanzielle Schwierigkeiten, Probleme mit den Kindern. Wie ist es in einer solchen – generell „Menschsein" genannten – Situation möglich, sein Leben zu versprechen, einschließlich dessen, was man in der Zukunft wollen wird, und nicht nur die Echtheit seiner Gefühle, nur das einschließend, was man gegenwärtig fühlt?

Hier bietet uns Robert Spaemann eine tiefgründige Reflexion an, wenn er sagt, dass durch das gegenseitige Ehegelübde die Eheleute sich nicht einfach nur verpflichten, ihr Versprechen mit eisernem Willen zu halten, auch wenn sie einmal anders fühlen sollten, auch wenn sie ihre Wahl bedauern und ihre Meinung ändern sollten.[38] Das Eheversprechen beinhaltet vielmehr das Versprechen, alles in der Macht Stehende zu tun, um zu verhindern, in Situationen zu geraten, die einen veranlassen würden, seine Bindung an den anderen zu überdenken. Während unsere Gefühle sich unserer direkten Kontrolle entziehen, ist das bei unseren täglichen Entscheidungen nicht der Fall. Durch die großen und kleinen Entscheidungen, die wir jeden Tag treffen, entwickeln wir unseren Charakter und unsere Persönlichkeit. Wir verändern uns fortwährend und unsere Entscheidungen sind ein wichtiger Faktor in diesem Prozess. Spaemann zufolge ist das Eheversprechen dann das Versprechen, „die Entwicklung der eigenen Persönlichkeit – also der eigenen personalen Individualität – nicht mehr als unabhängige Variable zu verstehen, die vielleicht mit der Entwicklung der anderen Persönlichkeit einigermaßen kompatibel verläuft, vielleicht aber auch nicht"[39]. So wird die Frage: „Welchen Einfluss wird diese oder jene Entscheidung auf die Beziehung zu meinem Ehepartner haben?", das

ausschlaggebende Kriterium für jede Entscheidung sein, die ein
Verheirateter zu treffen haben wird. Tritt eine Person in den Ehestand, dann verzichtet sie freiwillig auf das Privileg, Entscheidungen allein auf der Basis persönlicher Vorlieben zu treffen.
Sollte ich als Single in Rom leben und ein Jobangebot in den Vereinigten Staaten erhalten, dann ist die einzige Frage, die ich mir
stellen muss, ob ich den Job möchte oder nicht. Wenn ich aber
verheiratet bin, dann muss ich auch meine Frau fragen, ob sie
mit mir dort hinziehen will, und falls nicht, muss ich mich fragen, was es für unsere Beziehung bedeuten würde, sie in einem
anderen Land zurückzulassen und nur einmal im Monat nach
Hause zu kommen. Von dieser Art sind die Entscheidungen, die
gänzlich unserer Freiheit anheimgestellt sind und die unsere
Ehen gelingen oder scheitern lassen.

Allerdings wird es auf diesem gemeinsamen Lebensweg immer einiges geben, das einfach passiert, Ereignisse, die vollkommen unabhängig sind von vorhergehenden Entscheidungen und für die wir absolut nicht verantwortlich sind. Aber
auch hier ist ein Ehepaar nicht vollkommen dem Schicksal aus-
geliefert. Während wir erklärtermaßen das nicht wählen können, was einfach passiert, können wir immer entscheiden, wie
wir darauf antworten wollen. So schreibt Spaemann: „Die Ehe
setzt die personale Fähigkeit voraus, unabhängig von allen un-
vorhersehbaren Widerfahrnissen dem eigenen Leben eine
Struktur zu geben, die über die Weise des Umgangs mit diesen
Widerfahrnissen ein für alle Mal vorentscheidet und sich darin
vom Zufall unabhängig macht."[40] Verheiratet zu sein bedeutet,
dass einige sonst bei der Reaktion auf einen Schicksalsschlag
offenstehende Möglichkeiten von vornherein verschlossen
sind, angesichts der Tatsache, dass die Ehe eine lebenslange
„Schicksalsgemeinschaft"[41] ist. Dass einem nicht länger alle
theoretischen Möglichkeiten offenstehen, heißt nicht, dass man
nicht mehr frei ist. Es bedeutet lediglich, dass die Zahl der
Möglichkeiten eingeschränkt wird.[42] Wobei man sowieso nicht
alle Möglichkeiten hätte verwirklichen können. Hier befindet

sich ein Verheirateter nicht in einer qualitativ anderen Situation als der, die generell die menschliche Bedingung ist: Sobald wir durch eine Türe gehen, schließen wir alle anderen. Oder wie Maurice Blondel überzeugend unterstreicht: „Will man voranschreiten, lernen und sich bereichern, so kann man es nur, wenn man sich alle Wege mit Ausnahme eines einzigen verschließt und wenn man sich von allem entblößt, was man auf andere Weise hätte wissen und erlangen können. … Ich muss mich einlassen, wenn ich nicht Gefahr laufen will, alles zu verlieren."[43]

Freiheit ist eine Gabe, die hingegeben werden muss, und nur wenn sie hingegeben wird, wird sie verwirklicht. Wenn wir uns alle Optionen offenhalten wollen, dann treffen wir keine Entscheidung. Aber dann werden sich alle Möglichkeiten, die wir hatten oder zu haben glaubten, irgendwann ganz von allein verschließen.

4.5. Der Weg der Reue

Das moralische Subjekt, dem es Schwierigkeiten bereitet, zu versprechen und sich für die Zukunft zu binden, findet es ebenso schwierig zu bereuen, um Vergebung zu bitten oder Vergebung zu gewähren, indem es sich selbst mit der Vergangenheit in Beziehung setzt. Das führt uns zum zweiten Lösungsvorschlag Kardinal Kaspers in Bezug auf das Problem der wiederverheirateten Geschiedenen. Der Kardinal unterstreicht: „Einen Hinweis hat die Glaubenskongregation bereits 1994 gegeben, als sie festgestellt hat – und Benedikt XVI. hat dies beim Internationalen Familientreffen in Mailand 2012 wiederholt –, dass wiederverheiratet Geschiedene zwar nicht die sakramentale, wohl aber die geistliche Kommunion empfangen können."[44] Wenn aber jemand geistlich mit Christus vereint werden kann, „warum kann er dann nicht auch die sakramentale Kommunion empfangen?"[45] Nach der Meinung des

Kardinals könnte die kirchliche Praxis, wiederverheiratete Geschiedene nicht zur sakramentalen Kommunion zuzulassen und sie auf das zu verweisen, was er einen „außersakramentalen Heilsweg" nennt, „die sakramentale Grundstruktur der Kirche infrage" stellen.[46]

Auf den ersten Blick mag diese Argumentation fehlerlos erscheinen. Aber alles hängt davon ab, was genau wir mit „geistlicher Kommunion" meinen und wie wir ihre Beziehung zur „sakramentalen Kommunion" verstehen. Wie Benoît-Dominique de La Soujeole betont, wurde der Ausdruck mit Bezug auf zwei ganz unterschiedliche Wirklichkeiten verwendet.[47] Im ursprünglicheren Sinn wurde der Ausdruck „geistliche Kommunion" von christlichen Autoren und in kirchlichen Dokumenten verwendet, um auf die *Frucht* der „sakramentalen Kommunion" hinzuweisen, den Zustand der geistlichen und tief inneren Vereinigung mit Christus. In diesem Sinne ist die „sakramentale Kommunion der geistlichen Kommunion zugeordnet wie das Unvollkommene dem Vollkommenen"[48]. Auf diese Weise verwendet das Tridentinische Konzil den Begriff, wenn es drei Arten des Kommunionempfangs unterscheidet: Manche genießen das heilige Sakrament „lediglich *sakramental* ... als Sünder". Andere wiederum empfangen es „nur *geistlich*, nämlich jene, die, jenes vor Augen gestellte himmlische Brot dem Verlangen nach essend, mit lebendigem Glauben, ‚der durch die Liebe wirkt' [Gal 5,6], seine Frucht und seinen Nutzen verspüren; die Dritten aber *zugleich sakramental und geistlich* [Kan. 8]; es sind aber diejenigen, die sich zuvor so prüfen und herrichten, da sie, mit dem Hochzeitsgewande angetan, zu diesem göttlichen Tische hinzutreten [vgl. Mt 22,11 f.]."[49]

Wenn das Konzil von denen spricht, die die Kommunion nur geistlich empfangen, dann bezieht es sich nicht auf diejenigen, die sich der sakramentalen Kommunion enthalten, weil sie sich einer schweren, nicht gebeichteten Sünde bewusst sind oder weil sie öffentlich in irregulären Situationen leben. In der Tat sprechen die Konzilsväter von Menschen „mit lebendigem

Glauben, der durch die Liebe wirkt", was anders ausgedrückt bedeutet, dass sie im Stand der Gnade sind. Es mag verschiedene Gründe geben, die Kommunion allein „dem Verlangen nach" empfangen zu wollen. Zum einen ist da der kulturelle Kontext des Mittelalters und der frühen Neuzeit, als viele meinten, durch einen Verzicht auf den sakramentalen Kommunionempfang dem Sakrament gegenüber einen besonderen Respekt zum Ausdruck zu bringen.[50] Während das heutige Verständnis davon, wie man dem Sakrament seine Ehrfurcht erweist, in eine andere Richtung tendiert, da im Allgemeinen der häufige Kommunionempfang befürwortet wird, können wir immer noch verschiedene Gründe aus dem außermoralischen Bereich vorbringen, warum Menschen die Kommunion nur dem Verlangen nach empfangen möchten: Sie wollen das eucharistische Fastengebot einhalten; sie sind sehr spät zur heiligen Messe gekommen und spüren, dass ihnen die angemessene Sammlung fehlt; spontan und ohne zu sündigen ärgern sie sich über jemanden, der sie fünf Minuten vor der Messe ungerecht behandelt hat. De La Soujeole zufolge sollten wir jemanden, der die geistliche Kommunion in diesem Sinne empfängt, als Menschen sehen, der „ein eifriger Getaufter ist, dessen Leben seinen Rhythmus von der Teilnahme am eucharistischen Geheimnis erhält, der Akte der geistlichen Kommunion (Glaubensakte) in seinem Alltag praktiziert und der auf diese Weise die vollkommene Frucht der sakramentalen Kommunion erlangt, die er zuvor empfangen hat"[51]. Wenn wir „geistliche Kommunion" in dieser Weise verstehen, dann folgt daraus notwendig Kardinal Kaspers Einwand: „Wer die geistliche Kommunion empfängt, ist eins mit Jesus Christus; wie kann er sich dann im Widerspruch zum Gebot Christi befinden? Warum kann er dann nicht auch die sakramentale Kommunion empfangen?"[52]

Allerdings scheinen neuere Dokumente des Lehramtes von der „geistlichen Kommunion" in einem anderen Sinn zu sprechen. In *Sacramentum caritatis* lesen wir unter Nummer 55:

„Auch wenn es nicht möglich ist, die sakramentale Kommunion zu empfangen, bleibt die Teilnahme an der heiligen Messe
notwendig, gültig, bedeutungsvoll und fruchtbar. Unter diesen
Umständen ist es gut, das Verlangen nach der vollen Vereinigung mit Christus zu pflegen, zum Beispiel mit der Praxis der
geistlichen Kommunion, an die Johannes Paul II. erinnert und
die von heiligen Lehrmeistern des geistlichen Lebens empfoh-
len wird." Die Praxis der geistlichen Kommunion scheint sich
hier nicht auf die Vollendung oder Frucht der sakramentalen
Kommunion zu beziehen, sondern vielmehr auf das „Verlangen nach dem Sakrament der Eucharistie"[53]. Während die
„geistliche Kommunion" sich im vorhergehenden Kontext auf
eine echte Vereinigung dem Verlangen nach bezog, scheint es
hier um das Verlangen nach einer Vereinigung zu gehen.[54] Es
ist ein Verlangen, „das wachsen und schließlich den Sünder
dazu führen kann, mit der Ursache zu brechen, die ihn noch
vom Sakrament und daher von der vollkommenen geistlichen
Vereinigung mit Christus fernhält, die die Frucht des Sakra-
ments ist"[55]. Geistliche Kommunion ist daher niemals „außer-
sakramental": Sie ist stets auf das Sakrament hingeordnet. In
der Tat bedeutet sie im vorliegenden Fall, den Wunsch nach
dem sakramentalen Kommunionempfang lebendig zu erhalten.

Diese Art der geistlichen Kommunion betrifft zwei Kategorien von Gläubigen. Zum einen ist da der Fall jener, die sich in
ihrem Gewissen einer noch nicht gebeichteten schweren Sünde bewusst sind. Die geistliche Kommunion, das heißt das Verlangen nach dem Sakrament zu nähren, wird ihnen helfen, sich
für die Gnade der Bekehrung zu öffnen und damit gestärkt zu
werden, um sich von ihrer Sünde abzuwenden und das Sakrament der Versöhnung zu nutzen. Aber dann „gibt es auch den
Fall von Menschen, die sich, was auch immer das Urteil ihres
Gewissens sein mag, in einer äußeren Situation befinden, die
objektiv der christlichen Moral widerspricht"[56]. Das kann zum
Beispiel bei einigen wiederverheirateten Geschiedenen der Fall

sein. In diesem Zusammenhang unterstreicht Kardinal Caffarra: „Der Grund, warum die Kirche die wiederverheirateten Geschiedenen nicht zur Eucharistie zulässt, besteht nicht darin, dass die Kirche annimmt, dass alle, die in diesem Stand leben, im Zustand der Todsünde sind – die subjektive Haltung dieser Menschen kennt Gott, der in die Tiefe der Herzen blickt (und der heilige Paulus sagt selbst: ‚Richtet nicht vor der Zeit') –, sondern es ist der folgende Grund, der in *Familiaris consortio* steht: ‚Die Kirche bekräftigt ihre auf die Heilige Schrift gestützte Praxis, wiederverheiratete Geschiedene nicht zum eucharistischen Mahl zuzulassen. Sie können nicht zugelassen werden; denn ihr Lebensstand und ihre Lebensverhältnisse stehen in objektivem Widerspruch zu jenem Bund der Liebe zwischen Christus und der Kirche, den die Eucharistie sichtbar und gegenwärtig macht' (FC 84)."[57] Auch Johannes Paul II. weist darauf hin, dass „das Urteil über den Gnadenstand nur dem Betroffenen zukommt"[58]. Jeder Mensch ist aufgerufen, sein eigenes Gewissen zu prüfen, und steht schlussendlich vor Gott als seinem letzten Richter. Aber die Kirche fühlt sich befugt, die objektive Lebenssituation eines Menschen zu beurteilen, sodass „in den Fällen, in denen ein äußeres Verhalten in schwerwiegender, offenkundiger und beständiger Weise der moralischen Norm widerspricht, die Kirche nicht umhinkommt, sich in ihrer pastoralen Sorge um die rechte Ordnung der Gemeinschaft und aus Achtung vor dem Sakrament in Pflicht nehmen zu lassen", indem sie Menschen, die in solchen Situationen leben, nicht zur eucharistischen Kommunion zulässt.[59]

Hier allerdings merkt Kardinal Kasper an: „Es gibt nicht *die* wiederverheiratet Geschiedenen."[60] Mit anderen Worten: Angesichts der Tatsache, dass die Lebenssituation jedes Menschen völlig unterschiedlich ist, ist es nicht möglich, von objektiven Lebensumständen zu sprechen. Es gibt nur individuelle Fälle, die jeweils getrennt geprüft werden müssen.[61] Das allerdings ist sehr nominalistisch ausgedrückt. Genauso gäbe es dann auch nicht *die* Sünder, *die* Gerechten, *die* Mörder, *die* Diebe oder *die* Tugendhaften, und doch sind Sünde, Gerechtigkeit, Mord, Diebstahl und Tugend keine leeren Begriffe. Wenn die Handlungen, die eine bestimmte Lebenssituation definieren, objektiv definiert werden können, dann kann auch die Lebenssituation objektiv definiert werden, ohne dass man auf Umstände oder Absichten Bezug nehmen muss. *Dass* Handlungen auf diese Weise definiert werden können, ist die ausdrückliche Lehre von Johannes Paul II. in seiner Enzyklika *Veritatis splendor*: „Darum lehrt die Kirche – ohne im Geringsten den Einfluss zu leugnen, den die Umstände und vor allem die Absichten auf die Sittlichkeit haben –, dass ‚es Handlungen gibt, die durch sich selbst und in sich, unabhängig von den Umständen, wegen ihres Objekts immer schwerwiegend unerlaubt sind'."[62] Es ist wahr: Warum und wie Menschen in die Situation der wiederverheirateten Geschiedenen kommen, ist immer anders und besonders, und es stimmt, dass die Absichten und Umstände mildernd oder erschwerend sein können; allerdings können sie niemals eine Rechtfertigung darstellen. Angesichts der Tatsache, dass ihre objektive Situation von besonderen, klar beschreibbaren Akten definiert ist, ist diese Situation nicht nur ähnlich, sondern *dieselbe*: Es handelt sich um die Situation, in der zwei Menschen, die nicht miteinander verheiratet sind, zusammenleben und gewöhnlich Akte vollziehen, die Eheleuten vorbehalten sind,[63] wobei mindestens einer von ihnen mit einer dritten Person verheiratet ist.

Wenn demnach die Kirche eine gegebene Lebenssituation als der Lehre des Evangeliums widersprechend beurteilt, dann ist da in der Tat etwas, das sie beurteilen kann. Wenn sie diejenigen, die sich in einer solchen Situation befinden, nicht zur Kommunion zulässt, dann bestraft sie sie nicht. Vielmehr lädt sie die Betroffenen ein, ihre Lebenssituation zu ändern (sich zu trennen oder als Bruder und Schwester zusammenzuleben). Diese Einladung nimmt die Menschen als Personen ernst, das heißt als Individuen, deren Leben nicht etwas ist, das ihnen bloß passiert, sondern die in der Lage sind, ihr Leben zu *führen*, weil sie ihr Leben *besitzen*, und die mit der Gnade Gottes in der Lage sind, ihre objektive Situation zu verändern. In der Tat handelt die Kirche hier so, wie das jede liebende Mutter tun würde, die ihre Kinder respektiert. Liebe akzeptiert den anderen bedingungslos – die Kirche ermutigt zur geistlichen Kommunion und betont, dass die wiederverheirateten Geschiedenen Teil von ihr sind –, und doch tut die Liebe zugleich alles, um an den anderen zu appellieren, um ihn wachsen zu lassen und auch um den Geliebten zu einer radikalen Änderung zu ermutigen, wenn er in einer Art und Weise lebt, die die Gemeinschaft der Familie verletzt und seinem eigenen Wohl entgegensteht. Entsprechend verhält sich die Kirche, wenn sie die wiederverheirateten Geschiedenen nicht zur sakramentalen Kommunion zulässt; sie liebt sie, und deshalb ruft sie sie zur Veränderung auf. Es ist nicht so, dass sie jemandem, „der nach Hilfe schreit", die Medizin der Eucharistie verweigert und einen Menschen instrumentalisiert, indem sie ihn „zum Zeichen für andere" macht. Noch lässt sie „ihn sakramental verhungern, damit andere leben"[64]. Nicht jede Nahrung ist für jeden gut (vgl. 1 Kor 3,2), und nicht jede Medizin heilt in jeder Situation. Es gibt Medikamente, die tödlich sein können, wenn sie falsch angewendet werden.

Kardinal Kasper bezieht sich zu Recht auf die überreiche Barmherzigkeit und Gnade, mit der der Herr den reuigen Sünder überhäuft: „Für den, der umkehrt, ist Vergebung möglich. Wenn für den Mörder, dann auch für den Ehebrecher."[65] Daran besteht kein Zweifel. In einem Interview mit der *Tagespost* warnte Prof. Juan José Pérez-Soba vor Entwicklungen, durch die Ehebruch zur ersten Sünde werden könnte, die ohne Reue vergeben werden kann.[66] Kardinal Kasper wiederum antwortete in einem Interview mit dem katholischen Nachrichtenportal *Kath.net*, dass er dagegen von der Notwendigkeit der Reue gesprochen habe und dass das Ganze eine „Phantomdiskussion" sei, in der er für Positionen kritisiert werde, die er nie vertreten habe.[67] Zu erfahren, dass die ganze Debatte auf einem bloßen Missverständnis beruht, wäre sehr erfreulich. Um zu sehen, ob das der Fall ist, wollen wir einen weiteren Blick auf das werfen, was Kardinal Kasper in *Das Evangelium von der Familie* über die Notwendigkeit der Reue vonseiten der wiederverheirateten Geschiedenen sagt:

> „Aber wenn ein geschiedener Wiederverheirateter bereut, dass er in der ersten Ehe versagt hat, wenn die Verbindlichkeiten aus der ersten Ehe geklärt sind, wenn ein Zurück definitiv ausgeschlossen ist, wenn er die in der zweiten zivilen Ehe eingegangenen Verbindlichkeiten nicht ohne neue Schuld lösen kann, wenn er sich aber nach besten Kräften darum müht, die zweite zivile Ehe aus dem Glauben zu leben und seine Kinder im Glauben zu erziehen, wenn er Verlangen nach den Sakramenten als Quelle der Kraft in seiner Situation hat – müssen oder können wir ihm dann nach einer Zeit der Neuorientierung das Sakrament der Buße und die Kommunion verweigern?"[68]

Der Autor führt in der Tat das Thema der Reue ein, wenn er sagt: „Aber wenn ein geschiedener Wiederverheirateter bereut ..." Aber was dann folgt, gehört zu den merkwürdigsten Details des ganzen Buches. Was bereut der wiederverheiratete Geschiedene? Bereut er, dass er den Ehebund verletzt hat, einen Bund, der das sakramentale Zeichen von Gottes Liebe zur Kirche ist? Bereut er, Ehebruch begangen zu haben durch sexuelle Beziehungen zu einer Person, mit der er nicht verheiratet ist?[69] Nein, all das ist es nicht, was der geschieden Wiederverheiratete bereut; vielmehr bereut er die Tatsache, „dass er in der ersten Ehe versagt hat"[70].

Nun können wir nur etwas versprechen, was in unserer Macht steht, es zu tun oder nicht zu tun. Das Eheversprechen kann kein Versprechen sein, dass die Ehe erfolgreich sein wird, insofern Erfolg oder Scheitern nicht allein vom Einzelnen abhängt. Es gehören immer zwei dazu, und zuweilen mag es auch Umstände geben, auf die beide keinen Einfluss haben und die entscheidend zum Scheitern der Ehe beitragen, sodass es schwierig ist, jemandem die Schuld zu geben. In anderen Fällen mag nur einer die Schuld für das Scheitern tragen, während der andere ohne Schuld ist. Das Scheitern einer Ehe, das zur Trennung führen mag, ist noch nicht der Bruch des Eheversprechens und als solches nichts, was man in jedem Fall bereuen müsste. Man mag frei gewählte Handlungen zu bereuen haben, die dazu führten, aber andererseits könnte man auch alles in seiner Macht Stehende getan haben, um das Scheitern zu verhindern.

Wenn nun am Hochzeitstag Braut und Bräutigam einander nicht den Erfolg der Ehe versprechen, was versprechen sie dann einander? Sie versprechen einander Ausschließlichkeit und Treue bis in den Tod. Dieses Versprechen kann gehalten werden, auch wenn unter Umständen ein weiteres Zusammenleben untragbar werden könnte. Nur wenn die Ehepartner dieses Versprechen ernst nehmen, werden sie jegliche Mühe in diese Beziehung investieren; nur dann werden sie der Versuchung widerstehen, sich selbst als Camper zu betrachten, die einfach weiterziehen, wenn sie sich belastet fühlen. Jeder wird die einmalige Chance für den anderen bedeuten. „Du bist die Einzige für mich", sagt der Liebende zur Geliebten. „Auch im jetzt unvorstellbaren Fall, dass unsere Liebe scheitern sollte, wirst du immer noch die Einzige für mich sein. Ich werde immer ein Licht für dich brennen lassen." Die Unauflöslichkeit der Ehe bedeutet, dass für den anderen immer eine Tür offen bleibt, auch im Fall der Trennung von Tisch und Bett. Das Eheversprechen wird erst gebrochen, wenn eine neue Verbindung gesucht wird.

Ob diese neue Verbindung vom Staat anerkannt ist oder nicht, macht einen sehr viel geringeren Unterschied, als der Kardinal andeutet. Es ist wahr, dass *Familiaris consortio* 84 die Hirten ermahnt, sorgfältig zu unterscheiden, „ob jemand trotz aufrichtigen Bemühens, die frühere Ehe zu retten, völlig zu

Unrecht verlassen wurde oder ob jemand eine kirchlich gültige Ehe durch eigene schwere Schuld zerstört hat", und sich der
subjektiven Situation jener bewusst zu sein, die „eine neue Verbindung eingegangen [sind] im Hinblick auf die Erziehung der
Kinder und … manchmal die subjektive Gewissensüberzeugung [haben], dass die frühere, unheilbar zerstörte Ehe niemals gültig war". Es ist ebenso richtig, dass im Apostolischen
Schreiben Johannes Pauls II. der Begriff „ehebrecherische Verbindung" nicht gebraucht wird. Dasselbe Dokument macht allerdings klar, dass wir es gleichwohl in *allen* diesen Fällen mit
Lebensverhältnissen zu tun haben, die „im Widerspruch zur
Unauflöslichkeit der Ehe" stehen (FC 84).

Was laut *Familiaris consortio* Reue notwendig macht, ist nicht
das Scheitern der ersten Ehe, sondern die Tatsache, das „Zeichen des Bundes mit Christus und der Treue zu ihm" (FC 84)
verletzt zu haben. Als Erstes bewirkt die Reue eine Änderung
des eigenen Verhaltens. In diesem Fall bedeutet das, „Bereitschaft zu einem Leben [zu] haben, das nicht mehr im Widerspruch zur Unauflöslichkeit der Ehe steht" (FC 84). Kardinal
Kasper argumentiert zu Recht: „Für den, der umkehrt, ist Vergebung möglich. Wenn für den Mörder, dann auch für den
Ehebrecher."[71] Aber der Mörder muss bereuen, um Vergebung
zu erlangen. Das erste Zeichen seiner Reue ist offensichtlich,
dass er aufhört zu morden. Kardinal Kasper spricht vom „Weg,
Geschiedenen, die bürgerlich wiederverheiratet sind, in konkreten Situationen nach einer Zeit der Neuorientierung das Sakrament der Buße und der Eucharistie zu ermöglichen"[72]. Wir
sind uns nicht sicher, ob wir hier wirklich einen Weg sehen
können. Bei allem Respekt – und immer die Möglichkeit berücksichtigend, dass es da ein Missverständnis gibt –, aber das
Bild, das sich hier viel eher aufdrängt, ist nicht so sehr das eines Weges, sondern das einer Tretmühle. Die wiederverheirateten Geschiedenen scheinen eingeladen zu werden (sie setzen
Akte der Reue), ohne irgendwohin zu kommen (sie teilen weiterhin Tisch und Bett).

Nehmen wir an, es käme jemand zu einem Priester, um das Sakrament der Versöhnung zu empfangen, und dieser jemand würde beichten, dass er den Ferrari seines Nachbarn gestohlen hat. Wozu wird der Priester ihn auffordern? Buße zu tun? Ja. Eine Wallfahrt zu machen, einige Extra-Gebete zu sprechen und Almosen zu geben? Vielleicht. Vor allem anderen jedoch würde man annehmen, dass der Priester ihn ermahnt, das Auto zurückzugeben, und den festen Willen des Pönitenten, dies zu tun, zur Bedingung für die Lossprechung zu machen. Es ist wohl kaum vorstellbar, dass ein Seelsorger seinem Pönitenten den Rat geben würde, dass er nach einem Jahr der Buße offiziell beginnen kann, das Auto zu benutzen, solange keine rechtlichen Konsequenzen zu befürchten sind. Sicherlich wird Kardinal Kasper unterstreichen wollen, dass sein Argument, das darauf abzielt, einige der wiederverheirateten Geschiedenen zu den Sakramenten zuzulassen, anders gelagert ist, und es wäre äußerst interessant zu erfahren, wie dies hinsichtlich der relevanten Aspekte so sein könnte.

In der Tat unterstreicht der Kardinal, dass die *oikonomia*, die er vorschlägt, „kein billiger Weg oder gar Ausweg" ist. „Sie macht ernst damit, dass, wie Martin Luther gleich in der ersten seiner Ablassthesen von 1517 formulierte, das ganze Leben des Christen eine Buße, das heißt immer wieder neues Umdenken und Umorientierung *(metanoia)* ist."[73] Gerade dieses Umdenken und diese Umorientierung sind nach *Familiaris consortio* 84 bei den wiederverheirateten Geschiedenen, die darauf bestehen, außerhalb ihrer einen wahren sakramentalen Ehe weiter intime Beziehungen zu haben, noch zu unvollkommen. Während der Reformator in der Lage war zu sagen, dass keine Sünde uns vom Lamm Gottes trennen könne, „wenn wir auch an einem Tage tausendmal Unzucht treiben oder töten"[74], so scheint doch unser Herr Jesus selbst die größere Autorität zu haben: „Auch ich verurteile dich nicht. Geh und sündige von jetzt an nicht mehr!" (Joh 8,11).

5. Kapitel

Eine Pastoral der Barmherzigkeit: die Wahrheit in Liebe leben

„Gegenwärtig scheint die theologische und kirchenrechtliche Debatte abgeflaut zu sein. Die Zahl von formell zustande gekommenen Ehen hat abgenommen; auch die Zahl der sakramentalen Ehen ist zurückgegangen. Diejenigen, die sich in der typisch problematischen Pastoralsituation der wiederverheirateten Geschiedenen befinden ... scheinen die weltweiten strukturellen Angebote der Kirche für sie immer mehr anzunehmen."[1]

Diese Situationsbeschreibung stammt von einem der Autoren, die sich am meisten für eine Zulassung von wiederverheirateten Geschiedenen zur Kommunion einsetzten, und das unter einer einfachen Bedingung: Ihre vorhergehende Ehe muss als unwiederbringlich zerrüttet erklärt werden. Er meint dann weiter, dass dieses pastorale Problem nicht mehr so dringend wäre wie noch vor einigen Jahren, da aus einer Reihe von soziologischen Statistiken hervorgeht, dass das Zusammenleben ohne jede rechtliche Bindung auf dem Vormarsch ist.[2] Immer häufiger *heiraten* die Geschiedenen gar *nicht noch einmal*. Daher liegt das größte pastorale Problem nicht in der Frage der Kommunionzulassung der wiederverheirateten Geschiedenen, sondern anderswo und findet seinen Ausdruck in der offensichtlichen Abnahme von Eheschließungen in den westlichen Ländern.[3]

Es ist deshalb unangebracht oder zumindest unklug, sich in der gegenwärtigen Situation auf das Thema der wiederverheirateten Geschiedenen zu konzentrieren. Eine wirklich pastorale Blickrichtung kommt zu anderen Schlüssen. Die Familie hat mit vielen verschiedenen Schwierigkeiten zu kämpfen. Wenn wir ihr wirklich helfen wollen, müssen wir eine Pastoral der Wegbegleitung ausbauen. Leider scheinen die gegenwärtigen Pastoralstrukturen in weiten Teilen der Kirche eher Aktionsprogramme oder Pastoralnormen zu produzieren, statt die Menschen zu begleiten. Die Familie braucht heutzutage mehr von der Pastoral als nur die Lösung eines einzelnen Problems. Dabei ist die tiefe Barmherzigkeit Christi das Zentrum. Gegenüber dieser globalen Sichtweise von Familienpastoral weist der Vortrag Kaspers große Mängel auf. Der Kardinal zählt einige bekannte Probleme auf, *ohne* Lösungen dazu vorzuschlagen, ganz so, als handelte es sich hier um Nebensächlichkeiten.[4] Dabei gesteht er:

> „Man darf das Problem nicht *auf die Frage der Zulassung zur Kommunion reduzieren.* Es betrifft die *gesamte Ehe- und Familienpastoral.* Diese beginnt bereits mit der Jugendpastoral, mit der *Vorbereitung auf die Eheschließung,* die eine gründliche Ehe- und Familienkatechese beinhalten soll. Daran schließt sich die Aufgabe der *pastoralen Begleitung* der Ehepaare und der Familien an; sie wird aktuell, wenn eine Ehe und Familie in eine Krise gerät. In dieser Situation werden die Seelsorger alles ihnen Mögliche tun, um zur *Heilung und Versöhnung* der in die Krise geratenen Ehe und Familie beizutragen."[5]

In der italienischen Ausgabe seines Buches fährt der Kardinal fort: „Die Seelsorge hört nicht nach dem Scheitern einer Ehe auf. Die Seelsorger müssen *den Geschiedenen nahe bleiben* und sie einladen, am Leben der Kirche teilzunehmen."[6] Hierbei handelt es sich jedoch um weit gefasste und vage Hinweise, die man auch geben kann, ohne sich pastoral darum zu sorgen, was sie für die konkrete Praxis der Kirche bedeuten. Diesen Themen, die weit davon entfernt sind, in die kirchlichen

Bemühungen integriert zu sein, wird wenig Aufmerksamkeit gewidmet. Alsbald bemerkt der Leser, dass *alles auf die Problematik* der Geschiedenen *hin zugespitzt wird*. Es geht hier nicht wirklich um die Begleitung *aller Familien* im Rahmen einer Pastoral der Heiligkeit, oder, mit anderen Worten, das konkrete Ziel ist nicht die wirkliche Evangelisierung der Familie.

Es stimmt, dass Kardinal Kasper zuvor ein schönes Bild der *Hauskirche* zeichnet und die Bedeutung der Familie als *Subjekt der Evangelisierung* herausstellt mit ihren vielfältigen Möglichkeiten, das Evangelium lebendig werden zu lassen.[7] Allerdings wird die Familie als eine schon fertige dargestellt. Nie wird die pastorale Aufgabe als Antwort auf die Entwicklung der Familie gesehen. Das Familienleben schein spontan zu gedeihen, ohne dass deutlich wird, dass die Kirche dabei eine klare Hilfestellung zu leisten hat. Mit anderen Worten: Es wird wunderbar anerkannt, was die ideale Rolle der Familie ist, jedoch aus der Sicht eines fernstehenden Beobachters. Die Familie wird dabei nicht als eine Säule der Pastoral gesehen, mit allen Auswirkungen, die das für das kirchliche Leben hat. Dieser respektvolle Hinweis erlaubt es dem Kardinal dann, in seiner Schlussbemerkung auf eine allgemeine Ermahnung bezüglich der Familie zurückzukommen.[8]

Wir sehen also von Anfang an, dass Kaspers Vortrag – entgegen seiner eigenen Worte – eher ein Interesse an Lehre und Normen als an einem wirklich pastoralen Geist zeigt. Er spricht vom *Evangelium der Familie*, ohne dabei Hinweise für eine organische und effektive Pastoral, die wirklich evangelisierend sein kann, zu geben. Das wundert nicht, denn die Familie ist in der Pastoralarbeit der Kirche tatsächlich oft nicht mehr als eine Randerscheinung. Viele Seelsorger wissen trotz bester Absichten häufig nicht, was auf diesem Gebiet zu tun ist. Genau hier müssten die kommenden Bischofssynoden ansetzen. Der pastorale Ansatz von *Familiaris consortio* bietet diesbezüglich eine umfassendere Sichtweise, die in vielen Aspekten erst noch umgesetzt werden muss, die jedoch eine reiche Ernte verspricht,[9]

wie von den Orten bezeugt wird, an denen schon damit gear-
beitet wird.[10]

5.1. Eine Pastoral der Barmherzigkeit

Zweifelsohne ist jedes pastorale Handeln in der Barmherzigkeit des Herzens Jesu verankert. Die Evangelien sind dazu besonders aufschlussreich: „Als er die vielen Menschen sah, hat-
te er Mitleid mit ihnen; denn sie waren müde und erschöpft *wie
Schafe, die keinen Hirten haben*" (Mt 9,36). Die Betroffenheit
Christi ist der Grund für seine Sorge um die Menschen. Diese
Sorge nimmt sofort konkrete Gestalt an in der Erwählung der
Zwölf (vgl. Mt 10,1). Das Handeln des Herrn, das seinem Herzen entspringt, hat mit der großen Not der Menschen zu tun,
aber auch mit der Größe von Gottes Heilsplan, und so beginnt
Jesus sofort mit dessen Mitteilung: „Und er lehrte sie lange"
(Mk 6,34). Dem menschlichen Elend wird Aufmerksamkeit ge-
schenkt, aber das Ziel des Handelns Christi ist, ein Volk mit
Gott zu vereinen, das offenbar macht, dass das Reich Gottes
wahrhaft unter den Menschen ist.[11]

Um zu begreifen, was das Besondere an der pastoralen
Sichtweise ist, müssen wir den einmaligen Blick des Herzens
Jesu annehmen, das ein „sehendes Herz" ist.[12] Das beinhaltet
eine besondere Sensibilität für Gottes Willen in jeder Situation.
Es geht hier um eine affektive Sichtweise, die von der *konkreten* Situation ausgeht. Die Wahrheit der Liebe, die sie leitet, besitzt eine außergewöhnliche Eigenschaft: Sie ist überraschend
allgemeingültig, denn die Liebe erreicht jeden Menschen, und
sie ist höchst konkret, denn sie kümmert sich um jeden Um-
stand und jedes menschliche Geschehen.[13] Die Pastoral muss
dieser Logik der Liebe folgen,[14] die so verschieden ist von einer
rein technischen Problemlösung. Das hört sich leicht an,
scheint aber kaum in unseren Pastoralstrukturen angekommen zu sein. Die geforderten Veränderungen sind bedeutend,

und es wird Zeit brauchen, bis sie in unserer Kirche wirklich Fuß fassen.

Das ist es also, was wir eine „Pastoral der Barmherzigkeit" nennen können: eine Pastoral, die ihren eigenen Inhalt und ihre spezifische Wahrheit einschließt. So wird vermieden, dass die Barmherzigkeit auf eine nicht genauer definierte Haltung reduziert wird und mit bloßer Duldung eines Übels oder einer innerlichen Anteilnahme am Leid anderer verwechselt wird. Wie wir es oben bereits ausgeführt haben, geht es beim Thema der Barmherzigkeit nicht um Toleranz gegenüber einem Problem, sondern um das Bewusstsein um die Rolle der Gnade für eine Erneuerung des menschlichen Lebens, ohne dabei die Notwendigkeit einer tiefen Veränderung im Lebenswandel zu vergessen.

Der Blickwinkel der Barmherzigkeit hilft, die entscheidende Bedeutung der Familienpastoral zu entdecken, da es hier ja direkt um die Quelle der größten menschlichen Leiden geht. In der gegenwärtigen Kultur des vorherrschenden Individualismus[15] ist die schlimmste Krankheit die *Einsamkeit*. Hierbei handelt es sich um eine besonders bittere Form von Armut, die uns an die Worte des göttlichen Mitleids denken lässt: „Es ist nicht gut, dass der Mensch allein sei" (Gen 2,18). In der biblischen Erzählung ist die Antwort Gottes auf diese Einsamkeit die familiäre Gemeinschaft; Gott gibt dem Menschen „eine Hilfe, die ihm gleicht". Heute könnte man parallel dazu sagen: „Es ist nicht gut, dass die Familie allein sei."[16] Deshalb ist die pastorale Aufmerksamkeit für die Familien nicht nur eine Verteidigungsstrategie für eine besonders umkämpfte Institution, sondern kommt aus einem tieferen Bewusstwerden der Rolle der Familien innerhalb der Kirche. Hierbei geht es darum, den göttlichen Heilsplan bezüglich der christlichen Familie zu entdecken, nämlich das, was das barmherzige Herz Jesu in sich trägt. Für eine Wiederbelebung des missionarischen Schwungs der Kirche ist dies geradezu grundlegend. Es geht hier um eine Glaubensfrage: Der Glaubensschwund hat mit der Krise der

Eheinstitution zu tun.[17] Dies hat Papst Benedikt XVI. schon bei der letzten Bischofssynode deutlich betont:

> „Die Ehe ist an den Glauben gebunden, nicht in oberfläch-lich-allgemeinem Sinn. Als eine Verbindung treuer und un-auflösbarer Liebe gründet sich die Ehe auf die Gnade, die von dem einen und dreifaltigen Gott kommt, der uns in Christus mit einer bis hin zum Kreuz treuen Liebe geliebt hat. Heute können wir im Kontrast zu der schmerzlichen Wirklichkeit so vieler Ehen, die leider schlecht ausgehen, die ganze Wahrheit dieser Aussage erfassen. Es besteht eine of-fenkundige Entsprechung zwischen der Krise des Glaubens und der Krise der Ehe."[18]

Die nächsten Bischofssynoden im Oktober 2014 und 2015 ha-ben pastoralen Charakter und stehen damit im Einklang mit der Sorge aller Päpste um die Familie, die besonders nach dem Konzil zugenommen hat. Das Konzil unterstreicht ja: „Das Wohl der Person sowie der menschlichen und christlichen Ge-sellschaft ist zuinnerst mit einem Wohlergehen der Ehe- und Familiengemeinschaft verbunden."[19] Damit ist die Familie das erste „unter den vielen Problemen, die heute die Sorge aller wachrufen"[20]. Dies ist ein besonders dringlicher Aufruf, und zwar speziell in Anbetracht der Tatsache, dass es eine gewisse Diskrepanz gibt zwischen der offensichtlichen Ermahnung, sich der Familienpastoral zuzuwenden und der großen Armut dieser Dimension in der Kirche.

5.2. Leben zeugen: die Wahrheit einer Liebe

Von der Familie zu sprechen heißt, von einer Frohbotschaft für die Menschheit zu reden, von einem „Evangelium" in einem präzisen pastoralen Sinn.[21] Und das ist wichtiger, als nur nach ei-nem Blick auf unsere Umwelt eine lange Reihe von Problemen aufzulisten und dann ins Jammern zu verfallen, anstatt eine wirklich pastorale Haltung einzunehmen. Wiederum lernen wir von Jesus, was es heißt, ein Guter Hirte zu sein. Er blendet die Schwierigkeiten nicht aus, aber geht *über sie hinaus*. Sein Handeln ist nicht von den Problemen, die er lösen muss, bestimmt, sondern von der *Sendung, die er zu erfüllen hat*: „Ich bin gekommen, dass sie das Leben haben, und dass sie es in Fülle haben" (Joh 10,10).

Für eine angemessene Orientierung der Familienpastoral müssen wir die antiquierte Vorstellung aufgeben, dass es bei der Pastoral vor allem um eine Problemlösung geht. Diese Haltung hat sich als wenig hilfreich und als entmutigend erwiesen und zu einer Art Säkularisierung geführt. Wenn man sich ausschließlich auf die Suche nach Lösungen macht, nehmen die Probleme oft unerwartet zu. Man wird quasi von einer Realität überrollt, die so gar nicht dem Evangelium zu entsprechen scheint. Damit wächst auch die Versuchung, sich der Umwelt anzupassen, um wenigstens irgendein positives Resultat zu erzielen. Das ist allerdings eine konsequenzialistische Haltung, die nicht wirklich mit der erneuernden Kraft des Evangeliums für das Leben der Menschen und für einen kulturellen Wandel rechnet. Wenn sich die Bischofssynode auf Druck Einzelner auf die Problematik der wiederverheirateten Geschiedenen versteifte, wäre dies solch ein Fall. Auf der Suche nach einer befriedigenden Lösung in die eine oder andere Richtung läuft man auch Gefahr, viele neue Probleme zu schaffen.

Im Falle der Familie ist es besonders notwendig, sich nicht von den Problemen, sondern vom Evangelium leiten zu lassen. Das bedeutet einen radikalen Wechsel der Perspektiven in der Familienpastoral. Das Evangelium der Familie zu verkünden heißt, Leben mitzuteilen.[22] Es geht also um eine Haltung, die das Wachstum dieses Lebens fördert. Die Barmherzigkeit ist dabei ein klarer Weg, um „wieder lebendig zu werden" (vgl. Lk 15,32; Ez 18,21–23). Die *Wahrheit der Liebe* formt die wirkliche *Identität des Menschen*, die aus einer göttlichen Berufung stammt und eine Reihe wohldefinierter Schritte einschließt: „Der Weg ist folgender: Man ist Sohn, wird Ehepartner, um schließlich Vater zu sein. Diese Grundbeziehungen, die die personalen, nicht nur natürlichen Bindungen hervorbringen, bilden den Rahmen für das menschliche Handeln."[23]

Die Liebe hat die Fähigkeit, Handlungen hervorzubringen. Ihr geht es nicht um eine einfache Anwendung von Normen, denn sie bewahrt immer den Blick für die Besonderheit und Konkretheit des Geliebten in seiner persönlichen Geschichte. Die Liebe antwortet auf eine Wahrheit, die nicht statisch ist, sondern aus der Spannung zwischen Einheit und Unterschiedlichkeit heraus zum Handeln führt.[24] Es ist klar, dass das Gesetz nicht ausreicht, um von der Wahrheit der Liebe ausgehend eine Handlung direkt zu bestimmen. Es ist aber auch verständlich, dass die Liebe im Innersten eine „Wahrheit über das Gute" kennt, die objektiven Charakter hat und immer gewahrt werden muss. Wenn ich eine Person wirklich liebe, wünsche ich für sie nicht irgendetwas, sondern das wirklich Gute, das sie als Person gut macht. Ansonsten verrate ich die Liebe.[25] Die Wahrheit der Liebe ist also ein Grundsatz, der die Existenz von an sich schlechten Handlungen bestätigt. Diese können nie Ausdruck der Liebe Christi sein, sondern bedeuten immer den „Tod der Liebe" im Sinne des Verlustes der Bindung an Gott, der die Liebe ist: „Wer nicht liebt, bleibt im Tod" (1 Joh 3,14).[26]

Das pastorale Handeln kann nicht angemessen strukturiert werden, wenn man die moralische Wahrheit der Handlung, die unter dem Lichte des Gesetzes verwirklicht wird, beiseitelässt. Genauso ungenügend ist es, wenn man nur nach quasi technisch messbaren Resultaten sucht oder, wie oben erwähnt, Barmherzigkeit mit Mitleid verwechselt, ohne Gerechtigkeit walten zu lassen.

Im Fall der *Unauflöslichkeit* der Ehe geht es um die *Offenbarung einer als Geschenk empfangenen Liebe*, etwas, was nicht in der Macht dessen steht, der sie empfängt. Es handelt sich um eine Wahrheit, die uns vorausgeht und von Gott her erhellt wird.

Wir können nichts anderes tun, als von und aus diesem Geschenk her leben. Auch mit dem Geschenk der Taufe ist es so: Selbst wer sie ohne genügende Vorbereitung oder ohne nachfolgenden Einsatz empfangen hat, besitzt doch eine Heilsgabe Gottes. Die Aufgabe der Kirche wurde immer darin gesehen, den Getauften auf dem Weg zu einem tieferen Bewusstsein der Taufgnade zu begleiten und ihm zu helfen, seinen Glauben besser kennenzulernen.

Die wahre Größe und Bedeutung der Unauflöslichkeit („das, was Gott verbunden hat") wird von dieser Offenbarung des Geschenkes her verständlich und nicht von einer einfachen Praxis her. Das wirft auch ein neues Licht auf die Verantwortung der Kirche für dieses Geschenk. Es kann kein pastorales Ziel sein, Ausnahmen für diese Eigenschaft der Ehe zu suchen. Das Geschenk selbst schafft Verpflichtungen, die gehalten werden müssen. Die Unterscheidung der Geister hat hier ganz andere Aufgaben: Es geht darum, dieses empfangene Geschenk zu pflegen und im Bewusstsein und Leben der Gläubigen wachsen zu lassen.

Statt eine Beschränkung zu sein, die überwunden werden muss, ist aus pastoraler Sicht die Gabe der Unauflöslichkeit eher eine gewaltige Ressource, die jede Ehe stärkt. Darauf muss sich jede Pastoral stützen. Die *Heiligkeit der Familien* ist die spezifisch evangelisierende Sicht einer wahren Familienpastoral. Das ist nicht elitär gedacht,[27] denn gerade eine heilige Familie entdeckt ihre großartige Sendung darin, anderen Familien auf diesem Weg zu helfen. Hier befindet sich der Ausgangspunkt für erstaunliche Fähigkeiten in der Pastoral und in der Evangelisation: Es ist der wahre apostolische Weg für die Familien in unserer Gesellschaft. Leider wird die wirkliche Rolle der Familien im Leben der Kirche oft verkannt,[28] denn es gibt eine regelrechte Gegenkultur, die der Familie nicht wohlwollend gesinnt ist.

5.3. Die Wahrheit des pastoralen Handelns als Evangelisierung im Kontrast zu falschen pastoralen Lösungen

Aus Kaspers Vortrag lesen wir den Versuch heraus, durch die wiederkehrende Betonung der Barmherzigkeit ein Prinzip der Erneuerung der Pastoral zu formulieren. Tatsächlich identifiziert Kasper Pastoral mit Barmherzigkeit und beschreibt seine neuartige Sicht so: „Pastoral und Barmherzigkeit stehen nicht im Widerspruch zur Gerechtigkeit, sondern sie sind sozusagen die höhere Gerechtigkeit."[29] Das zielt auf die Existenz einer „pastoralen Notwendigkeit", die über der Gerechtigkeit stände und diese in gewisser Weise korrigieren könnte.

Wie soll dies möglich sein? Hier neigt die Argumentation dazu, Pastoral und Barmherzigkeit mit einer Art von Toleranz zu identifizieren, und so kann es erforderlich sein, „aus pastoralen Gründen – ‚um Schlimmeres zu vermeiden' – zu dulden, was an sich unmöglich ist"[30]. Das ist eine gefährliche Aussage. Scheinbar soll man akzeptieren, was eigentlich Unrecht ist. Hier sind wir bei einem wichtigen Grund für die Vorschläge Kaspers angekommen: Gesucht wird eine Ausnahme von einer kirchlichen Norm, die für zu streng gehalten wird. Die Argumente stützen sich also auf den Versuch, eine Möglichkeit zu finden, die von der Norm eigentlich nicht vorgesehen ist. Eine solche Art von Pastoral wurde schon oft genutzt, um einige sittliche Forderungen zu umgehen, die mit der Existenz von an sich schlechten Handlungen zu tun haben. Dazu sagt *Veritatis splendor*: „Auf dieser Grundlage maßt man sich an, die Zulässigkeit sogenannter ‚pastoraler' Lösungen zu begründen, die im Gegensatz zur Lehre des Lehramtes stehen, und eine ‚kreative' Hermeneutik zu rechtfertigen, nach welcher das sittliche Gewissen durch ein partikulares negatives Gebot tatsächlich nicht in allen Fällen verpflichtet würde."[31]

Johannes Paul II. spricht hier von der Absicht eines sogenannten „wichtigeren pastoralen Grundes", der von einigen als „barmherzig" oder „tolerant" bezeichnet wird und die

Nichterfüllung einiger sittlicher Gebote zumindest entschuldigt. Wird eine wohlwollende, im Gegensatz zur Gesetzeshärte stehende Pastoral in diesem Sinne verstanden, dann riskiert man natürlich, dem Subjektivismus zu verfallen. Benedikt XVI. hat das energisch unterstrichen: „Wir müssen pseudopastorale Ausflüchte vermeiden, die diese Fragen auf einer rein horizontalen Ebene ansiedeln, auf der es darum geht, subjektive Forderungen zufriedenzustellen."[32]

Das wahre Kriterium für pastorales Handeln ist ganz anders. Ein wirklich pastorales Handeln muss der zweifachen Dimension der Wahrheit der Liebe, die wir oben genannt haben, gerecht werden. Einerseits muss die *konkrete* und einzigartige *Bindung* an die geliebte Person gewahrt werden, anderseits muss der „Objektivität des Guten", das „an sich mitteilbar ist"[33], das heißt, eine allgemeine Gültigkeit besitzt,[34] Rechnung getragen werden. Als menschliche Handlung besitzt die Liebe eine einzigartige „Kreativität", die als Element der „Neuheit" für unsere Welt wesentlich ist. Das hat tiefe theologische Wurzeln,[35] und steht nie im Widerspruch zur sittlichen Wahrheit der Handlung.

Die Vernunft selbst unterscheidet die keine Ausnahme zulassende Geltung von negativen Geboten von der der positiven Normen, die für ein höheres Maß offen sind:

„Das Gebot der Gottes- und der Nächstenliebe hat in seiner Dynamik keine obere Grenze, wohl aber hat es eine untere Grenze: Unterschreitet man diese, verletzt man das Gebot. Zudem hängt das, was man in einer bestimmten Situation tun soll, von den Umständen ab, die sich nicht alle von vornherein schon voraussehen lassen; umgekehrt aber gibt es Verhaltensweisen, die niemals, in keiner Situation, eine angemessene – das heißt, der Würde der Person entsprechende – Lösung sein können. Schließlich ist es immer möglich, dass der Mensch infolge von Zwang oder anderen Umständen daran gehindert wird, bestimmte gute Handlungen zu

Ende zu führen; niemals jedoch kann er an der Unterlassung bestimmter Handlungen gehindert werden, vor allem wenn er bereit ist, lieber zu sterben als Böses zu tun."[36]

Der Grundgedanke ist einfach: Die Würde der menschlichen Person darf *nie* angetastet werden. Der absolute Respekt vor den negativen Geboten ist die notwendige Untergrenze, damit die personale Würde nicht verletzt wird, um die es in den menschlichen Handlungen geht, wenn sie sich auf bestimmte Güter beziehen: „Die negativen Vorschriften bringen besonders kraftvoll die ununterdrückbare Forderung zum Ausdruck, das menschliche Leben, die Personengemeinschaft in der Ehe, das Privateigentum, die Wahrhaftigkeit und den guten Ruf zu schützen."[37]

Die Grenze, die von den Geboten bezüglich solcher Handlungen gezogen wird, stellt für die Pastoral kein Problem dar, sondern ist ein hervorragender Ausgangspunkt für die Evangelisierung. Die Kirche hat diese Gebote immer mit dem Martyrium in Verbindung gesetzt, wo sich die menschliche Würde in der Aufopferung des Lebens zeigt und so die Größe des Glaubens aufscheint.[38] Und hier müssen wir auch an die Ehen denken, die durch das Zeugnis der Treue vor einer skeptischen Umwelt die Wahrheit einer fortdauernden Liebe hervorheben.[39]

Hier steht das „Gut der Person", das immer bejaht und verteidigt werden muss, auf dem Spiel; ein Gut, dass zwar über jede Norm hinausgeht, aber von der Norm geschützt wird.[40] Es ist also das Gut der Person, das das Sittengesetz begründet, und nicht umgekehrt. Deshalb irrt schwer, wer meint, dass nur durch eine Änderung der Normen die moralischen Probleme gelöst werden. Wer meint, das sittliche Gut nur an dem Gesetz messen zu können, erliegt einem Legalismus. Außerdem zeigt die Erfahrung, dass oft derjenige, der die institutionellen Normen missachtet, auch der ist, der uns dann seine eigenen subjektiven Normen aufzwingen will.

Das Evangelium der Familie hat viel mit der oben genannten „kreativen Wahrheit der Liebe" zu tun. Die Familiengemeinschaft besitzt eine enorme Kraft zur Reaktion auf Schwierigkeiten, die oft Gelegenheit für eine tiefere Einheit aller Mitglieder werden kann. So etwas kann von keinem Gesetz vorgeschrieben werden. Trotzdem gibt es Handlungen, die nie gut sind. In diesem Sinn hat Kasper recht, wenn er meint: „Die bloße Frage, was erlaubt und was verboten ist, hilft da nicht weiter."[41] Es reicht nicht zu wissen, was *man nicht tun soll*. Es müssen Wege aufgezeigt werden, wie positive Handlungen den Personen wirklich weiterhelfen.

Es ist die Tugend der Klugheit, die bedeutsam für den Erkenntnisvorgang ist und in jeder Handlung das Beste sucht. Dabei geht sie nicht von einer Norm aus, sondern wird von den konkreten Gütern mit ihrem spezifischen Wert angezogen.[42] Der Klugheit gelingt es somit, jeden Legalismus zu vermeiden, auch den, der immerfort Ausnahmen sucht. Indem sie das Gute erkennt, steht sie in enger Verbindung mit der Liebe, die wiederum ihre Erkenntniskraft weitet.[43]

5.4. Die legalistische Sichtweise der Suche nach Ausnahmen

Sicher haben die heutigen Schwierigkeiten der Gesellschaft mit der Ehe dazu geführt, dass gerade dieses Gebiet im Zentrum von Versuchen pastoraler „Kreativität" steht. Es scheint unmöglich, die Frohbotschaft der Ehe in einer Welt zu leben, die so anders denkt. Es verwundert nicht, dass es schon viel Literatur zur Suche nach Alternativen gibt. Papst Benedikt XVI. sagt über die Gründe dafür:

„Barmherzigkeit, Gerechtigkeit, ‚oikonomia' – sehr geschätzt in der östlichen Tradition – sind einige der Begriffe, auf die man bei dieser Auslegungstätigkeit zurückgreift. Es muss sofort gesagt werden, dass dieser Ansatz den Positivismus, den er anklagt, nicht überwindet, sondern sich darauf beschränkt, ihn durch einen anderen zu ersetzen, in dem die menschliche Auslegungstätigkeit sich zum Protagonisten aufschwingt bei der Bestimmung dessen, was rechtlich ist. Es fehlt das Bewusstsein für ein objektives Recht, nach dem gesucht werden muss, denn dieses bleibt Spielball von Überlegungen, die den Anspruch erheben, theologisch oder pastoral zu sein, am Ende jedoch der Gefahr der Willkür ausgesetzt sind."[44]

Kasper selbst hat diese Hinweise wiederholt.[45] Und doch folgt er hier seiner gewöhnlichen Vorgehensweise: Nachdem er an das Prinzip erinnert hat, um zu zeigen, dass er es kennt, sucht er dann nach anderen Auswegen. Die einzige Erklärung dafür, dass es in dem hier behandelten Vortrag so viele Verweise auf voneinander sehr verschiedene Ansätze gibt, ist, dass sie einen einzigen Zweck verfolgen: nämlich den, Ausnahmen für eine Norm zu finden. Die Vieldeutigkeit, mit der dieses Thema behandelt wird, ist unübersehbar. Kasper vermischt die *discretio*, die geistliche Unterscheidung, die er dem heiligen Alfons und dem heiligen Benedikt zuordnet,[46] mit der Tugend der Klugheit beim heiligen Thomas[47] sowie dessen Unterscheidung von praktischer und spekulativer Vernunft. Dann spricht er sogar vom Vorrang der Weisheit,[48] die er mit der *oikonomia*, der Barmherzigkeit und der Epikie in Verbindung setzt.[49] Alle möglichen Arten von Tugenden werden in ziemlich eklektischer und ungeordneter Weise angeführt. Dabei ist die Absicht die, von einer theologischen Begründung her die Ausnahme von einem Gesetz zu rechtfertigen. Damit sind wir wieder bei der Strategie, den Zweifel zu säen, die wir im zweiten Kapitel behandelt haben.

Bei einer solchen Mischung von verschiedenen Themen können wir unmöglich alle Inhalte einzeln klären. Wir haben schon von der Barmherzigkeit und ihrer Verbindung zur Wahrheit und Gerechtigkeit gesprochen sowie von der *oikonomia* und ihrer Bedeutung als Offenbarung. Bei beiden Thematiken haben wir nach einer theologischen Begründung gesucht, die weiter reicht als nur zu ihrer Funktion als Maßstab für die Anwendung eines Gesetzes. So ähnlich ist es auch mit der Klugheit und der Weisheit: die Tugenden, die die höchstmögliche Ausübung der Vernunft darstellen. Zu diesem Thema ist die wissenschaftliche Literatur ausgesprochen zahlreich, besonders was Thomas von Aquin betrifft.[50] Das Studium dieser Tugenden setzt bei Thomas voraus, dass es Handlungen gibt, die von ihrem Objekt her an sich schlecht sind und deshalb keine Ausnahmen zulassen.[51]

Der zentrale Punkt der Frage wurde schon von Papst Benedikt XVI. in seiner Ansprache vor der Rota angesprochen; Kasper geht nicht darauf ein. Wer ständig nach Ausnahmen für ein Gesetz sucht, hat dabei selbst eine *legalistische* Sicht des Gesetzes. Dann wird das Gesetz als eine Beschränkung und nicht als ein Richtungsgeber für das menschliche Handeln angesehen. Diese Sicht stammt aus dem Nominalismus, für den das Gesetz im Wesentlichen von einer Autorität geschaffen wird *(bonum quia iussum* – „eine Handlung ist gut, weil sie geboten ist") und nicht von der Wahrheit der Dinge her bestimmt ist *(iussum quia bonum* – „eine Handlung ist geboten, weil sie gut ist"). Dann könnte, wer die Autorität ausübt, einfach aus Gutmütigkeit das Gesetz ändern und so das Problem lösen.[52] Durch eine Normänderung würde das Problem einfach nicht mehr existieren; eine Ausnahme bei dem zu strengen Gesetz der Unauflöslichkeit würde alles in die Hände der Menschen legen und damit könnte eine menschlichere Lösung gefunden werden.

Die legalistische Sichtweise schafft es nicht, das konkrete Handeln der Person, das von einem Gut, und nicht vom Gesetz in Bewegung gesetzt wird, in den Blick zu nehmen. Dagegen leitet die Klugheit die Handlung von innen heraus, um das höchste Gut der Handlung zu verwirklichen: das Gut der Person. Das ist das genaue Gegenteil von dem, was der Legalismus tut, wenn er von der Norm als Urteilsprinzip ausgeht und die

Handlung nur als konkreten Fall der Norm ansieht. Dann geht
es nur darum zu sehen, ob der konkrete Fall unter eine solche
Norm fällt oder eher unter eine andere. Es geht hier um zwei
völlig verschiedene Weisen, die Handlung zu interpretieren.
Die erste geht von der Tugend der Klugheit aus, die zweite von
der Anwendung einer Norm. Das entspricht der Grunddiffe-
renz zwischen den Ansätzen von Alfons von Liguori und Thomas von Aquin bezüglich der sittlichen Erkenntnis. Kasper
hätte, bevor er beide zum selben Thema zitiert, klären müssen,
wie er jeden der beiden versteht. Es gibt kaum eine größere Ire-
nik in einer so delikaten moralischen Frage.

Alles bisher Gesagte findet seine besondere Anwendung,
wenn es um die Frage der Annahme des Lebensstandes der
wiederverheirateten Geschiedenen geht. Für eine Denkrich-
tung geht es hierbei um eine rein kirchenrechtliche Frage, die
der Vollmacht des Papstes anheimgestellt wäre.[53] Einen solchen
Ansatz lehnte Papst Johannes Paul II. schon kategorisch ab mit
der Begründung, dass es sich dabei um eine Glaubensfrage
handle.[54] Wir haben es hier mit einer Frage der Lehre zu tun,
die nicht einfach so behandelt werden kann, als ginge es lediglich um eine verständnisvollere verwaltungstechnische Anordnung.

5.5. Eine eigenartige Argumentationsweise

Kardinal Kaspers mühevolles Streben danach, mögliche Ausnahmen zu finden, offenbart eine gewisse Widersprüchlichkeit
in seiner Argumentationsweise. So sagt er:

„Die katholische Tradition kennt für solche Einzelfälle zwar
nicht – wie die orthodoxen Kirchen – das Prinzip der *oikonomia*, aber sie kennt das ähnliche Prinzip der Epikie, der
Unterscheidung der Geister, des Äquiprobabilismus (hl.
Alfons von Liguori) oder das thomistische Verständnis der

grundlegenden Kardinaltugend der Klugheit, welche eine allgemeine Norm in einer konkreten Situation anwendet (was im Sinn des Thomas von Aquin mit Situationsethik nichts zu tun hat)."[55]

Dies ist vielleicht das beste Beispiel für die Vermengung von unterschiedlichen Quellen, die die bestehende Distanz zwischen allgemeiner Norm und konkretem Fall zum Thema haben. Die zitierten Autoren behandeln die Fragestellung jedoch höchst unterschiedlich. Kasper missversteht Thomas, wenn er ihn so interpretiert, als sei für ihn das Werk der Klugheit eine bloße Anwendung von Normen auf den konkreten Fall. Zu diesem Thema gab es in den letzten Jahrzehnten zahlreiche vom Kardinal hier ignorierte Studien, viele davon auch im deutschsprachigen Raum,[56] die einen bezweifeln lassen, dass seine Ausführungen eine wahre Grundlage im Aquinaten haben. Hier geht es uns aber darum, die Leitlinien des Vortrags aufzuzeigen, die zumindest als widersprüchlich anzusehen sind.

Zunächst lesen wir im Text, wie Kasper unter Zuhilfenahme eines personalistischen Denkansatzes die Singularität eines jeden Falles unterstreicht: „Man muss vielmehr die Einmaligkeit jeder Person und jeder Situation ernst nehmen und Fall für Fall sorgsam unterscheiden und entscheiden."[57] Sofort danach muss er sich widersprechen, um einer puren Kasuistik zu entgehen, die seine eigene Darlegung schwächen würde. Er versucht also, diese Singularität als eine Schwierigkeit, die einzelnen Fälle zu objektivieren,[58] zu erklären, das heißt als ein Problem, das mit dem Wert der persönlichen Subjektivität zu tun hat.

Damit neigt er zu demselben Irrtum, dem einige personalistische Moralsysteme verfallen. Bei der Unterstreichung des einzigartigen Wertes der menschlichen Person wird die notwendige Objektivität des Guten vergessen, die das Mittel zu einer intersubjektiven Mitteilung ist. Das erkannte schon Maurice Nédoncelle: „Eine Person, die nicht in irgendeiner Weise

durch die Schule der Objektivität geht, ist unerträglich und ab-
stoßend."[59] Einem unzulänglichen Personalismus muss man
unbedingt misstrauen,[60] da er die Bedeutung einer gemeinsamen Natur, die den Menschen die Kommunikation erst ermöglicht, nicht in den Blick nimmt. Von dieser gemeinsamen Natur
her kann die Existenz eines Gemeingutes gerechtfertigt werden, das aus der Liebe stammt, zu der alle gerufen sind.[61] Kasper hatte vorher auf das natürliche Sittengesetz angespielt.[62]
Hier hätte es seinen Platz gehabt, doch eigenartigerweise wird
es nicht mehr erwähnt.

Der Text will ausdrücklich von der Situationsethik Abstand
nehmen, doch bleibt das weitere Vorgehen im Unklaren. Die
Objektivität der Gerechtigkeit müsste anerkannt werden. Wenn
die objektiven, juridisch bestimmbaren Elemente nicht genügend gewürdigt werden, bleibt die Argumentation nebulös.
Damit würde auch die Epikie als Unterscheidungsvermögen
verneint, da die hier zur Diskussion stehende Objektivität das
Mittel ist, dessen sich diese Tugend in ihrem konkreten Urteil
bedient. Es wird kein Kriterium angeführt, das es erlauben
würde, Kaspers Ansatz von der Situationsethik zu unterscheiden, und dies genau deshalb, weil er in diesem Fall eben nicht
der von ihm angeführten Quelle, nämlich dem heiligen Thomas, folgt.

Wenn der Kardinal in seinem Vortrag dann versucht, pastorale Lösungen zu bestimmen, gelingt ihm dies doch nicht, ohne sich noch auf objektive, allgemeine Elemente beziehen zu
müssen, mit deren Hilfe verschiedene zu behandelnde Fälle
voneinander unterschieden werden können. So spricht er hier
nicht mehr von der Einmaligkeit der Person, sondern von zumindest „zwei verschiedenen Situationen", auf die unterschiedliche Kriterien angewendet werden müssten.[63]

Trotz dieser Unschlüssigkeit, in der eine gewisse, dem Rechtlichen als solchem negativ eingestellte Haltung mitschwingt,
will Kasper am Ende seines Vortrages natürlich zu einer *gemeinsamen Handlungsnorm* gelangen, die eine pastorale Lösung

darstellt: Es „sollten verbindliche Kriterien gelten und öffentlich benannt werden. In meinem Vortrag habe ich das versucht.“[64] Diese normative Absicht ist eine logische Folgerung der Meinung, die er schon früher als Theologe ausgedrückt hat: „Es sind klare, eindeutige, öffentlich bekannte und für jedermann einigermaßen durchsichtige rechtliche Regelungen bzw. pastorale Richtlinien notwendig.“[65] Von den angeführten Voraussetzungen her ist es klar, dass die Pastoral als eine Quelle von weiteren Normen angesehen wird. Letztendlich bestände die lang erwartete pastorale Lösung also in nichts anderem als in einer Änderung der Norm.

5.6. Der Vorrang der Epikie: noch immer eine legalistische Sichtweise

Aus dem oben Gesagten ergibt sich, dass ein Verständnis von pastoraler Sicht, das diese auf die richtige Anwendung von allgemeinen Normen auf konkrete Fälle reduziert, ein klares Beispiel für das Fehlen einer solchen Sicht ist. Dieses Modell stammt aus der neuscholastischen Kasuistik und verkennt die wirkliche Dynamik des menschlichen Handelns.[66] Es geht dabei um eine Frage des Standpunktes: Hier wird der eines Richters eingenommen, der das Handeln eines anderen einschränken muss.[67] Dabei wird übersehen, dass der wahre Ursprung des menschlichen Handelns eine Liebe ist, die von den Handlungen ausgedrückt wird und in der sich die Person verwirklicht. Das zeigt eine wahrhaft personalistische Sicht in Verbindung mit einer Metaphysik der Liebe.[68]

Wenn man mit der Norm beginnt und nicht mit der Liebe und der Anziehungskraft des Guten, dann wird das Sittengesetz immer von vornherein als Grenze angesehen. Ausnahmen zu finden, wird dann zu einem Ausdruck der Freiheit. Aus dieser begrenzten Sicht heraus ergab sich die Suche nach moralischen Kriterien dafür, wie Normen gegenüber dem Gewissen anzuwenden sind, und daher auch die nicht enden wollenden Diskussionen zwischen Rigoristen und Laxisten. Dies ist der Interpretationsrahmen, in dem sich Kaspers Vortrag bewegt. Diesem Bereich entsprang der Äquiprobalismus des von Kasper zitierten Alfons von Liguori.[69] Die Spannungen können nicht einfach durch die „Schaffung" einer neuen, „spirituelleren" Sensibilität überwunden werden, sondern nur durch eine vertiefte Sicht der moralischen Erkenntnis, was etwas ganz anderes ist. Der wahren kirchlichen Pastoral, die von der Wahrheit der Liebe ausgeht, geht es um völlig andere Probleme. Daran müssen wir denken, weil man im Bereich der Morallehre eine gewisse Wiederkehr der Kasuistik beobachten kann, die immer das Resultat des Legalismus ist.[70]

In diesem Zusammenhang wurde von einer umfangreicheren Eingliederung der Epikie in die Pastoral gesprochen. Die Absicht dahinter ist natürlich, ausgehend von der Singularität eines konkreten Falles, der Ausnahme von einer allgemeinen Norm die Tür zu öffnen. So spricht Kasper von der Epikie als der „Einzelfallgerechtigkeit, die nach Thomas von Aquin die höhere Gerechtigkeit ist"[71]. Damit wird die unzweideutige Aussage von Thomas wiederholt: „Die Epikie ist gleichsam eine höhere Norm des menschlichen Handelns."[72] Diese Tugend verspricht somit einen offenen und richtigen Weg, um über die Formulierung des Gesetzes hinausgehen zu können. Thomas' Argumentationsweise hat viel mit der Art und Weise zu tun, wie die Angelegenheit in Kardinal Kaspers Vortrag behandelt wurde: „Es ist unmöglich, eine Norm aufzustellen, die in keinem Fall versagt ... Deshalb hat der Gesetzgeber bei der Formulierung von Gesetzen das vor Augen, was auf die meisten Fälle zutrifft ... Deshalb wäre es schlecht, in solchen Fällen dem Gesetz materiell zu folgen."[73]

Diese Formulierung verspricht also neue Lösungswege. Allerdings überrascht, dass dieser Vorschlag ohne weitere Erklärungen wieder aufgegriffen wird. Immerhin handelt es sich doch dabei um einen der Punkte, die im Buch mit

Kommentaren zur Erklärung der Glaubenskongregation über die Kommunion für wiederverheiratete Geschiedene am ausführlichsten behandelt worden ist.[74] Damals wurde im Detail erklärt, wo der Fehler bei der Berufung auf die Epikie in diesem speziellen Fall liegt.

Die Frage ist einfach zu klären: Die Epikie ist die Tugend des *Richters*, der einen konkreten Fall beurteilen muss, und nicht die Tugend eines *Gesetzgebers*, der eine Norm formulieren soll. Deshalb sagt Thomas von der Epikie, dass sie „nicht über das Gesetz urteilt, sondern über einen konkreten Fall"[75], denn „in Fällen, die offensichtlich sind, muss nicht interpretiert, sondern gehandelt werden"[76]. Das spezifische Licht der Epikie ist dasselbe wie das der Gerechtigkeit. Sie unterscheidet sich dagegen von der *gesetzlichen* Gerechtigkeit, das heißt, von den konkreten, immer unvollkommenen Formulierungen eines menschlichen Gesetzgebers. Deshalb ist die Anwendung der Epikie auf eine bestimmte Norm des natürlichen Sittengesetzes so problematisch.

Wir tun gut daran, diesen Punkt ausführlich zu behandeln. Kasper nimmt zwar die thomistische Idee der Epikie auf, ist dann aber unpräzise, wenn er sich zugleich auf die Aussagen des heiligen Alfons von Liguori über mögliche Ausnahmen von der Norm bezieht. Dieses Vorgehen stiftet Verwirrung, da es sich hier um zwei ganz unterschiedliche Sichtweisen handelt. Es wäre interessant zu erfahren, wie Kasper wirklich zu seinen so voneinander abweichenden Quellen steht. Von jeder Seite die Aussagen zu übernehmen, die am meisten die eigene Position untermauern, ist eine unangemessene theologische Vorgehensweise. Besonders die Auffassung vom natürlichen Sittengesetz ist in beiden nämlich sehr unterschiedlich. Beim heiligen Thomas ist die Epikie ein klarer Ausdruck der Weise, in der die *Tugend der Gerechtigkeit* über die Formulierung einer gesetzlichen Bestimmung hinausgeht. „Die Epikie hat im eigentlichen Sinn mit der gesetzlichen Gerechtigkeit zu tun."[77] Deshalb kann sie seiner Meinung nach nicht im Bereich des

Naturrechtes angewendet werden. Der heilige Alfons dagegen
hat eine eher voluntaristische Sicht des Naturrechts und muss
auf die Schwierigkeit der jansenistischen Position antworten,
die es für unmöglich hält, dass es eine schuldlose Unwissen-
heit gegenüber irgendeiner Norm des Naturrechtes geben könne.[78] Für den Patron der Moralisten kann deshalb die Epikie
auch auf diesem Gebiet angewendet werden. Allerdings wird
das dann von ihm als eine durch Wandel der Umstände zustande kommende Änderung des Moralobjekts erklärt.[79]

Wenn man sich wie schon bei der Barmherzigkeit auf eine
„höhere Gerechtigkeit" der Epikie berufen will, muss also der
Grund für diese Vorrangstellung geklärt werden. Dieser Grund
ist in dem zu finden, worauf die Gerechtigkeit als Tugend abzielt, was nicht auf gesetzliche Gerechtigkeit reduziert werden
kann. In diesem Sinn ist die Billigkeit *(aequitas)* nichts anderes
als ein „Teil der Gerechtigkeit"[80].

So sieht also der geeignete Rahmen für die Ausübung der
Epikie aus: Sie bedeutet nicht, dass man eine Norm auf der
Grundlage des eigenen Empfindungsvermögens erstellt, sondern dass man sich bevorzugt auf die Absicht des Gesetzgebers
bezieht und nicht auf die bloße Formulierung des Gesetzes. Der
Grund für eine Ausnahme ist also der folgende: „Der Gesetzgeber selbst sieht vor, dass bei einer Schwierigkeit bei der Anwendung des Gesetzes keine Verpflichtung besteht."[81] Für die
Themen, die mit dem Naturrecht zu tun haben, kann dies aber
nicht gelten. Sie hängen ja nie mit der Anwendung einer Norm
zusammen, die ein menschlicher Gesetzgeber aufgestellt hat.[82]

Darum kann der wirkliche Grund der Epikie nie die Toleranz von Unrecht sein. Sie hat vielmehr mit der größten Gerechtigkeit zu tun: „Im strengen Sinn geht es bei der Epikie
nicht um die Logik einer Ausnahme, der Toleranz oder einer
Ausnahmegenehmigung. Der Epikie geht es um die bestmög-
liche Wahl, und das bedeutet nie und nimmer, dass es ausnahmsweise sittlich erlaubt sein könnte, eine kleine Ungerechtigkeit zu begehen."[83]

Die Anwendung der Epikie ist einfach: Es muss nur klar sein, um *welches Rechtsgut* es dabei geht. Ohne diese Klärung wäre das Urteil nicht der Tugend entsprechend, sondern unscharf. Genau auf dieses Kriterium spielt Papst Benedikt XVI. in seiner Rede an die Rota an, während Kasper nicht weiter darauf eingeht:

„Auf diese Weise wird eine Rechtshermeneutik ermöglicht, die wirklich rechtlich ist, in dem Sinne, dass man in Übereinstimmung mit der wirklichen Bedeutung des Gesetzes die entscheidende Frage stellen kann nach dem, was in jedem einzelnen Fall rechtmäßig ist. In diesem Zusammenhang sollte Folgendes angemerkt werden: Um die wirkliche Bedeutung des Gesetzes zu erfassen, muss man stets auf die Wirklichkeit blicken, die geregelt wird, und zwar nicht nur dann, wenn das Gesetz vorwiegend das göttliche Recht zum Ausdruck bringt, sondern auch dann, wenn es in konstitutiver Form menschliche Regelungen einführt. Diese müssen nämlich auch im Licht der Wirklichkeit ausgelegt werden, für die die Regelungen gelten und die stets einen Kern des Naturrechts und positiven göttlichen Rechts enthält, mit dem jede Norm im Einklang stehen muss, um vernünftig und wirklich rechtlich zu sein."[84]

Für den Problemfall der wiederverheirateten Geschiedenen ist das alles sehr erhellend. Das Gesetz von der Fortdauer des Ehebandes und die Forderung der Gerechtigkeit, nicht im Gegensatz dazu zu leben, klären sich durch die Wahrheit des Anspruchs der Gerechtigkeit. Was in diesem Fall jedoch noch vor der Gerechtigkeitsfrage zu klären ist, ist, ob die betreffende Person gegen ein bestehendes sakramentales Band handelt oder nicht. Das ist im konkreten Fall nicht einfach festzustellen, aber genau hierfür ist das Unterscheidungsvermögen gefragt ist, und nicht um festzustellen, ob Barmherzigkeit erforderlich ist, was auf dieser Ebene keine relevante Frage ist.

Wieder einmal kommen wir zu dem Schluss, dass die Frage, ob es eine Ausnahme von diesem Gesetz geben kann, keine rein pastorale Angelegenheit ist. Um den wirklichen Wert dieser Norm zu verstehen, ist es vielmehr notwendig, von der Kenntnis der Lehre auszugehen. Genauso meint es Papst Franziskus: „Die juristische Dimension und die pastorale Dimension des kirchlichen Dienstes stehen nicht im Widerspruch zueinander."[85] Der konkrete Inhalt dieser Dimensionen kann mit den Worten Johannes Pauls II. so ausgedrückt werden: „Die wirkliche Gerechtigkeit innerhalb der Kirche, die von der Nächstenliebe belebt und von der Billigkeit gemäßigt wird, verdient es immer, auch als pastoral bezeichnet zu werden. Es gibt keine Ausübung von authentischer pastoraler Nächstenliebe, wenn nicht vor allem die pastorale Gerechtigkeit beachtet wird."[86]

5.7. Eine Pastoral des barmherzigen Samariters: im Angesicht des Leidens Wunden heilen

Um auf die pastoralen Herausforderungen zu antworten, genügt es natürlich nicht, die Grenzen des Gesetzes zu bestimmen. Hier geht es um die Schwächen und Verletzungen von konkreten Personen, gerade wenn wir von der Familie reden. Wir kennen die vielfältigen, oft *zu* zahlreichen Schwierigkeiten, mit denen sich diejenigen konfrontiert sehen, die ein Familienleben voranbringen wollen. Es ist nicht übertrieben zu sagen, dass viele christliche Familien kränkeln, und die Aufgabe der Kirche ist es, Heilung zu spenden. Zuvor muss aber eine richtige Diagnose erstellt werden, vor allem, wenn es sich um eine Epidemie handelt. Ein Arzt darf sich nicht von den Äußerlichkeiten der Wunde beeindrucken oder von den Forderungen des Kranken bestimmen lassen, sondern muss die Ursache der Krankheit finden. Nur so kann er den Patienten heilen. Entweder wird der Entzündungsherd entfernt oder jede Behandlung ist nutzlos.

Im vorherigen Kapitel haben wir über die moralische Krankheit gesprochen, aus der die meisten Schwierigkeiten zur Bildung einer Familie stammen: Es ist die Verbreitung einer *emotiven, utilitaristisch geprägten Persönlichkeit*, die durch ihre innere Gebrochenheit große Schwierigkeiten hat, ein Lebensprojekt zu formen. Hier ist eine hilfreiche Beschreibung dieser Art von Persönlichkeit:

„Solch eine Person ist in ihrem Innenleben emotional geprägt. Wenn es aber um die Auswirkungen ihrer Handlungen geht, so ist sie utilitaristisch orientiert, da sie durch das Leben in einer technologischen und wettbewerbsorientierten Umwelt dazu gezwungen ist. Es ist verständlich, dass es für diese Person schwierig ist, die Sittlichkeit von zwischenmenschlichen Bindungen richtig einzuordnen. Sie wird sie immer entweder mit sentimentalen oder mit utilitaristischen Kategorien beurteilen."[87]

Der große pastorale Fehler besteht also darin, die authentisch christliche Liebe, die mithilfe der Gnade eine christliche Person formen kann, zu unterschätzen oder gänzlich falsch zu verstehen. Das stammt von der Schwierigkeit, die die christliche Familie mit der Erziehung ihrer Kinder hat. Wenn sie dabei alleingelassen wird, kann sie sich dem Einfluss des Emotivismus, der ja ihr kulturelles Umfeld prägt, schwer entziehen. In Abwesenheit einer wahrhaft christlichen Gemeinschaft wird sie dabei versagen. Dieses wichtige Pastoralprinzip hat auch für die Gesellschaft eine große Bedeutung:

„Die Lebens- und Liebesgemeinschaft, die die Ehe ist, erweist sich somit als ein wahres Gut für die Gesellschaft. Heute ist es besonders dringlich, zu vermeiden, dass die Ehe mit anderen Verbindungsformen verwechselt wird, die auf einer schwachen Liebe gründen. Nur der Fels der totalen und unwiderruflichen Liebe zwischen Mann und

Frau ist imstande, die Grundlage für den Aufbau einer Gesellschaft zu sein, die für alle Menschen ein Zuhause
wird."[88]

Wenn das alles vorausgesetzt ist, können die verschiedenen
schwierigen Ehesituationen – bei denen es nicht nur um die wiederverheirateten Geschiedenen geht – auch pastoral richtig eingeordnet werden. Zunächst wird uns die Besonderheit einer
wirklich pastoralen Sichtweise klar. Nur vor diesem Hintergrund können bestimmte Situationen als „schwierig" bezeichnet werden:

„Die pastorale Sicht kann sich nicht auf dieses Urteil [über
die Schwierigkeit einer Situation] reduzieren, sondern muss
weiter reichen. Sich von dem leiten zu lassen, was irregulär
ist, bedeutet, den Ursprung des pastoralen Handelns nicht
zu kennen. Dieser liegt in einem von jeder einzelnen Person
vernommenen Ruf, der ihr dabei hilft, ihren eigenen Weg zu
finden. Dabei geht es um viel mehr als um eine bloße Anpas-
sung an das Gesetz. Die Besonderheit der praktischen und
von der Liebe geleiteten Vernunft ist es, uns davor zu bewahren, die einzelnen Fälle so zu beurteilen, als handle es
sich dabei lediglich um eine Gelegenheit für die Anwendung einer Norm. Das wäre ein Legalismus, der sich damit
begnügt, das Gesetz anzuwenden, ohne sich um die Fülle
des Lebens der Menschen zu kümmern. Die Wahrheit wird
dann als Grenze verstanden, die dem Menschen die Freiheit
nimmt. In diesem Sinn basiert die Idee, man könne doch ein
‚strenges Gesetz' durch ein dem Menschen angepasstes, ‚ver-
ständnisvolles Gesetz' ersetzen, auf gänzlich falschen Prä-
missen. Eine Art Legalismus würde nur mit einer anderen
Art getauscht werden. Die Fülle der Berufung kann nicht
durch ein Gesetz ausgedrückt werden. Sie geht dem Menschen voraus und wartet auf die Antwort der Person. Deshalb ist die Wahrheit der Liebe, die die Begegnung mit dem

anderen einschließt, keine Grenze der Freiheit, sondern eine bevorzugte Gelegenheit für ihre Ausübung."[89]

Aus diesem Ansatz folgt zunächst einmal, dass es unmöglich ist, von einer Gradualität des Gesetzes zu sprechen. Kasper selbst erkennt dies an, wenn er – zumindest in der italienischen Version seines Vortrags[90] – schreibt: „Dieses Gesetz der Gradualität erscheint mir als etwas, das für das Familienleben und für die Ehe- und Familienpastoral von höchster Wichtigkeit ist. Es bedeutet nicht Gradualität des Gesetzes, sondern Gradualität, das heißt Wachstum im Verständnis und in der Erfüllung des Gesetzes des Evangeliums, das ein Gesetz der Freiheit ist (Jak 1,25; 2,12), das heute für viele Gläubige oft sehr schwierig geworden ist."[91] Man kann unmöglich für jeden Fall ein Gesetz schaffen, sondern man muss den Menschen helfen, reife christliche Persönlichkeiten zu werden. Im Fall von großer Not muss eine graduelle Pastoral darauf ausgerichtet sein, *die Wunden zu heilen*; dazu muss sie die richtige Diagnose stellen. Allerdings nützt dies auch nichts, wenn dann keine Therapie angeboten wird. Noch gefährlicher ist es natürlich, die Krankheit überhaupt zu verleugnen und zu glauben, dass mit der Änderung einer Norm auch die Untreue verschwände. Die Erfahrung zeigt dagegen Folgendes: Die Suche nach angeblich kontrollierbaren „kleinen Ausnahmen" von Moralgesetzen, die gesellschaftliche Bedeutung hatten und die zugestanden wurden, „um Schlimmeres zu vermeiden", haben *immer* zu einem hemmungslosen Liberalismus geführt. Das bestätigen die Praktiken der protestantischen Konfessionen und auch der orthodoxen Kirchen. Die folgende Meinung Kaspers scheint deshalb unrealistisch: „Der infrage stehende Weg wäre keine generelle Lösung. Er ist nicht der breite Weg der großen Masse, sondern der schmale Weg des wohl nur kleineren, an den Sakramenten ehrlich interessierten Teils der wiederverheiratet Geschiedenen."[92] Wenn man den Menschen wirklich helfen will, muss dagegen eine wirkliche Pastoral der Nächstenliebe ausgeübt werden. Das ist die wahrhaft barmherzige Logik des Guten Hirten:

> „Die Kirche hat die vorrangige Pflicht, sich diesen Personen mit Liebe und Einfühlungsvermögen, mit mütterlicher Fürsorge und Aufmerksamkeit zu nähern, um die barmherzige Nähe ... zu verkünden ... die sich an den konkreten Menschen und Sünder richtet, der wir sind, um ihn nach jedem Fallen aufzuheben, um ihn von allen Wunden zu heilen."[93]

Die Wunden nach einer Scheidung sitzen tief. Wer dann eine neue Verbindung eingeht, verschlimmert die Situation, und auch die Zulassung zur Kommunion ist nicht die richtige Medizin zur Heilung. Man muss der gesamten Familie, besonders den Kindern, die keine Schuld tragen, viel Aufmerksamkeit widmen.[94] Die moralische Krankheit, die durch diese Prozesse zutage treten, haben mit anderen schwerwiegenden pastoralen Fragen zu tun, die ebenfalls angegangen werden müssen.

Hier ist auch der Punkt, an dem der Bußcharakter des christlichen Lebens angesprochen werden muss.[95] Alle auf diesem Gebiet pastoral Engagierten sehen die Notwendigkeit, Wege der Buße für wiederverheiratete Geschiedene anzubieten. Das geschieht schon an vielen Orten, zumindest in Italien.[96] Das ist wichtig, damit sich die Betroffenen nicht von der kirchlichen Gemeinschaft alleingelassen, sondern begleitet fühlen. Das Ziel muss jedoch sein, den betreffenden Personen zu helfen, die eigene Situation wirklich zu begreifen und dann entsprechend auf die *Anforderungen* des unauflöslichen Ehebundes zu antworten. Sicherlich ist es sehr hilfreich, die entsprechenden Schritte dazu aufzuzeigen und diesbezüglich Pastoralprogramme auszuarbeiten.[97] Damit ist aber nicht gemeint, Ausnahmen für den Anspruch der Unauflöslichkeit von gültigen und vollzogenen Ehen „erfinden" zu wollen, sondern in dem zu helfen, „was Gott verbunden hat". Also ist es dringlicher, eine eben erst begonnene Pastoral der Begleitung weiter auszubauen.

Hieraus ergibt sich die Notwendigkeit eines Ansatzes, der an die *Zukunft* denkt und der auf eine *integrale Ehevorbereitung* abzielt. Dabei wird keineswegs eine Haltung der Barmherzigkeit vergessen, die aus der Gottes- und Nächstenliebe stammt und inmitten der Unzulänglichkeiten der Gnade einen Platz einräumt.

5.8. Der Mangel an Vorbereitung

Ein erstes Element, das zum Vorschein kommt, wenn man einen die Mängel des menschlichen Herzens erkennenden Blick der Barmherzigkeit annimmt, ist eine an vielen Orten fehlende angemessene Ehevorbereitung. Das ist eine oft gehörte Klage von pastoralen Mitarbeitern. Organisation und Durchführung von Ehevorbereitungskursen werden im Vergleich zu anderen Sakramentsvorbereitungen stiefmütterlich behandelt. Manchmal wird als Kritikpunkt angeführt, dass die Vorbereitung auf die Priesterweihe mindestens sieben Jahre dauert, während es ja vorkommt, dass die Ehevorbereitung auf wenige Tage reduziert wird.

Der Vergleich ist zwar interessant, missversteht aber das Besondere am Ehesakrament, das aus der Schöpfungsordnung stammt und nicht ausschließlich einer sakramentalen Logik folgt. Man bereitet sich sozusagen *von der Geburt* an auf die Ehe vor. In der eigenen Familie lernt man, was es heißt, Vater oder Mutter zu sein und was die Natur der zwischen den Eheleuten bestehenden Beziehung ist. Es wird einem die Schönheit der ehelichen Berufung vermittelt. Der Hauptgrund für die mangelnde Reife der Ehekandidaten liegt dann auch in den Schwierigkeiten, die die Familien damit haben, den Glauben weiterzugeben und ihre erzieherische Aufgabe zu erfüllen.[98]

Die Kirche muss bei der Evangelisierung ihre einzigartige Sendung ernst nehmen, die heißt: die Menschen zu *lehren, wie man liebt.* Das war das pastorale Verständnis – das Verständnis eines wahren Hirten –, das das ganze Leben Johannes Pauls II. durchzogen hat. So sagt er: „Die jungen Menschen müssen auf die Ehe vorbereitet, sie müssen *in der Liebe unterwiesen* werden. Die Liebe lässt sich nicht erlernen, und doch wäre nichts so wichtig, als sie zu erlernen!"[99] Diese Vorbereitung bedeutet, die *Berufung zur Liebe* zu begleiten. Das war schon damals eines der großen Anliegen von *Familiaris consortio*. Noch heute hat sich diese Sicht nicht in der Familienpastoral durchgesetzt. Die drei von dem Apostolischen Schreiben vorgeschlagenen Etappen der entfernteren, näheren und unmittelbaren Vorbereitung[100] müssen erst noch auf weltweiter kirchlicher Ebene umgesetzt werden. Dazu muss aber auch ein tiefliegender Strukturwandel, besonders in der Kinderkatechese, der Schul- und Jugendpastoral, stattfinden. Eine wirklich pastorale Sichtweise wird darin einen Weg der tiefen kirchlichen Erneuerung erkennen, der viele noch auszuarbeitende Implikationen hat.[101]

Ein wesentlicher Punkt dieses Ansatzes ist der Zusammenhang des Glaubens mit der Ehe. Die stark säkularisierte Sicht unserer Umwelt führt dazu, dass eine natürliche Dimension der Ehe, nämlich ihr sakraler Charakter, in der Realität oft negiert wird. Das ist ein Problem, das von Kasper teilweise als die erste Situation betrachtet wird, um die man sich kümmern muss.[102] Auch Benedikt XVI. hatte das schon unterstrichen.[103]

Momentan bedürfen besonders die jungen Ehepaare pastoraler Aufmerksamkeit. In den ersten Ehejahren erfolgen nämlich die meisten Trennungen. Diese Paare haben nicht den Eindruck, dass die Kirche ein Ansprechpartner für ihre Schwierigkeiten sei. Während eine Person in finanziellen Nöten sich ohne Weiteres an die Kirche wendet, scheinen Eheleute die kirchliche Gemeinschaft nicht als wirklich hilfreich zu empfinden, wenn sie Beziehungsprobleme haben. Die Begleitung der Ehepaare stellt vermutlich die *größte pastorale Herausforderung* für die Kirche dar, wenn sie das Evangelium der Familie verkünden will. Das muss die Bischofssynode in aller Breite diskutieren.[104] Es wäre pharisäisch, sich seines großen Kümmerns um die Geschiedenen zu rühmen, ohne den Eheleuten in der vorhergehenden Krise nahe gewesen zu sein.

5.9. Die Hoffnung auf eine Liebe, die nicht enttäuscht. Eine Schlussbemerkung

Die schwierigen Situationen weisen also auf ein tiefes Unverständnis bezüglich des Inhalts und der Lebensweise der christlichen Liebe hin. Hier muss die gesamte Pastoral ansetzen. Die Verletzungen können nur durch eine geeignete *umfassende* Pastoral geheilt werden, die sich nicht nur auf ein einzelnes Problem konzentriert.

Die notwendige pastorale Sichtweise ist im Grunde dem ähnlich, was Kardinal Kasper allerdings ohne ausreichende Vertiefung vorschlägt. Er definiert es als ein Handeln „nach der Wahrheit, in Liebe" (Eph 4,15). Das bringt eine neue Epistemologie der Liebe mit sich, so wie sie in der Enzyklika *Lumen fidei* von Papst Franziskus entworfen wurde.[105] Die Familienpastoral muss von dieser Logik geprägt sein, sonst bleibt sie blass. Das Zeugnis, das dadurch abgelegt wird, ist für Kirche und Welt sichtbar; die Berufung zur Liebe ist von entscheidender Bedeutung. So sagt der Papst:

„Christus zu begegnen und sich von seiner Liebe ergreifen und führen zu lassen weitet den Horizont des Lebens und gibt ihm eine feste Hoffnung, die nicht zugrunde gehen lässt. Der Glaube ist nicht eine Zuflucht für Menschen ohne Mut, er macht vielmehr das Leben weit. Er lässt eine große Berufung entdecken, die Berufung zur Liebe, und er garantiert, dass diese Liebe verlässlich ist und es wert ist, sich ihr zu übereignen, da ihr Fundament auf der Treue Gottes steht, die stärker ist als all unsere Schwäche."[106]

Wir kommen nicht umhin, zum Schluss einen ersten Hinweis darauf zu geben, was ein solcher Perspektivenwechsel für die wichtigsten schwierigen Situationen bedeuten würde:

„Der barmherzige Blick entdeckt in den schwierigen Situationen nicht zuerst ein Problem, das technisch gelöst werden muss, sondern den Mangel an menschlicher Liebe, der geheilt werden muss. Das Problem der Homosexualität ist vor allem eine Schwierigkeit bei der Annahme der sexuellen Identität; das Zusammenleben ohne Trauschein zeigt einen Mangel an Hoffnung in Bezug auf das ‚endgültige Ja', welches Liebe versprechen und diese in einen Bund verwandeln kann. Die Trennung bedeutet, dass die eheliche Liebe im täglichen Leben schwach geworden ist und es nicht mehr vermag, das zur Erbauung eines gemeinsamen Lebens notwendige Licht zu spenden. Bei der Frage der Scheidung geht es dann um das Unvermögen, die Unauflöslichkeit als Gnade zu sehen und nicht als äußere Auferlegung."[107]

Damit werden die größten heutigen Probleme der Familie in den Blick genommen, jedoch in einer Perspektive, die an die Wurzel gehen will, um zu heilen. Diese Sichtweise gibt sich nicht damit zufrieden, normative Lösungen zu finden. Sie möchte vielmehr einen sittlich gereiften Menschen heranbilden. Das ist die Perspektive des Guten Hirten, dem es um ein „Leben in Fülle geht". Es gibt Versuche in dieser Richtung, die ausgesprochen positive Ergebnisse vorweisen können.

Freilich handelt es sich hierbei um einen tiefen Wandel in der Weise, wie Pastoral verstanden wird. Ein Hauptaspekt in der Familienpastoral ist es, zu erkennen, dass die Gnade Gottes gerade dort eine Gelegenheit bekommt, sich wunderbar zu offenbaren, wo man es menschlich gesprochen mit einem bloßen Mangel zu tun hat.[108] Ein deutliches Zeichen von Christi Barmherzigkeit ist das Wunder der *Hochzeit von Kanaan*. Die Ehe ist wegen ihrer Verwundbarkeit also auch ein besonders privilegierter Ort für die Barmherzigkeit. Der Wein der Freude kann ausgehen. Dann erweist sich Christus als der wahre Bräutigam und schenkt der Kirche die Macht, das Wasser der Entzauberung in Wein zu verwandeln. Es handelt sich hierbei um Jesu erstes messianisches Zeichen, und ihm entspringt der Glauben der Jünger (vgl. Joh 2,11). Hier finden wir ein grundlegendes Paradigma für die von uns gesuchte Pastoralperspektive. Thomas von Aquin versteht diese Bibelstelle als Beispiel für Barmherzigkeit und beleuchtet dabei auch Marias Eingreifen: „Da also die selige Jungfrau voll von Erbarmen war, wollte sie die Fehler der anderen beheben."[109] Aus dieser Gnadenquelle müssen wir schöpfen.

Schluss:
Ein Evangelium, viel mehr als ein Problem

Wir haben einige Gedanken zum Thema der Synode vorgelegt und sind dabei den von der Rede Kardinal Kaspers aufgeworfenen Fragen gefolgt. Trotz aller Kürze haben wir versucht, mit dem gebotenen Ernst die neuralgischen Punkte zu behandeln und die darin enthaltene Komplexität aufzudecken. Ebenso wollten wir jegliche Vereinfachung vermeiden, die wenig hilfreich ist, um sich der vorhandenen Situationen bewusst zu werden. Diesen Dienst erachteten wir als unsere Pflicht im Hinblick auf die der Bischofssynode vorausgehende öffentliche Diskussion, die sehr bereichernd sein kann.

Das vereinende Element, dem wir dabei folgen wollten, ist die Zentralität der Familie als Evangelium in der Pastoral der Kirche. Wir müssen zugeben, dass es sich sicherlich mehr um einen Wunsch als um eine Wirklichkeit handelt, weil unsere pastoralen Strukturen weit davon entfernt sind, auf die grundlegenden Elemente der kulturellen Herausforderung zu antworten, mit der sich die Kirche konfrontiert sieht. Das ist die erste Schlussfolgerung: Es ist notwendig zu sehen, dass die Frage der Kultur den Schlüsselaspekt darstellt, um wirklich die Situation der Kirche in Bezug auf das Evangelium der Familie zu erfassen. Nur so kann man die Lage der Menschen über die soziologischen Daten hinaus ausreichend verstehen.

Das ist der Grund, warum das Evangelium der Familie als Hauptbezugspunkt für die gesamte Pastoral gesehen werden muss. Man muss also der Versuchung widerstehen, die Synode künstlich auf ein Thema zu fixieren und aus diesem den entscheidenden Punkt festzulegen, ohne den diese Versammlung angeblich keinen Sinn hätte. Das ist keine bloße Strategie, sondern entspricht der besonderen Begründung der Familie als Teil des *Geheimnisses der menschlichen Identität*. Dies kann und darf nicht auf ein Problem reduziert werden.[1] So entdeckt man die zentrale Rolle der Familie im Plan Gottes als eine im *Kerygma* enthaltene Realität, und genau aus diesem Grund muss sie in jeder Evangelisierung präsent sein, sodass sie sogar die Art und Weise der Darlegung ihrer Merkmale beeinflusst, wie es uns das Evangelium lehrt. Und das gilt unabhängig von der Tatsache, dass sie eine *grundlegende Wahrheit über den Menschen* enthält, die niemals vergessen werden darf und die in der heutigen Zeit bedroht ist. In der Tat offenbart dieser Plan Gottes in Bezug auf die Familie dem Menschen seine Berufung zur Liebe, die er in Christus entdeckt und in der er sich selbst entdeckt als aus Liebe geschaffen, aus Liebe erlöst und zum Lieben berufen. Das hat uns auch Johannes Paul II., der „Papst der Familie"[2], in seinen *Katechesen über die menschliche Liebe*[3] gelehrt.

Schon für die Kirche in ihren Anfängen war dies ein Punkt, in dem sich die Christen von der sie umgebenden heidnischen Welt unterschieden. Diese war geprägt von einer aggressiven Kultur in Bezug auf Scheidung und Sexualität, während den Gläubigen die Anforderungen in diesem Bereich klar bewusst waren – auch wenn diese den Sitten und Bräuchen ihrer Zeit nicht entsprachen. Sie widmeten den konkreten Fällen die geschuldete Aufmerksamkeit und maßen ihnen große Bedeutung zu, auch im Bereich der Rechtsprechung.

Das Evangelium der Familie zu verkünden und zu leben ist folglich ein grundlegender Weg, der in der Neuevangelisierung zurückzulegen ist, weil so die Kraft der christlichen Familie als Subjekt und Träger des Evangeliums entdeckt und bezeugt werden kann. In ihr wird eine enorme Fähigkeit erfahrbar, Kultur hervorzubringen, eine Kultur, deren Dreh- und Angelpunkt das Leben der Personen ist. Durch die Erziehung ist die Familie in der Lage, das christliche Subjekt zu strukturieren, das in Fülle jene Berufung leben kann, zu der es von Gott gerufen ist.

Die Barmherzigkeit ist ein wesentlicher Aspekt dieses Evangeliums, sowohl für das Verständnis als auch für das pastorale Handeln vonseiten der Kirche. Die Offenbarung des göttlichen Plans im Hinblick auf Ehe und Familie ist eng verbunden mit der Offenbarung Gottes als barmherziger Gott und steht in direktem Bezug zur Verwirklichung seines Bundes. Das Geschenk der göttlichen Barmherzigkeit verwirklicht sich vollkommen mit der von Christus in der Menschwerdung und Erlösung vollbrachten Vergebung, voll Gnade und Wahrheit (vgl. Joh 1,14). Daraus folgt, dass die wahre Bedeutung der göttlichen Barmherzigkeit nicht mit Mitleid oder Toleranz beschrieben werden kann, sondern weit darüber hinausgeht. Die Gnade Gottes macht den Menschen fähig zu Treue und Vergebung, und wie die Taufe Ausdruck eines endgültigen Bundes in Christus ist, so erreicht die Unauflöslichkeit der Ehe, die eine in der Schöpfungsordnung verankerte Wirklichkeit ist, ihre endgültige Bedeutung als Sakrament des Neuen Bundes.

Und aus diesem Grund mussten wir klarstellen, dass es ein Irrtum ist, diese Unauflöslichkeit relativieren zu wollen oder Ausnahmen von ihr zu suchen, entweder ausgehend von einer falschen Barmherzigkeit, einer vorgeblichen *oikonomia*, von der Tugend der *epicheia*, oder ausgehend von Klugheit, Weisheit oder geistlicher Unterscheidung. Die patristische Grundlage in Bezug auf eine Praxis der Toleranz gegenüber der Kommunion für wiederverheiratete Geschiedene ist alles andere als eindeutig, und sie ist kein ausreichendes Argument, um etwas an der disziplinarischen Praxis der katholischen Kirche in diesem Punkt zu ändern, die auf dem festen Grund der Lehre steht und nicht auf einer rigoristischen Entscheidung der lateinischen Kirche. Jegliche Veränderung der Disziplin müsste demnach auf der Ebene der Lehre das Verständnis vom Eheband klären, das die von Liebe und Gerechtigkeit geprägte Grundlage für jede Familienpastoral ist.

Über Kasper hinauszugehen bedeutet konkret, zu einem Schritt einzuladen, den er nicht gemacht hat, das heißt von einer Beschreibung der Schönheit des Evangeliums der Familie überzugehen zu ihrer Fähigkeit, die Pastoral der Kirche, das moralische Subjekt und die umgebende Kultur zu verwandeln. Das ist sicherlich eine Vision von Neuevangelisierung. Wenn man will, dass die Synoden wirklich die Herausforderungen annehmen, die die aktuelle Kultur der Familie stellt, muss man eine Perspektive einnehmen, die umfassender und pastoraler ist als die des Kardinals in seiner Rede. Wir haben geklärt, dass es ein Irrtum ist, die Lösung eines pastoralen Problems nur durch eine Änderung der Norm erreichen zu wollen und dass dies einem verschleierten Legalismus gleichkommt. Mit einer derartigen Praxis wird das Gesetz letztlich der subjektiven Willkür preisgegeben, und die Erfahrung lehrt, dass eine vorgebliche Kontrolle seiner Anwendung zu einem tatsächlichen Fehlen jeglicher Einschränkung führt. Die protestantische und orthodoxe Praxis zeigen dies ganz klar, und aus diesen Beispielen haben wir die richtigen Lehren zu ziehen.

Familie, werde was du bist: Mit diesen Worten appellierte während der letzten Synode Johannes Paul II. an die Identität der Familie.[4] Es ist ein Aufruf zur Zukunft und zum Vertrauen in die Barmherzigkeit Gottes, an die wir glauben müssen. Die gesamte Evangelisierung der Kirche besteht darin, „an Jesus Christus zu glauben, der im Fleisch gekommen ist". Die unauflösliche Einheit der Ehegatten „in einem Fleisch" ist dessen erhabener Ausdruck: Hier entdeckt der Mensch die Berufung zur Liebe, die ihren Ursprung hat in der Liebe eines Vaters und die hervorgebracht und vermehrt wird durch die Gabe des Heiligen Geistes, der die Liebe in unsere Herzen ausgießt (vgl. Röm 5,5) als „Liebe, die niemals aufhört" (1 Kor 13,8). Das ist die Gnade, die der Mensch empfängt, die ihn erlösen und zum unauflöslichen Bund mit Gott befähigen kann. Im „Fleisch" Christi, in dem sich die Ehegatten vereinen, finden sie dank der Barmherzigkeit das Fundament ihrer Treue. Das ist der Glaube, der das Evangelium der Familie erhellt und der Antrieb und Inspiration für die nächsten Synoden sein muss.

Anhang

Dreißig Schlüsselfragen für die Bischofssynoden über die Familie

I. Die Herausforderungen durch eine pansexuelle Kultur

1. Was ist aktuell die wirkliche Herausforderung für die christliche Familie?

Momentan wird **die Familie vor allem auf *kulturellem* Gebiet herausgefordert.** Das Resultat der sexuellen Revolution der 60er-Jahre des letzten Jahrhunderts ist eine veränderte Sichtweise der Sexualität. Eine weitverbreitete Ideologie schwächt den Ehebegriff, indem sie ihn auf eine Ebene mit anderen angeblichen Familienmodellen stellt. Dies erschwert denen den Zugang, die das leben wollen, wonach sie sich im Herzen wahrhaft sehnen: ein wirkliches Familienleben.

Soziologische Untersuchungen zeigen, dass in vielen Ländern die Familie, so wie sie von der Kirche verstanden wird, die bei Weitem am meisten geschätzte Institution ist, auch wenn sie kulturell unter Beschuss steht. Bei ihrer Evangelisationsarbeit muss sich die Kirche unbedingt zum kulturellen Bereich äußern und ihm Priorität einräumen, da sonst ein Graben entsteht zwischen dem, was sie predigt, und dem, was die Menschen verstehen und leben. Der Zusammenhang der Krise der Familie und des Glaubensschwundes wurde schon unterstrichen.

2. Was ist eine „sexuelle Revolution"? Wie viele gab es im Laufe der Geschichte?

Eine **sexuelle Revolution** ist eine radikale kulturelle Umdeutung des Verhältnisses zwischen Mann und Frau, der Grundbedeutung der Geschlechterdifferenz und aller Themen, die mit dem Einssein in der Liebe und der Fortpflanzung zu tun haben.

Zur Zeit des Christentums gab es zunächst die sittliche und sexuelle Revolution des Hellenismus, die von der Frühkirche bewältigt werden musste. Danach gab es im 12. Jahrhundert zwischen dem Hoch- und Spätmittelalter eine Revolution durch den gnostischen Einfluss der Katharer und Albigenser, die zur Geburt der höfischen Liebe (Minne) führte, die immer ehebrecherisch war. Zu Beginn der Renaissance kamen einige heidnische Verhaltensweisen in Gebrauch, die mit einer Sinnlichkeit ohne Transzendenz zu tun hatten. Die Aufklärung führte zu einem zynischen Libertinismus, der wiederum die romantische Bewegung beeinflusste, welche die Ehe als „Gefängnis der Liebe" bezeichnete. Im 20. Jahrhundert gab es parallel zur kommunistischen Revolution in der Sowjetunion, die die Familie als bürgerliche Erfindung betrachtete, in den westlichen Ländern die Revolution der 20er-Jahre. Diese kämpfte für eine ideologische Trennung zwischen dem Körper, den sie als rein biologisches Element ohne weiteren Sinngehalt ansah, und der persönlichen Sphäre, die dem Körper willkürlich jeden beliebigen Sinn aufzwingen könnte.

Die sexuelle Revolution der 60er-Jahre des letzten Jahrhunderts hat dann zu der gegenwärtigen pansexuellen Kultur geführt.

3. Was ist der Pansexualismus? Wie kann die Kirche darauf antworten?

Unter **Pansexualismus** versteht man eine ideologische Auffassung der Sexualität, die sich immer weiter verbreitet und unsere gesamte Gesellschaft durchdringt. Seine Grundzüge sind einfach darzustellen:

1) Die Sexualität wird auf Sex reduziert, das heißt auf eine sexuelle Erregung ohne weitere Bedeutung.

2) Die Sexualität wird in die Konsumgesellschaft eingeführt und somit zum Tauschobjekt auf allen Ebenen.

3) Diese Änderungen werden als positiv betrachtet und als ein die Menschen frei machender gesellschaftlicher Fortschritt dargestellt.

Eine ganz andere Sicht ergibt sich, wenn wir die Sexualität als eine persönliche Dimension betrachten, durch welche die Menschen miteinander kommunizieren und stabile Bindungen eingehen. Man kann weder mit einer Person noch mit den Gefühlen Handel treiben. Die Kirche muss es verstehen, das Evangelium der Ehe und Familie als eine tiefe Wahrheit des Menschen darzulegen, als eine „angemessene Anthropologie", wie es der heilige Johannes Paul II., der „Papst der Familie", in seinen Katechesen über die menschliche Liebe ausgedrückt hat. Die in diesen Katechesen gebrauchte Sprache und der in ihnen aufgezeigte Weg sind eine großartige Ressource zur Überwindung des Pansexualismus.

4. Wie definiert sich eine emotive Persönlichkeit? Warum stößt sie in einer Ehe auf so viele Schwierigkeiten?

Der **Emotivismus** zeichnet ein ungenügendes Bild der persönlichen Identität. Eine emotive Persönlichkeit identifiziert sich so stark mit ihren Gefühlen, dass sie die Sittlichkeit ihrer Handlungen von den dabei empfundenen Gefühlen abhängig macht.

Eine Tat ist gut, wenn man sich dabei „gut fühlt", sie ist schlecht, wenn man sich dabei „schlecht fühlt". Bei einem solchen Verständnis der Sittlichkeit handelt es sich um eine Art von moralischem Relativismus, der das Gewissen durchdringt, wie schon der selige Kardinal John Henry Newman prophetisch mahnte. Der Emotivismus verneint jedwede Möglichkeit einer objektiven Vernunft, die den Menschen in seinen sittlichen Urteilen leiten könnte. Vor allem aber wird der Mensch so zum Gefangenen seiner kurzlebigen Gefühle, die aufeinanderprallen und sich gegenseitig widersprechen.

Heute wird der Emotivismus durch das Erziehungssystem verbreitet, das sich nicht um eine authentische Bildung der Gefühle kümmert. Hinzu kommt eine falsche Idee von Autonomie, durch die der Mensch von seinen Emotionen, die er als einziges Kriterium für Wahrheit betrachtet, gefangen gehalten wird.

Der emotive Mensch hat große Schwierigkeiten, sein Leben als ein Ganzes zu begreifen. Die Gefühle geben der Zeit eine falsche Bedeutung: Die Zeit wird stets als Feind betrachtet. Auch dem Raum geben die Gefühle eine falsche Bedeutung: Er führt zur Fragmentierung der Person in ihren verschiedenen Lebensbereichen. Der emotive Mensch ist ein anderer, wenn er zu Hause ist, als wenn er sich am Arbeitsplatz befindet. Und in der Freizeit oder mit Freunden ist er wieder ein anderer. Außerdem verhindert ein reiner Emotivismus das Lernen aus den Erfahrungen, denn diese werden einfach als positiv oder negativ beurteilt, ohne dass ihre Bedeutung verstanden wird. Das alles führt zu einem „affektiven Analphabetismus": Wir verstehen nicht, was uns unsere Gefühle wirklich sagen wollen, was uns jedoch sehr helfen würde, um unser Leben zu gestalten.

Es handelt sich hier also um eine buchstäbliche Erkrankung der menschlichen Persönlichkeit, die geheilt werden muss, bevor man auf angemessene Art eine Ehe eingehen kann. Hieraus ergibt sich die Notwendigkeit einer authentischen **affektiven Erziehung**, die es der Person erlaubt, Gefühle und

Emotionen in ein Wachstum der Liebe zu integrieren, bei dem der positive Wert der Affekte einfließt. Schrittweise finden dabei die Gefühle ihren Ort innerhalb der von ihnen selbst bewirkten persönlichen Bindungen. Innerhalb der Kirchentradition gibt es Autoren, die den Gefühlen als einer Sprachweise Gottes eine überaus positive Bedeutung zuschreiben. Damit besitzt die Kirche einen wertvollen Schatz an göttlicher und menschlicher Weisheit auf diesem Gebiet.

5. Ist es ein pastorales Problem, dass unreife Persönlichkeiten mit romantischen Vorstellungen von Liebe heiraten?

Das Vorherrschen der emotiven Persönlichkeit führt in unserer westlichen Welt zu einer Verlängerung des Jugendalters. Es treten Partner vor den Traualtar, die eine **Mentalität von Heranwachsenden** haben und nicht wirklich fähig sind, die Schwierigkeiten des gemeinsamen Lebens auf sich zu nehmen.

Diese Schwäche wird von einer romantischen Interpretation der Liebe, die den Blick auf die wahre Quelle der ehelichen Liebe zwischen Mann und Frau verstellt, noch verschlimmert.

Der Zusammenschluss dieser beiden Faktoren, nämlich der adoleszenten Mentalität und der romantische Auslegung der Liebe, behindert die Paare beim Aufbau eines gemeinsamen Lebens nach dem Willen Gottes. Sie bauen quasi auf Sand und bleiben dabei äußeren Umständen ausgesetzt, die oft gegen sie arbeiten.

Hier ist eine pastorale Begleitung erforderlich; ein einfacher Ehevorbereitungskurs ist zu wenig. Die Kirche muss eine Begleitung der Paare nach dem Eheschluss anbieten, um zu helfen, Probleme zu lösen. Dabei ist zu bedenken, dass moderne Paare ungern um Hilfe bitten. Wir sollten uns fragen, warum viele Ehepaare den Eindruck haben, die Kirche stände ihren wirklichen Problemen fern, und zwar genau dann, wenn es am nötigsten wäre, diese pastoral anzugehen.

6. Warum steht die romantische Liebe im Widerspruch zur Ehe?

Die **romantische Liebe** entstand als eine kulturelle Antwort auf einen die Gefühle negierenden Rationalismus. Nicht umsonst erschien sie als ein irrationaler Gefühlssturm. Der romantischen Auffassung zufolge handelt es sich bei der Liebe um etwas rein *Spontanes*, dem jede Verpflichtung äußerlich ist. Ihre Authentizität lässt sich nur an ihrer *Intensität* messen. Auf diese Weise wird die Zeit zum Feind der Liebe. Die Zeit verbraucht die Liebe von innen her; sie verfolgt sie und verordnet schließlich ihr Ende. Die romantische Liebe ist außerdem *intimistisch*; sie bleibt auf die beiden Liebenden beschränkt und ist für jede Hilfe von außen unzugänglich.

Die Ehe als Institution und gesellschaftliche Realität wird also zum Feind der Liebe, weil die Liebe durch die Ehe in von positiven gesetzlichen Normen ausgedrückte Verpflichtungen eingebunden wird.

Das Christentum glaubt hingegen, dass die Liebe ein die ganze Person einbeziehender Akt der Freiheit ist, deren Wahrheit im von ihr versprochenen Gut und nicht in der von ihr gefühlten Intensität besteht. Deshalb ist die Formel des Ehekonsenses ein Versprechen. Das Eheband entsteht also aus dem Austausch von Versprechen, die vor einer höheren Autorität, nämlich vor Gott selbst, abgelegt werden. Hier bekommt die Zeit eine andere, eine positive Bedeutung: Die Zeit hilft zu begreifen, dass die Quelle der ehelichen Liebe eine noch größere, sie selbst übersteigende Liebe ist. Diese größere Liebe ist der Fels, auf dem eine stabile Bindung gebaut werden kann, die von der göttlichen Gabe gestützt wird.

II. Barmherzigkeit und Kirchenpastoral

7. Was ist der Unterschied zwischen Barmherzigkeit und Mitleid?

Die Barmherzigkeit ist die wichtigste göttliche Eigenschaft, denn sie zeigt uns das Innere Gottes. Wir wissen von ihrer wirklichen Bedeutung nur durch die Offenbarung, die Gott dem Menschen in der Geschichte gegeben hat.

In der göttlichen Offenbarung ist das Merkmal der Barmherzigkeit die **Treue Gottes zum Bund**, aller Untreue des Menschen zum Trotz. Das größte Unglück für den Menschen ist es, außerhalb des Bundes zu leben. Die Rückkehr zum Bund ist der wirkliche Inhalt des Heilsversprechens Gottes an den Gläubigen.

Mitleid ist dagegen eine gefühlsmäßige Reaktion, die uns erlaubt, aus unseren eigenen Gefühlen auszubrechen und die Gefühle der anderen zu unseren zu machen. Das ist besonders wichtig, wenn es um das Leiden geht. Wir bleiben hierbei aber in einer rein menschlichen Perspektive. Die Barmherzigkeit geht weit über das bloße Mitleid hinaus. Sie zeigt uns, dass Gott aus der Tiefe seiner Allmacht heraus jede menschliche Not, und gerade die, die mit Schuld und Tod zu tun hat, besiegen kann.

8. Warum müssen wir Barmherzigkeit von Toleranz unterscheiden?

Die **Toleranz** entsteht aus der Schwierigkeit des Zusammenlebens mit dem Bösen. Wir müssen einige Übel dulden, um auf der Suche nach dem Guten weiter voranzukommen. Die Erfahrung lehrt, dass man sonst mit noch schlimmeren Übeln konfrontiert wird. Die Barmherzigkeit dagegen redet nicht von der Duldung des Bösen, sondern vom Sieg darüber.

Es stimmt zwar, dass die Liebe zu einer Person uns hilft, deren Schwächen zu ertragen. Das ist aber immer verbunden mit dem Verlangen, dass sie die Übel überwinden möge, da wir für diese Person das Beste wollen. Im Gegensatz zur bloßen Toleranz *verzeiht die Barmherzigkeit das Böse*, das heißt, sie schenkt eine Liebe, die das Ärgernis überwindet und die Versöhnung ermöglicht.

Das ist also der entscheidende Unterschied: Ein nur duldender Gott würde von unseren Vergehen gar nicht berührt. Durch seinen Abstand zu unserer kleinen Welt würde er ihnen gegenüber gleichgültig sein. Ein barmherziger Gott dagegen lässt sich von unseren Handlungen bewegen. Er nimmt Anstoß an unseren schlechten Taten und will uns von dem Übel heilen, das aus unserer Trennung von seinem Bund stammt. Er ist ein naher Gott, der keinen Kompromiss mit dem Bösen macht.

In einer Welt wie der unseren, die radikal individualistisch denkt und in der die wichtigste Regel der menschlichen Beziehungen der Respekt ist, ist die Verwechslung von Barmherzigkeit und Toleranz eine große Versuchung und eine Verfälschung der Barmherzigkeit.

9. Was meint der heilige Thomas, wenn er sagt, die Barmherzigkeit sei die „höhere Gerechtigkeit"?

Er meint, dass Gott nie **die Gerechtigkeit** vergisst und selbst der größte Garant für Gerechtigkeit zwischen den Menschen ist. Es gibt also demnach keine ungerechte, gegen die Gerechtigkeit verstoßende Barmherzigkeit, denn das würde die menschliche Würde verletzen.

Die Gerechtigkeit ist so wichtig, dass sie in der Bibel nicht einfach nur eine spezifische Tugend bezeichnet, sondern eine allgemeinere Bedeutung hat. Der Inhalt der Gerechtigkeit besteht darin, nach dem Willen Gottes zu leben, sich seinem Willen „anzupassen". Hier eröffnet sich ein Horizont, der weiter ist, als der der menschlichen Gerechtigkeit, nämlich der Horizont der Barmherzigkeit, die der Tiefe der Liebe Gottes entspringt. Sie kann das erreichen, was der bloßen Gerechtigkeit verwehrt ist: Sie kann das Vergehen vollständig wiedergutmachen und den Sünder versöhnen.

Auf diese Weise können wir die im Hebräerbrief vorgenommene Gegenüberstellung des Blutes Christi mit dem Blute Abels verstehen. Während das Blut Abels nach Gerechtigkeit schreit, gewährt das Blut Christi Barmherzigkeit und entspricht somit der Bitte Abels in hervorragender Weise (vgl. Hebr 12,24).

Es gibt keine größere Verzerrung der Barmherzigkeit als die, die sich ein nicht existierendes Recht anmaßt, gegen die Gerechtigkeit zu handeln, selbst wenn dies aus Mitleid geschehen sollte.

10. Entspricht die Suche nach Ausnahmen vom Moralgesetz einer angemessenen Pastoral der Barmherzigkeit?

Nach Ausnahmen von einem Moralgesetz zu suchen, bedeutet, den Sinn der Barmherzigkeit zu verzerren und ein mangelndes Verständnis der sittlichen Bedeutung des Gesetzes zu haben, insofern ein Moralgesetz hier mit einem positiven menschlichen Gesetz verwechselt wird. Die Wurzel dieses Missverständnisses liegt im **Legalismus**, der im Gesetz nur die Auferlegung des Willens eines Gesetzgebers sieht. Das Gesetz ist somit für verschiedene Auslegungen und gelegentliche **Ausnahmen** zugänglich. Das ist die Einstellung Wilhelm von Ockhams: „Eine Handlung ist gut, weil sie befohlen wird, und schlecht, weil sie verboten ist" *(bonum quia iussum, malum quia prohibitum)*. Dagegen ist das Moralgesetz eigentlich der Ausdruck einer Wahrheit über das Gute, das unsere Handlungen zur Vereinigung mit Gott führt. So sagt Thomas: „Eine Handlung wird befohlen, weil sie gut ist; sie ist verboten, weil sie schlecht ist" *(iussum quia bonum, prohibitum quia malum)*. Von dieser Wahrheit kann es natürlich keine Ausnahme geben, sondern nur die Klärung ihres Inhaltes.

Die Barmherzigkeit ist an sich „höher" als jedes Gesetz, denn es besteht immer die Möglichkeit eines höheren Gutes, das nie befohlen werden kann. Dennoch kann die Barmherzigkeit nie gegen das Gesetz ausgespielt werden, um das Böse zu entschuldigen. Die Logik der Barmherzigkeit will das Böse besiegen und nicht verstecken oder als zweitrangig einstufen. Ein menschlicher Machthaber, der Gesetze erlässt, erlaubt es sich, ihre Reichweite zu beschränken, um damit sein Wohlwollen zu zeigen. Auf diese Weise bezeugt er seine eigene Unvollkommenheit, da er ja nicht alle Einzelfälle in Betracht ziehen kann. Die göttliche Vollmacht dagegen gebraucht die Barmherzigkeit, um den Menschen des Guten fähig zu machen, das in Gottes Geboten enthalten ist. Indem sie Erbarmen zeigt, erhöht sich die menschliche, eigentlich zum Dienst berufene Autorität oft selbst. Gott dagegen erhöht den Demütigen und macht den Sünder gerecht.

11. Gibt es Fälle, bei denen jemandem die Vergebung und Barmherzigkeit verweigert werden kann?

Nach der Lehre Jesu, wie wir sie besonders im Gleichnis des barmherzigen Samariters sehen, ist die Barmherzigkeit allgemein und wirksam, denn sie beinhaltet das Gebot: „Geh und handle genauso!" Niemand ist von der Gabe der Barmherzigkeit ausgeschlossen, denn „die Erde ist erfüllt von der Huld des Herrn" (Ps 33,5), und für alle gilt das aus der Barmherzigkeit hervorgehende Angebot der Vergebung. Es geht hier um eine Gabe Gottes, die allen angeboten werden muss (vgl. Mt 18,22), selbst den Feinden (vgl. Mt 5,44), auf die man keine menschliche Beschränkung anwenden kann.

Barmherzigkeit und Vergebung sind göttliche Geschenke, die als solche vom Menschen angenommen werden müssen; **manchmal verschließt sich der Mensch jedoch dagegen.** Indem er sie – aus welchen Gründen auch immer – ablehnt, verhindert er ihr Wirken. Wer nicht wirklich seinen Fehler bereut und sich damit von seiner Sünde abwendet, kann keine Vergebung erhalten. Genauso kann die Barmherzigkeit nicht wirklich angenommen werden, wenn das Böse nicht bekämpft wird und wenn keine Bekehrung dessen stattfindet, dem sie angeboten wird.

In diesen Fällen mag es manchmal so aussehen, als ob einer Person die Vergebung oder die Barmherzigkeit verweigert würde; in Wirklichkeit ist es aber die Person selbst, die es sich unmöglich macht, sie zu empfangen.

III. Wiederverheiratete Geschiedene oder Paare, die in einer neuen Beziehung leben

12. Warum kann einem wiederverheirateten Geschiedenen keine Lossprechung erteilt werden, während sie anderen Sündern gewährt werden kann? Ist das keine Diskriminierung?

Hierbei handelt es sich um ein Beispiel für die oben besprochene Situation: einem **Sünder**, der keine wirkliche Reue zeigt, kann man **die Lossprechung** nicht erteilen. Die wahre Reue bedeutet nicht nur, dass jemandem das Vergangene und die Konsequenzen daraus leidtun; es geht um eine Distanzierung von der sündigen Handlung. Das Bußsakrament verlangt immer eine wahre Bekehrung: eine Abkehr von der Sünde und eine Hinkehr zu Gott.

Die Sünde, die Geschiedene begehen, wenn sie sich sexuell mit einer Person vereinigen, die nicht ihr Ehepartner ist, ist Ehebruch. Jesus bezeichnet es so im Evangelium (vgl. Mt 19,9) und Paulus bezeugt es den Christen der römischen Gemeinde (vgl. Röm 7,3). Diese Sünde zu bereuen, heißt nicht nur die Trennung vom Ehepartner, die manchmal unwiderruflich scheint, zu bedauern, sondern sich von der gegenwärtigen Situation einer sündhaften Verbindung wahrhaft abzukehren, unabhängig davon, ob man am Auseinanderbrechen der Ehe schuld war oder nicht. Ohne diese wesentliche Vorbedingung kann unmöglich eine Absolution erteilt werden. Man muss immer daran denken, dass auch die neue Verbindung eine Art „Lebensstand" darstellt, das heißt, eine andauernde Situation, die einer Veränderung bedarf, an der man dann die Bekehrung des Sünders erkennen kann, die zum Empfang des Bußsakramentes notwendig ist. Ohne den festen und bekundeten Vorsatz, wenigstens keine ehebrecherischen Handlungen mehr zu begehen, kann die Lossprechung nicht erteilt werden. Dies ist ein Punkt, der bei jedem Weg der Buße, der den betreffenden Personen nahegelegt wird, bedacht werden muss.

13. Wenn die Barmherzigkeit das Leitprinzip jeder Pastoral ist, warum soll man sie dann durch Kirchengesetze begrenzen?

Das **Sittengesetz** bestimmt die Untergrenze, unterhalb der eine Handlung immer schlecht ist. Es geht um eine Grenze, die dem Menschen hilft, nicht von seinem Weg der sittlichen Reifung abzukommen. Das Gesetz besitzt aufgrund des moralischen Objektes, das jeder konkreten Handlung zu eigen ist, eine Objektivität, die eine positive Vermittlung der Güter mit universaler Bedeutung beinhaltet. Deshalb ist das Gesetz keine Begrenzung, sondern eine Hilfe für die Freiheit, damit diese ihr wahres Ziel erreichen kann: zu lieben. In dieser Verbindung zwischen Gesetz, Freiheit und Liebe steht die Barmherzigkeit in völliger Harmonie mit dem Moralgesetz.

Die richtige Formulierung der Moralgesetze schützt vor der Willkür derer, die anderen ihren Willen auferlegen möchten, was immer eine Ungerechtigkeit ist. Tatsächlich kommt es oft vor, dass eine Person, welche die Gesetze einer Autorität nicht respektiert, anderen dann ihre eigenen Gesetze aufzwingen will. Die Kirche hilft ihren Gläubigen bei der Wahl ihres je eigenen sittlichen Weges durch eine maßgebliche Auslegung des *natürlichen Sittengesetzes.* Dadurch erfüllt sie ihre vom Herrn erhaltene Aufgabe, die Gläubigen zum Heil Gottes zu führen. Davon ausgehend formuliert sie Kirchengesetze, die uns dabei helfen, die fraglichen sittlichen Güter in der jeweiligen Situation zu respektieren.

14. Wenn die Barmherzigkeit darin besteht, Wunden zu heilen, warum soll man sie dann nicht auf die Geschiedenen anwenden?

Die Barmherzigkeit gestattet es, wie der barmherzige Samariter „mit dem Herzen zu sehen" und so die wirklichen Wunden zu entdecken und das wahre, heilende Öl auf sie zu gießen. Das ist der Unterschied zum einfachen Mitleid, das nicht heilt. Es ist also wesentlich, die **Wunden der Geschiedenen zu heilen**. Die Barmherzigkeit lässt uns sehen, dass jede Scheidung eine Wunde ist, sowohl für die schuldige Seite, die ihrem Versprechen untreu geworden ist, als auch für die Person, die das Unrecht erleidet. Es ist eine romantische Illusion zu meinen, man könnte einfach wieder „von Null anfangen", sobald man ein starkes Gefühl für eine andere Person empfindet, das einen alles Vorhergewesene vergessen ließe. Wer nach einer Scheidung eine neue Verbindung sucht, vertieft nur die schon bestehende Wunde, weil er versucht, sie zu verstecken und es so nur noch schwieriger macht, sie zu erkennen.

Deshalb ist das Erste, was die Barmherzigkeit von uns verlangt, anzuerkennen, dass wir verwundet sind. Aus pastoraler Sicht reicht eine Normänderung nicht aus, um die Wunden zu heilen und das Problem zu lösen. Was nötig ist, ist eine wahre Wandlung des Herzens, die es uns ermöglicht, den tiefen Sinn der Gaben zu begreifen, die wir von Gott empfangen haben. Die Barmherzigkeit befähigt die Person, die das Unrecht erlitten hat, zu vergeben, was die am meisten gottähnliche Form der Anerkennung eines fortdauernden Bandes ist, insofern das Band auf Gottes Vergebung gründet. Der schuldig gewordene

Partner wird durch die Barmherzigkeit von seiner Untreue geheilt, um dem Bund, den Gott mit seiner Liebe besiegelt hat,
treu zu sein und die eventuell notwendigen Änderungen in
seinem Leben anzugehen.

Jede Heilung braucht ihre Zeit. Das wird als das **„Gesetz der
Gradualität"**, das heißt der stufenweisen menschlichen Entwicklung, bezeichnet, da es dem Menschen stufenweise gelingt, „mit dem Herzen" seine völlige Abhängigkeit von der
Barmherzigkeit zu sehen. Bei diesem Prozess braucht er eine
Begleitung, die im Einklang mit diesem göttlichen Maß der
Barmherzigkeit ist. Das Gegenteil geschieht bei einer „Gradualität des Gesetzes", das heißt der Idee einer vermeintlich stufenweisen Gültigkeit des Gesetzes: Ohne zu beachten, dass es die
Absicht der Barmherzigkeit ist, zur Bekehrung zu führen, will
man die Normen an die angeblichen Möglichkeiten der Person
anpassen. Dabei wird ohne die Gnade und mit einem rein
menschlichen Maß gerechnet.

IV. Kirchenrecht und Flexibilität

*15. Wenn die Menschen einmalig sind und die Gesetze allgemein,
    warum sollte man nicht die Epikie auf konkrete Fälle von wieder-
    verheirateten Geschiedenen anwenden?*

Jeder Mensch ist einmalig, genau wie seine von der Liebe bestimmten Beziehungen, die wesentlich für die eigene Identi-
tätsfindung sind. Es handelt sich dabei um Bindungen der Liebe, die jede Person eingeht, um ein gelingendes Leben zu führen. Diese Bindungen werden durch die Objektivität bestimmter Güter aufrechterhalten. Ohne die Treue zu diesen Bindungen
verliert der Mensch seine sittliche Identität und kommt vom
Weg ab, der ihn zur Erfüllung führen sollte.

Das Moralgesetz stützt sich auf die Erkenntnis der Wahrheit
des Guten, das den Personen eine objektive Kommunikation

ermöglicht und das bestimmend ist für persönlichen Bindungen wie Elternschaft, Kindschaft, Freundschaft, Ehelichkeit, Zusammenarbeit und Solidarität. Ohne diese relationalen Güter wird das Leben der Personen unmenschlich.

Unter **Epikie** versteht man die Tugend, Ausnahmen für ein Gesetz zu finden, von dem der Gesetzgeber trotz des Wortlautes nie beabsichtigte, es auf den konkreten Fall anzuwenden. Diese Definition zeigt sofort auf, dass die Epikie nicht auf das natürliche Sittengesetz angewendet werden kann, da dieses allgemeingültig ist, auch wenn es immer die konkrete menschliche Handlung in der Mitteilung des Guten impliziert. Die Möglichkeit von Ausnahmen von dem Naturgesetz würde einen willkürlich agierenden Gott voraussetzen, der den einen etwas gibt und von den anderen etwas fordert.

Das Moralgesetz der Ehe gehört zum natürlichen Sittengesetz und besitzt eine offensichtliche Allgemeingültigkeit, da es sich auf das „Wesen der menschlichen Person und ihrer Akte" (GS 51) stützt. Die Epikie kann im Falle der Scheidung und dem Eingehen einer neuen Verbindung keine Anwendung finden. Wer sich mit jemand anderem vereint, begeht immer Ehebruch, und es gibt keine Ausnahmen von dem Gebot „Du sollst nicht die Ehe brechen", so wie es keine Ausnahmen gibt für „Du sollst nicht töten."

16. Warum gibt es für die Ehe, die doch eine Sache der Liebe ist, so viele Regeln? Ist das Kirchenrecht nicht ungeeignet für eine Pastoral der Barmherzigkeit, die von Natur aus flexibel ist?

Als personale Wirklichkeit ist die **Liebe** der Ursprung von dauerhaften Bindungen, die Verpflichtungen mit sich bringen, welche auf **Gerechtigkeitsverhältnissen** aufbauen. Um authentisch zu sein, muss die Liebe die Gerechtigkeit achten. Die bräutliche Liebe ist Grundlage der Ehe, und diese Liebe erleuchtet die institutionellen Merkmale der Ehe. Diese Merkmale sind objektiv und allgemeingültig. Dadurch werden sie unabhängig von den typischen Wechselfällen der menschlichen Gefühle und abhängig nur von der Wahrheit des hier implizierten Guten.

Das kanonische Eherecht ist Ausdruck der Gerechtigkeitsgüter, die zu dieser von Gott gewollten Institution gehören, und verteidigt sie. Ein gerechtes Gesetz verteidigt die Schwächeren vor den Stärkeren, und durch diese einfache Tatsache stehen Recht und Barmherzigkeit auf derselben Linie.

Die Verteidigung dieser Rechte steht nicht im Widerspruch zur Flexibilität und Kreativität der ehelichen Liebe, die wesentlich sind zur Überwindung von möglichen Problemen und die die Liebe wachsen lassen. Deshalb sprechen wir von der *pastoralen Dimension des Kirchenrechtes*.

17. Was geschieht, wenn wiederverheiratete Geschiedene im Gewissen davon überzeugt sind, dass ihre erste Ehe ungültig ist?

Von ihrer objektiven und rechtlichen Natur her ist die Ehe eine soziale Institution. Das ist der Grund, warum die Frage der Gültigkeit der eigenen Ehe zwar **eine Angelegenheit des Gewissens** ist – die Ehe betrifft ja die gesamte Persönlichkeit – sich aber nicht darin erschöpft, da sie aus einer interpersonalen Beziehung stammt, die eine zweite Person miteinschließt. Die persönliche Überzeugung, dass die Ehe ungültig ist, kann nicht als Tatsache betrachtet werden, die ausreicht, um endgültig über das Nichtbestehen der Ehe zu urteilen. Diese Überzeugung muss vielmehr der zuständigen kirchlichen Autorität zum Urteil unterbreitet werden.

Um diese gesellschaftliche Dimension der Ehe zu begreifen, ist es wesentlich, die Privatisierung von Ehe, Freiheit und Liebe zu überwinden. Wir haben es hierbei wiederum mit den Konsequenzen der Privatisierung des Gewissens zu tun, das als ein selbstbezogenes, in sich gefangenes und von allen anderen Personen unabhängiges Urteil verstanden wird.

Für den Fall, dass jemand an der Gültigkeit der eigenen Ehe ernsthafte Zweifel hegt, müssen diese behoben werden, indem man sich an Experten wendet, die fundierte Meinungen dazu äußern können, und schließlich um das Urteil des zuständigen kirchlichen Tribunals bittet. Ohne alles der Willkür des einzelnen Gewissens zu überlassen wird so die Person durch die kirchliche Unterscheidung begleitet, so wie es für eine nicht rein private, sondern gesellschaftliche Realität wie die der Ehe angemessen ist.

V. Unauflöslichkeit der Ehe: Gerechtigkeit und Barmherzigkeit

18. Was bedeutet es, dass die Ehe ein Sakrament ist, wenn es doch natürlich ist, dass Mann und Frau eine dauerhafte Verbindung eingehen, um eine Familie zu gründen?

In der Ehe findet eine besondere **Offenbarung von Gottes Heilsplan** mit dem Menschen statt, der sich durch die *menschliche Liebe* zwischen einem Mann und einer Frau manifestiert und verwirklicht. Diese Liebe besitzt einen einzigartigen Wert, insofern sie ganz besondere Merkmale hat: Sie ist ausschließlich; sie ist für immer und sie ist offen für das Leben. Darin entdeckt der Mensch eine transzendente Bedeutung, die weit mehr ist als ein bloßes willentliches Einverständnis. Diese transzendente Dimension, die *von Natur aus* zur ehelichen Liebe gehört, ist zutiefst offen für eine tiefere Offenbarung der realen Gegenwart der göttlichen Liebe in der menschlichen Liebe.

Von den alttestamentlichen Propheten wurde die Liebe Gottes zu seinem Volk als eine eheliche Liebe dargestellt, in Voraussicht auf den endgültigen und unzerstörbaren Bund (vgl. z. B. Ez 16), den Jesus durch die Hingabe seines Leibes am Kreuz verwirklicht hat, um sich eucharistisch mit seiner Kirche „in einem Fleisch" zu vereinen. Und es ist derselbe Bund, den die christlichen Eheleute durch ihre ausschließliche und unauflösliche Hingabe darstellen und verwirklichen (vgl. Eph 5,32). Es handelt sich also dabei um eine Gabe Gottes, die im *Inneren* der Liebe wächst, die zur Hingabe drängt und die auf einer neuen Ebene den Sinn der von der natürlichen Liebe des Menschen geschaffenen Bindung bekräftigt.

An das Fleisch Christi glauben (vgl. 2 Joh 7) erfordert daher, an die **Gnade des Ehesakraments** als unauflösliches Band zu glauben. Es handelt sich bei der Unauflöslichkeit dieses Bandes um einen Ausdruck der Gnade und nicht um ein Problem, für dessen Lösung man nach Ausnahmen suchen müsste. Vermutlich ist die Säkularisierung der Ehe der schlimmste Angriff auf die Natur dieser Verbindung. Diese begann mit Luthers Verleugnung der sakramentalen Bedeutung der Ehe und setzte sich fort mit der „Erfindung" der Zivilehe ohne Transzendenzbezug, die etwas ganz anderes ist als eine natürliche Ehe.

19. Wie kann die Ehe unauflöslich sein, wenn die Liebe so wechselhaft ist? Welche Bedeutung hat die Unauflöslichkeit, wenn die „Liebe gestorben" ist?

Die Ehe ist von Natur aus unauflöslich, weil die eheliche Liebe, die sich die Eheleute gegenseitig versprechen, auf die Person und ihre Fähigkeit zur Liebe gerichtet ist und nicht auf ihre Eigenschaften, die sich tatsächlich ändern können. Deshalb besitzt das „Für-immer" des Eheversprechens eine tiefe menschliche Bedeutung. Es geht über die Emotionen und Gefühle der Eheleute hinaus und stellt ein Band zwischen ihnen her, das als solches bis zum Tode währt.

Die „romantische Liebe" kann sterben und tut das auch sehr oft, aber das hat nichts mit dem Fortdauern der ehelichen Liebe zu tun. Gerade ihre Permanenz ist das Zeichen ihrer Wahrheit. Man muss die Personen von der Schwäche der romantischen Liebe heilen, damit sie die Liebe als Quelle entdecken, aus der sich die Beziehungen neu beleben.

Trotz der gewaltigen Kraft der menschlichen Liebe in ihrer Öffnung für die Transzendenz, ist es verständlich, dass wegen der Anfälligkeit für die Sünde und wegen der „Herzenshärte" (Mt 19,8) Situationen entstehen können, in denen es menschlich gesehen unmöglich ist, so weiter zusammenzuleben, wie es die Liebe verlangt. Genau in diesen Situationen scheint die Kraft Christi auf, eine „gekreuzigte Liebe" (Ignatius von Antiochien), die im Getauften ruft: „Christus lebt in mir" (Gal 2,20). Durch sie haben wir Anteil an der Barmherzigkeit seines Herzens, denn „wenn wir untreu sind, bleibt er doch treu, denn er kann sich selbst nicht verleugnen" (2 Tim 2,13). Dasselbe geschieht in der Taufe: Wir bleiben getauft, auch wenn wir untreu werden. Das ist die Wahrheit des unwiderruflichen Geschenkes der Liebe Gottes in uns. Die Liebe Gottes bleibt im Geheimnis seiner Gabe erhalten, selbst wenn die Menschen sie durch ihre Handlungen „töten" wollten.

Sobald die Ehe ihren sakramentalen Vollsinn von „einem Fleisch sein" *(matrimonium ratum et consumatum)* erreicht hat, dann hat sie ganz Anteil an der Gabe der Liebe Gottes und wird Teil des unauflöslichen Bundes mit Gott, selbst wenn der Mensch dieser Liebe untreu wird. Er kann immer auf das Geschenk der Gnade zählen, die es ihm erlauben wird, den Anforderungen der Treue zu dieser Liebe gerecht zu werden, und zwar aufgrund des Versprechens Christi, der treu ist.

20. Ist es bei einer unwiderruflichen Trennung nicht unmenschlich zu verlangen, dass die Partner allein bleiben, ohne nochmal „von vorne anfangen" zu können? Könnte die kirchliche Autorität nicht das Band lösen, so wie es bei Gottgeweihten oder Priestern geschieht?

„Was aber Gott verbunden hat, das darf der Mensch nicht trennen" (Mt 19,6). Das ist eine so harte Forderung, dass selbst die Jünger sie für übertrieben hielten: „Wenn das die Stellung des Mannes in der Ehe ist, dann ist es nicht gut zu heiraten"

(Mt 19,10). „Nur die, denen es gegeben ist" (Mt 19,11), begreifen
die tiefe Wahrheit, die sich hinter den Worten Jesu verbirgt.
Das Geschenk der göttlichen Barmherzigkeit heilt die Hartherzigkeit der Eheleute und ermöglicht es ihnen, ihre Ehe in Christus zu leben.

Auf diese Weise beginnen sie in der Tat ein **„neues Leben"**,
und zwar **in Harmonie mit der Wahrheit über die eigene
Existenz**, denn wer „eine andere heiratet, der begeht Ehebruch" (Mt 19,9). Hierbei handelt es sich um ein Leben, das „mit
Christus verborgen [ist] in Gott" (Kol 3,3), ein Leben, das dem
Geschenk der Gnade entspricht und das, bei aller Untreue der
Menschen, an der Treue Christi teilhat. Das macht es möglich,
die Treue auch in schwierigen Situationen innerhalb der Ehe
zu leben, wie zum Beispiel bei einer Erkrankung, die eine lang
dauernde Enthaltsamkeit notwendig machen könnte.

Das Verbot einer neuen Verbindung ist das Zeugnis für eine
neue Art von Treue, die nur Christus ermöglicht. Diejenigen,
die ihrem Eheband auch in der schwierigen Situation einer unwiderruflichen Trennung vom Ehepartner treu bleiben, sind
herausragende Zeugen für die Wahrheit der Liebe Gottes in
dieser Welt. In ihrer Situation brauchen sie die Unterstützung
und Anerkennung der christlichen Gemeinde, damit sie verstehen, dass Gott sie nicht der Einsamkeit überlässt. Da es sich
um die Wahrheit eines von Christus empfangenen, sakramentalen Bandes handelt, hat die Kirche, was die Unauflöslichkeit
einer sakramentalen Ehe anbelangt, zwar die Vollmacht, sie zu
spenden, aber nicht das zu trennen, „was Gott verbunden hat".
Die Ordensgelübde oder die Versprechen der Priester hängen
dagegen von der kirchlichen Autorität ab und können aus
schwerwiegenden Gründen von dieser aufgehoben und gelöst
werden. Das trifft aber auf das Sakrament der Priesterweihe
nicht zu: Diese bleibt für immer bestehen, auch wenn der Priester der empfangenen Gnade untreu wird oder sogar den Glauben verliert. Er ist „Priester auf ewig" (Hebr 5,6) und die Kirche
kann ihn niemals vom Priestertum dispensieren.

*21. Warum soll man den wiederverheirateten Geschiedenen, die das
Scheitern ihrer ersten Ehe bereuen, die Kommunion verweigern?
Diskriminiert die Kirche nicht die wie Ehegatten zusammenle-
benden Geschiedenen, wenn diese die Einzigen sind, die die
Kommunion nicht empfangen können?*

Die Kirche hat die Pflicht, über die angemessene Spendung der
Sakramente zu wachen, damit ihr Empfang auch Frucht bringt.
Deshalb muss sie denen den Kommunionempfang verweigern,
die sich öffentlich in einer nicht geeigneten Disposition für deren Empfang befinden. Das betrifft all diejenigen, die sich in einer öffentlichen irregulären Situation befinden, wie die Geschiedenen, die mit einem von dem Ehegatten verschiedenen
Partner zusammenleben. Solange sie ihre objektiv sündige Situation nicht ändern, kann die Kirche sie nicht zur Kommunion zulassen. Zwischen der Eucharistie und dem Eheband besteht wegen ihrer sakramentalen Bedeutung eine enge Verbindung *(Sacramentum caritatis,* Nr. 29).

Wer in einem Zustand der Gottesferne die Eucharistie empfängt, zieht daraus keinerlei Nutzen, vielmehr zieht er sich, wie
Paulus sagt, „das Gericht zu, indem er isst und trinkt" (1 Kor
11,29). Außerdem ist ein solches Verhalten ein Ärgernis, also eine Handlung, die andere, die den Wiederspruch zwischen dem
Festhalten an einem irregulären Lebensstil und dem Kommunionempfang sehen, zum Bösen verleiten könnte. Die sich in
der Eucharistie verwirklichende sakramentale Vereinigung
von Christus, dem Bräutigam, mit seiner Braut, der Kirche,
steht im objektiven Widerspruch zur Untreue der mit einem
anderen Partner zusammenlebenden Geschiedenen.

Die Reue, die von sich in einer irregulären Situation befin-
denden Geschiedenen verlangt wird, ist dieselbe, die für jeden
Menschen, der Buße tun will, erforderlich ist: Sie müssen nicht
nur den vergangenen Sünde abschwören, sondern sich auch
von jeder möglichen Sünde abwenden, die sie gegenwärtig
begehen könnten, und somit zum Beispiel auch von einer

Situation, die durch den gewohnheitsmäßigen Vollzug ehebrecherischer Handlungen gekennzeichnet ist.

Die Kirche **diskriminiert niemanden**, wenn sie einer Person die Kommunion verweigert, die in einem Stand lebt, der im Widerspruch zu ihrer Verbindung mit Gott steht. Das eheähnliche Zusammenleben außerhalb der sakramentalen Ehe ist nicht die einzige sündige Situation, auf die das zutrifft; die Kirche kann einem vom Glauben Abgefallenen erst die Kommunion spenden, wenn er sich öffentlich zur Gesamtheit der Glaubenswahrheiten bekennt.

Die Kirche lässt den Sünder, der Zeichen der Reue zeigt, nicht allein, selbst wenn diese Reue noch unvollkommen ist. So eröffnet sie ihm die Möglichkeit der geistlichen Kommunion. Diese kann zwar keine volle Vereinigung mit Gott bewirken, da ja noch ein Hindernis besteht, sie kann aber durch einen Weg der Buße das Verlangen nach dem Empfang der sakramentalen Kommunion wachsen lassen.

VI. Das Zeugnis der kirchlichen Überlieferung

22. *Stimmt es, dass das Konzil von Nicäa verlangte, die wiederverheirateten Geschiedenen zur Kommunion zuzulassen, um „schlimmere Übel" zu verhindern?*

Nein, das entspricht nicht den Tatsachen. Wenn das Konzil im Kanon 8 von denen, „die sich ‚Katharer' [‚Reine'] nennen" verlangt, „sowohl mit denen, die zum zweiten Male verheiratet sind, als auch mit denen, die in der Verfolgung gefallen waren, Gemeinschaft zu pflegen" (DH 127), meint es mit den zum zweiten Mal Verheirateten (den „digamoi") die **wiederverheirateten Witwen und Witwer**. Der Sinn der Aussage ist völlig klar, wenn man den Kontext des Kanons beachtet. Es geht um die minimalen Ansprüche für die Wiederaufnahme der Novatianer (oder „Katharer") in die Kirchengemeinschaft. Außerdem benutzen die Kirchenväter den Begriff „digamoi" nie für eine derartige irreguläre Situation. Zuletzt zeigen die vorausgegangenen und nachfolgenden Zeugnisse, dass es gerade der Irrtum der Novatianer war, die zweiten Ehen der Witwen und Witwer abzulehnen. Es gibt also viele gute Gründe, Ceretis Interpretation zurückzuweisen, der durch eine manipulierte Argumentationsweise, die jedes geschichtliche Kriterium vermissen lässt, den Kanon auf die wiederverheirateten Geschiedenen anwenden will. Der Kanon 8 des Konzils von Nicäa bietet für eine Pastoral der Duldung gegenüber den wiederverheirateten Geschiedenen keinerlei Anhalt.

23. Warum hält Origenes die Duldung einer zweiten Ehe der Geschiedenen für „nicht unvernünftig"?

Origenes spricht in einem Abschnitt seines Kommentars zum Matthäusevangelium von der Toleranz der „Kirchenvorsteher", die einer geschiedenen Frau, deren Ehemann am Leben war, eine zweite Ehe gestatteten. Dreimal unterstreicht er dabei, dass dies „entgegen dem ursprünglichen Gesetz der Schrift" geschieht. Ausgehend von der höchsten Autorität ist sein Urteil über dieses Vorkommnis somit *negativ*. Nachdem er dies klargemacht hat, erklärt er den Grund für diesen Missbrauch und sagt: „Sie haben nicht ganz ohne Grund/Vernunft (‚alogos') gehandelt", was etwas anderes bedeutet, als einfach „nicht unvernünftig". Es gibt einen Grund, nämlich „schlimmere Übel" zu vermeiden. Allerdings ist das für Origenes ein vor der Autorität der *Heiligen Schrift* eindeutig ungenügender Grund. Seine Ausführungen zeigen, dass die Kirchenväter die Gründe der menschlichen Vernunft, das heißt das, was wir heutzutage mildernde Umstände nennen würden, immer im Licht der höheren Autorität der Schrift betrachteten, was in diesem Fall zu einem negativen Urteil führte. Origenes' Haltung kann somit keinesfalls als Zeugnis für eine Toleranz angeführt werden; sie bezeugt genau das Gegenteil. Nach ihm handelt es sich hier um eine Praxis, die die Grenze des Erlaubten überschreitet.

24. *Verpflichtet die Anzahl und Bedeutung der patristischen Quellen, die für eine Toleranz gegenüber den wiederverheirateten Geschiedenen eintreten, nicht dazu, die gegenwärtige, zu streng erscheinende Praxis der Kirche zu überdenken?*

Dazu ist zu sagen, dass es diesbezüglich nur wenige (nicht mehr als zehn) Texte gibt, die auch noch recht unklar sind. Im Allgemeinen haben sie mit sehr konkreten Fällen zu tun, die man im Kontext lesen muss, um ihre Bedeutung zu verstehen. Die Anzahl solcher Stellen ist minimal im Vergleich zu den zahlreichen Texten, die von einer Disziplin sprechen, die diejenigen, die jemand anderes heiraten, während der Ehepartner noch am Leben ist, als Ehebrecher betrachtet und sie nicht zur Kommunion zulässt, es sei denn, sie änderten ihr Leben. Die Absicht der Väter ist es, eine **spezifisch christliche Praxis** darzulegen, die sich **vom römischen Recht** und allgemein **vom heidnischen Kontext absetzt**. Und das ist eine grundlegende Frage für jeden Christen und ein notwendiges Zeugnis für die heutige Zeit.

In ihrer Gesamtheit gesehen bedürfen die Textstellen, von denen hier die Rede ist, vor allem einer Klärung der Quellen. Keinesfalls sind sie jedoch Belege dafür, dass es „in der frühen Kirche in vielen Ortskirchen gewohnheitsrechtlich nach einer Bußzeit die Praxis der pastoralen Duldung, Milde und Nachsicht gab" (Kasper, *Evangelium*, S. 74). Solch eine Behauptung ist völlig unbegründet. Die betreffenden Stellen drücken vielmehr aus, dass es notwendig ist, schwierige Fälle rechtlich und gemäß der Wahrheit der Schrift zu lösen. In dieser Kirchenepoche ist die rechtliche Stellung der Ehe schon sehr klar.

Zusammenfassend können wir sagen, dass diese Texte für sich allein genommen nicht das nötige lehrmäßige Gewicht haben, um der katholischen Kirche Anlass zu geben, eine Änderung ihrer gegenwärtigen Disziplin zu erwägen.

25. *Hat die Praxis der „oikonomia" in der orthodoxen Kirche ihren*
    Ursprung in der Väterzeit?

Wir müssen zwischen dem **Begriff der** *oikonomia* und seiner Anwendung auf den Fall der zweiten Ehe der Geschiedenen in der orthodoxen Kirche unterscheiden. Es gibt den gültigen theologischen Begriff der *oikonomia,* dessen Herkunft patristisch ist und dessen Sinn darin besteht, den Wert von pastoralen Handlungen in der Gesamtheit des göttlichen Heilsplanes zu betrachten. Das ist auch für die katholische Kirche eine äußerst fruchtbare Sichtweise.

Dagegen stammt die Praxis der rechtlichen Zulassung der Zweitehe von Geschiedenen aus Byzanz: Sie wurde der kirchlichen Disziplin von den byzantinischen Kaisern aufgezwungen, womit sich die weltliche Gewalt gegen die kirchliche durchgesetzt hatte. Das ist ein typischer Fall von Cäsaropapismus, der keinerlei Anhaltspunkte bei den Kirchenvätern hat und im Gegensatz zu jeder biblischen Sichtweise steht.

Es ist falsch zu meinen, die orthodoxe *oikonomia* bezüglich der wiederverheirateten Geschiedenen stände der Frühkirche näher, während die lateinische Kirchendisziplin eine starre und spätere Form von Augustinismus sei. Stattdessen kam die hauptsächliche Klärung des Wertes des Ehebandes aus der von der Frühscholastik geleisteten dogmatischen Vertiefung der Sakramentenlehre. Diese diente dann dazu, die Grundlagen der Praxis der lateinischen Kirche noch genauer zu verdeutlichen.

Tatsächlich hat die lateinische Kirche die griechische Praxis nie akzeptiert. Zwar wurde beim Tridentinischen Konzil, wo die Gültigkeit der gegenwärtigen Praxis der Kirche ausdrücklich unterstrichen wurde, die orthodoxe Haltung nicht völlig verworfen. Dennoch wird heute von Orthodoxen, die in die katholische Kirche aufgenommen werden möchten, diesbezüglich ein Widerruf verlangt.

26. Was hat man von der orthodoxen pastoralen Flexibilität zu halten, die die Zweitehe nach einem angemessenen Weg der Buße zulässt?

Man muss diese Praxis als den Missbrauch einer weltlichen Macht betrachten, die aus grundlegend politischen Gründen die Anerkennung dieser Vorgehensweise von der orthodoxen Kirche gefordert hat. Deshalb existiert diesbezüglich auch eine Vielzahl von verschiedenen Praktiken und Gesetzgebungen. In vielen Fällen wird einfach eine Dispens erteilt. Man zahlt eine Steuer, damit der Ortsbischof, ohne eine Vertiefung der Antragsgründe und der Lebenssituation der Ehegatten, die Erlaubnis für eine zweite oder dritte Ehe erteilt.

Die von diesen Kirchen vorgeschlagene Bußpraxis akzeptiert von Anfang an die weitere Eheschließung, und so wird die wahre Situation der Partner überhaupt nicht beurteilt. Die Buße dient als Zeugnis, dass die zweite Ehe nicht denselben sakramentalen Wert hat wie die erste. Damit gibt es Christen erster und zweiter Klasse. Eine solche Praxis ist nur schwer anzunehmen, wenn man die Wahrheit der von Christus mit seiner Gnade eingeführten und damit endgültigen *oikonomia* bedenkt. Und da dieser Heilsplan endgültig ist, können wir keinen anderen erwarten. Nur eine parteiische und spiritualisierende Darstellung der orthodoxen Praxis kann sie als ein Modell darstellen, dem die katholische Kirche folgen sollte. In Wahrheit handelt es sich hier um ein klares Beispiel für die Tatsache, dass, wenn man kleinen Ausnahmen die Tür öffnet, eine völlig liberalisierte Praxis daraus folgen würde.

VII. Pastorale Milde in konkreten Situationen

27. *Warum erlaubt man nicht eine pastorale Milde, die in konkreten Fällen ausreichende Gründe für eine nicht zu rigorose Anwendung der lehrmäßigen Normen findet? Führt die gegenwärtige Härte nicht zu einer Entfremdung vieler Menschen von der Kirche und ist sie nicht ein antichristliches Zeugnis? Würden nicht viele Menschen zur Kirche zurückkehren, wenn die Praxis geändert würde?*

Die Frage nach der Zulassung zur Kommunion für wiederverheiratete Geschiedene ist letztendlich kein Problem, bei dem sich ein Mittelweg zwischen einer rigoristischen oder einer laxistischen Pastoral finden lässt. Es geht dabei um eine **Frage der Gerechtigkeit, die sich aus gewichtigen lehrmäßigen Gründen ergibt,** wie zum Beispiel die wirkliche und absolute Unauflöslichkeit der geschlossenen und vollzogenen Ehe. Diese Gründe verschweigen zu wollen, wäre ein Beispiel für das, was Benedikt XVI. **„pseudopastorale Ausflüchte"** nennt, „die diese Fragen auf einer rein horizontalen Ebene ansiedeln, auf der es darum geht, subjektive Forderungen zufriedenzustellen" (Ansprache an die Römische Rota, 29. Januar 2010).

Die Wahrheit mag hart erscheinen, wenn man sie als etwas betrachtet, das den eigenen Sehnsüchten fern ist. Insofern die Pastoral die Aufgabe hat zu heilen, hat sie es genau mit diesen Sehnsüchten zu tun. Schauen wir uns den pastoralen Ansatz Jesu an, wie er ihn in seiner Begegnung mit der Samariterin an den Tag legte (vgl. Joh 4,1–45). Zuerst hat Jesus in ihr die Sehnsucht nach der Gabe Gottes erweckt. Dann hat er sie mit der Realität ihres Lebens konfrontiert, um ihr schließlich den Weg der Umkehr zum Glauben aufzuzeigen. Die Gabe Gottes hat tatsächlich eine solch absolute Bedeutung, die mit dem Relativismus der Umwelt in Konflikt tritt. Für wen alles relativ ist, für den wird jede Wahrheit ein Zeichen von Starrheit sein.

Die Erfahrung einiger nicht-katholischer christlicher Gemeinschaften, die den sittlichen Relativismus in ihre Kirchenpraxis integriert haben, zeigt zweifelsohne, dass diese Entscheidung keineswegs neue Mitglieder angezogen hat. Vielmehr führt der sittliche Relativismus dazu, dass sich die Gläubigen noch mehr vom christlichen Leben entfernen, da es für sie keine besondere Kraft und keine menschliche Größe mehr besitzt, die es anziehend machen könnte.

Deshalb darf man den *sensus fidelium*, das heißt den Glaubenssinn der Christen, von dem Kardinal Newman gesprochen hat und der auch vom Zweiten Vatikanischen Konzil erwähnt wird *(Lumen gentium* 12 und 35), nie mit einer Meinungsumfrage zu Fragen der Sittlichkeit verwechseln. Eine Meinungsumfrage bringt alles auf den kleinsten gemeinsamen Nenner und setzt notwendigerweise einen Relativismus voraus. Das hat Max Weber ganz klar in seiner Theorie des ethischen Polytheismus aufgezeigt. Das Leben von heiligen Eheleuten ist dagegen ein leuchtendes Zeugnis für ein vom Glauben erfülltes Leben in dieser Welt.

28. Welche Wege zur Umkehr können den wiederverheirateten Geschiedenen anempfohlen werden? Gibt es schon positive Ansätze?

Die kirchliche Barmherzigkeit gegenüber den wiederverheirateten Geschiedenen zeigt sich darin, dass die Kirche ihnen nahe ist, ihnen einen wahren Weg der Bekehrung aufweist und sie darin begleitet. Der Zweck dieses Weges ist tatsächlich, die Wunden zu heilen, die aus ihrer Situation stammen. Für diese Art eines Weges gibt es schon zahlreiche Beispiele und das Interesse an seiner Verwirklichung ist groß.

Der erste Schritt besteht immer darin, in kirchlicher und gemeinschaftlicher Umgebung die wahre Situation vor Gott anzuerkennen. Die wiederverheirateten Geschiedenen müssen ihre mögliche Schuld für den Bruch eingestehen, der durch das Eingehen einer neuen Verbindung zustande gekommen ist, für die Tatsache also, dass es ihre Entscheidung war, durch die sie in eine sündhafte Situation gekommen sind, indem sie ihrem vorhergehenden Versprechen untreu geworden sind. Sie müssen erkennen, dass es notwendig ist, den daraus entstandenen Schaden so gut wie es geht zu reparieren, besonders im Hinblick auf die Kinder. Es ist erforderlich, dass sie den Fortbestand des Ehebandes anerkennen, zusammen mit der sich daraus ergebenden Notwendigkeit, in Treue dazu zu leben. Sie müssen in der Kirche und dem Evangelium gemäß leben, um ihren Weg weiterzugehen. Dieser Weg wird in Gemeinschaft gegangen und erfordert gleichzeitig auf die Person zugeschnittene Schritte.

Das Problem ist, dass diese Art der Begleitung innerhalb der Kirche noch wenig verbreitet ist. Dabei hätten auch Paare mit Eheproblemen oder die getrennt Lebenden, die ihrer Ehe treu bleiben wollen, solche Wege nötig. Leider wird diesen wichtigen Problemen fast keine Aufmerksamkeit geschenkt. Besonders die jungen Ehepaare werden beinahe völlig alleingelassen, obwohl gerade innerhalb der ersten Ehejahre mehr als 50 Prozent der Trennungen stattfinden. Natürlich muss sich die Kirche um die wiederverheirateten Geschiedenen kümmern; das geht aber nur, wenn sie sich auch der begleitenden Pastoral vieler anderer Personengruppen widmet.

29. Wenn man ausnahmsweise den Eltern in irregulären Situationen die Kommunion spendet, wäre das nicht ein gutes Zeugnis für deren Kinder?

Die wahren Leidtragenden von Trennung und Scheidung sind die Kinder, die sich nichts sehnlicher wünschen, als dass sich ihre Eltern lieben. Das größte Geschenk, das Eltern ihren Kindern machen können, ist, dass sie einander lieben. Die affektiven Mängel verstärken sich bei der Scheidung, da hier die Situation nur noch schwer rückgängig zu machen ist.

Die Kinder müssen irgendwann von der wahren Situation der Eltern erfahren. Diese anzunehmen ist für die Kinder

eine sehr komplexe Angelegenheit – auf jeden Fall viel kom-
plexer als die einfache Zulassung der Eltern zur Kommunion.
Hier das Gegenteil zu meinen, bedeutet, die Pastoral mehr
nach subjektiven Wünschen als nach dem Plan Gottes zu richten, der zur Umkehr aufruft. Das Zeugnis der Wahrheit darf
nie in den Hintergrund treten, auch wenn das bedeutet, nicht
mehr die Kommunion zu empfangen, weil man sich bewusst
ist, es nicht tun zu können. Andernfalls würden die Kinder
daraus schließen, man könnte die eucharistische Kommunion
vom Leben trennen, und das würde ihr Glaubensleben aufs
Spiel setzen oder den Glauben irrelevant für ihr Leben machen.

*30. In Anbetracht der Tatsache, dass die Situation der wiederverhei-
     rateten Geschiedenen so wichtig ist, sollte sich die Bischofssyno-
     de nicht auf dieses Thema konzentrieren?*

Es ist nie eine gute Idee, sich auf einen Typ von Krankheit zu
konzentrieren und dabei die anderen auszublenden. Noch
schlimmer wäre es, sich im Fall einer Epidemie nur um einen
bestimmten Krankheitskeim zu kümmern und dabei zu vergessen, dass ein gemeinsamer **Infektionsherd** sehr verschiedene Krankheitsbilder hervorrufen kann. In diesem Sinne ist
die Scheidung nur eine von zahlreichen Schwierigkeiten, die
aus der Tatsache hervorgehen, dass die Menschen vom Emotivismus geprägt sind und in einem pansexuellen Kulturfeld leben.

Nur eine legalistische Sichtweise kann glauben, dass sich
durch Flexibilisierung einer Norm das Problem der irregulären
Situationen aus der Welt schaffen ließe. Die schwierigen, die
Ehe und Familie betreffenden Fälle sind einer tiefliegenden
Krankheit geschuldet, die viel Übel bewirkt. Indem man versucht, nur *einen* Fall unter Ausschluss aller anderen zu heilen,
riskiert man, alle zusammen zu verschlimmern.

Wir begannen mit der Feststellung, dass wir vor einer großen kulturellen Herausforderung stehen, deren Ursache darin
liegt, dass die eheliche Liebe im Leben der Menschen an Bedeutung verliert. Wenn die Kirche auch nur einen Schritt in
Richtung einer stillschweigenden Annahme dieser Tatsache
ginge, würde sie eine Art **kulturellen Selbstmord** begehen,
der das Evangelium der Ehe und Familie bedeutungslos machen würde.

Anmerkungen

Einleitung

1   Zweites Vatikanisches Konzil, Pastoralkonstitution *Gaudium et spes*, Nr. 1.
2   Benedikt XVI., Enzyklika *Deus caritas est*, Nr. 6.
3   Vgl. Franziskus, Apostolisches Schreiben *Evangelii gaudium*, Nr. 36: „Alle offenbarten Wahrheiten entspringen derselben göttlichen Quelle und werden mit ein und demselben Glauben geglaubt, doch einige von ihnen sind wichtiger, um unmittelbarer das Eigentliche des Evangeliums auszudrücken."
4   Vgl. Benedikt XVI., Enzyklika *Deus caritas est*, Nr. 5–11.
5   Vgl. Franziskus, Enzyklika *Lumen fidei*, Nr. 52.
6   Damit antworten wir auf die Frage, die angesprochen wird in: Walter Kasper, *Das Evangelium von der Familie*, Herder, Freiburg i. Br. 2014, S. 66: „Ebenso muss man die Lehre von der Unauflöslichkeit der Ehe aus dem inneren Zusammenhang der Glaubensgeheimnisse ... verstehen." Unsere Argumentation wird genau in diese Richtung gehen.
7   Franziskus, *Predigt bei der Heiligsprechung von Johannes XXIII. und Johannes Paul II.* (27. April 2014).
8   Der Ausdruck stammt aus: Johannes Paul II., *Die menschliche Liebe im göttlichen Heilsplan. Eine Theologie des Leibes*, Hrsg. Norbert und Renate Martin, Fe-Medienverlag, Kißlegg 2011, S. 139, Katechese 13 vom 2. Januar 1980.
9   Es ist überraschend, dass – obwohl Kasper sagt, dass das nicht das Hauptthema sei – dreißig Prozent seines Buches direkt dieses Thema behandeln. Praktisch gibt es keine anderen pastoralen Hinweise, da er nur *en passant* einige wenige erwähnt. Warum sollte man sie weglassen, wenn man, um die Fragestellungen zu präzisieren, eine größere Bandbreite von Themen in den Blick nehmen müsste? Vgl. Kasper, *Evangelium*, S. 87: „Die Fragen von Ehe und Familie, unter denen die Frage der wiederverheiratet Geschiedenen ja nur eine, wenngleich eine drängende Frage ist, gehören in den großen Zusammenhang der Frage, wie Menschen das Glück und die Erfüllung ihres Lebens finden können." Warum werden die in der Einleitung angedeuteten Themen

(ebd., S. 14–15) nicht aufgegriffen oder wenn von der Familie als Hauskirche die Rede ist (ebd., S. 45 ff.)?

10 Der Leser mag selbst urteilen: Kasper, *Evangelium*, S. 84–85: „Es gibt in
unserer Frage große Erwartungen in der Kirche. Zweifellos können
wir nicht alle Erwartungen erfüllen. Aber es würde zu einer schlimmen Enttäuschung führen, wenn wir nur diese Antworten wiederhol-
ten, welche angeblich schon immer gegeben wurden. Als Zeugen der
Hoffnung dürfen wir uns nicht von einer Hermeneutik der Angst leiten lassen. Etwas Mut und vor allem biblischer Freimut (*parrhesia*) sind
notwendig. Wenn wir das nicht wollen, dann sollten wir lieber keine
Synode zu unserem Thema abhalten, denn dann wäre die Situation
nachher schlimmer als vorher."

11 Wir haben uns die Arbeit am gesamten Buch geteilt, weshalb es als das
Werk beider Autoren angesehen werden muss. Dabei wurde die kon-
krete Ausarbeitung des ersten und des vierten Kapitels Prof. Stephan
Kampowski anvertraut, die des zweiten, dritten und fünften Kapitels
Prof. Juan José Pérez-Soba.

1. Kapitel
Das Evangelium der Familie in einer sexualisierten Kultur verkünden

1 Walter Kasper, *Das Evangelium von der Familie*, Herder, Freiburg i. Br.
2014, S. 68.

2 Franziskus, *Ansprache an das Außerordentliche Konsistorium*, 20. Februar
2014.

3 Vgl. Kasper, *Evangelium*, S. 11: „Die heutige Situation der Kirche ist
nicht ungewöhnlich. Auch die Kirche der ersten Jahrhunderte war
konfrontiert mit Begriffen und Modellen von Ehe und Familie, die
sich unterschieden von dem, was Jesus gepredigt hatte, und die sehr
neu waren sowohl für die Juden als auch für die Griechen und die Römer."

4 Lukrez, *Über die Natur der Dinge*, Buch IV (Übersetzung Hermann
Diels 1924).

5 Wilhelm Reich, *Die sexuelle Revolution*, Fischer, Frankfurt am Main
2004. Erstveröffentlichung als *Sexualität im Kulturkampf. Zur sozialistischen Umstrukturierung des Menschen*, Sexpol-Verlag, Kopenhagen
1936.

6 Reich, *Die sexuelle Revolution*, S. 81.

7 Ebd., S. 116.

8 Ebd., S. 18.
9 Ebd., S. 22.
10 Kasper, *Evangelium*, S. 38.
11 Susanna Tamaro, *Per sempre*, Giunti, Mailand 2011, S. 12.
12 William Shakespeare, *Sonett* 116 (Übersetzt von Friedrich Bodenstedt, 1866).
13 Franziskus, *Ansprache an junge Paare, die sich auf die Ehe vorbereiten*, 14. Februar 2014.
14 Ebd.
15 Ebd.
16 Kasper, *Evangelium*, S. 88.
17 Ebd., S. 38.
18 Vgl. ebd., S. 78: „Niemand stellt die Unauflöslichkeit einer sakramentalen Ehe, die geschlossen und vollzogen (*ratum et consumatum*) wurde, in Frage."
19 Carlo Caffarra, „Da Bologna con amore: fermatevi", in: *Il Foglio*, 14. März 2014; deutsche Übersetzung: http://www.kath.net/news/45279 (Abgerufen am 15. Mai 2014).
20 Ebd.
21 Ebd.
22 Vgl. Benedikt XVI., Enzyklika *Deus caritas est*, 25. Dezember 2005, Nr. 3–8.
23 Kasper, *Evangelium von der Familie*, S. 9.
24 Vgl. Johannes Paul II., Apostolisches Schreiben *Dies Domini*, 31. Mai 1998, Nr. 16.
25 Francesco Botturi, *La generazione del bene. Gratuità ed esperienza morale*, Vita & Pensiero, Mailand 2009, S. 222.
26 Erich Fromm, *Die Kunst des Liebens*, Verlag Ullstein GmbH, Frankfurt – Berlin – Wien 1973, S. 46.
27 Vgl. Livio Melina, *The Epiphany of Love. Toward a Theological Understanding of Human Action*, Eerdmans, Grand Rapids, MI 2010, S. 115: „Gnade wird verstanden als inneres dynamisches Prinzip, als Gabe einer neuen Weise des Handelns."
28 Vgl. Paul VI., Enzyklika *Humanae vitae*, 25. Juli 1968, Nr. 9.
29 Vgl. Kasper, *Evangelium*, S. 54–67; vgl. Johannes Paul II., Apostolisches Schreiben *Familiaris consortio*, 22. November 1981, Nr. 84; Benedikt XVI., Nachsynodales Apostolisches Schreiben *Sacramentum caritatis*, 22. Februar 2007, Nr. 29.
30 Es gibt hier eine offensichtliche Spannung, wenn nicht sogar einen regelrechten Widerspruch zwischen Kardinal Kaspers Aussage, dass „es falsch wäre, die Lösung des Problems in einer großzügigen Ausweitung der Ehenichtigkeitsverfahren zu suchen" (Kasper,

Evangelium, S. 61), und seinem Vorschlag, in diesem Kontext nach „mehr pastoralen und geistlichen Verfahren" zu suchen, wobei „der Bischof einen geistlich und pastoral erfahrenen Priester als Pönitentiar oder Bischofsvikar mit dieser Aufgabe betraut" (ebd., S. 59), was praktisch genau auf das hinausläuft, was der Kardinal für eine falsche Lösung hält, nämlich auf „eine großzügige Ausweitung der Ehenichtigkeitsverfahren". Wir werden dieses Thema im 4. Kapitel ausführlicher behandeln.

31 Ebd., S. 61.

32 Vgl. ebd., S. 57: „Ist nicht auch in unserer Frage eine Weiterentwicklung möglich, die die verbindliche Glaubenstradition nicht aufhebt, die aber jüngere Traditionen weiterführt und vertieft?"

33 Vgl. ebd., S. 58: „Ich beschränke mich auf zwei Situationen, für die in den amtlichen Dokumenten bereits Lösungen angedeutet werden."

34 Kasper, *Evangelium, S.* 55. Dass dies kein Schreibfehler ist, kann man an der Tatsache erkennen, dass der Kardinal an anderer Stelle denselben Gedanken wiederholt: „Wenn etwa eine Frau unschuldig verlassen wurde und *um ihrer Kinder willen einen Mann bzw. einen Vater braucht, sich redlich* um christliches Leben in der zweiten bürgerlich geschlossenen Ehe und Familie bemüht, ihre Kinder christlich erzieht und sich vorbildlich in der Pfarrei engagiert (was sehr oft der Fall ist), dann gehört auch dies zur objektiven Situation" (S. 81, Hervorhebung hinzugefügt).

35 Vgl. zum Beispiel: N. Zoe Hilton, Grant T. Harris und Marnie E. Rice, „The Step-Father Effect in Child Abuse: Comparing Discriminative Parental Solicitude and Antisociality", *Psychology of Violence,* Advance online publication April 2014; http://dx.doi.org/10.1037/a0035189; Vivian. A. Weekes-Shackelford und Todd K. Shackelford, „Methods of Filicide: Stepparents and Genetic Parents Kill Differently", in: *Violence and Victims* 19 (2004), S. 75–81.

36 „Moralische Notwendigkeit" insofern als es zum vermeintlichen Wohl der Kinder geschieht, das sicherzustellen sich der verlassene Partner moralisch verpflichtet fühlt.

37 *Familiaris consortio,* Nr. 84 spricht zweimal über Kinder, wobei auf zwei unterschiedliche Situationen Bezug genommen wird. Der erste Kontext ist folgender: In Bezug auf die Geschiedenen und zivil Wiederverheirateten, „die eine neue Verbindung eingegangen sind im Hinblick auf die Erziehung der Kinder", scheint Johannes Paul II. die Kinder zu meinen, die in einer gültigen Ehe geboren wurden, wobei anschließend einer der Partner den anderen und die gemeinsamen Kinder verlässt. Wie wir einige Zeilen weiter lesen, sind diese Kinder kein Rechtfertigungsgrund für den verlassenen Partner, eine neue Verbindung

einzugehen, wie verständlich dieser Grund aus menschlicher Sicht auch immer sein mag und wie sehr auch die Seelenhirten aufgerufen sind, die mildernden (aber nicht rechtfertigenden) Umstände zu berücksichtigen. Zweitens erwähnt *Familiaris consortio*, Nr. 84, die Situation, in der „die beiden Partner aus ernsthaften Gründen – zum Beispiel wegen der Erziehung der Kinder – der Verpflichtung zur Trennung nicht nachkommen können". Dabei handelt es sich dann um Kinder aus einer zivil geschlossenen Verbindung, die ein Rechtfertigungsgrund für die zivilen Partner sind (Vater und Mutter derselben Kinder), ihr Zusammenleben fortzusetzen, aber nicht ihre intimen Beziehungen. Während es im letzteren Fall um die moralische Unmöglichkeit für die zivilen Partner geht, sich zu trennen, gibt es im ersten Fall keine moralische Unmöglichkeit für den verlassenen Partner, seine Situation unverändert zu lassen. Kardinal Kasper erweckt den Eindruck, als würde er die beiden Fälle vermischen.

38 Erst nachdem die Journalisten, die ihn für das *Commonweal Magazine* interviewten, ihn ausdrücklich auf diese Frage angesprochen hatten, behandelt Kardinal Kasper schließlich das Thema. Ganz offen verwirft er diese Möglichkeit als impraktikabel und legt dabei eine ziemlich pessimistische Sicht von den einfachen Gläubigen zutage: „Als Bruder und Schwester zusammenleben? Natürlich habe ich hohen Respekt vor allen, die das tun. Aber es ist eine heldenhafte Tat, und Heldentum ist nichts für den durchschnittlichen Christen" (Matthew Boudway und Grant Gallicho, „Merciful God, Merciful Church: An Interview with Cardinal Walter Kasper", May 7, 2014, https://www.commonwealmagazine.org/kasper- interview- popefrancis-vatican; unsere Übersetzung).

39 Vgl. Kasper, *Evangelium*, S. 13–14, wo er explizit auf eine Stelle des heiligen Thomas von Aquin verweist, in der dieser das Gesetz des Neuen Bundes behandelt (*Summa theologica*, I–II, 106).

40 Ebd., S. 68.

41 Diese Gedanken lagen Karol Wojtyła sehr am Herzen. Er hat sie vor allem in seiner ethischen Studie *Liebe und Verantwortung*, Kösel-Verlag München 1979, zum Ausdruck gebracht, und ebenso in seiner profunden und prägnanten Verteidigung von *Humanae vitae* in „La visione antropologica della *Humanae vitae*", in: *Lateranum* 44 (1978), S. 125–145; und dann, als Papst, natürlich in seinen Mittwochskatechesen über die menschliche Liebe, zuletzt veröffentlicht unter dem Titel *Die menschliche Liebe im göttlichen Heilsplan. Eine Theologie des Leibes*, Fe-Medienverlag, Kißlegg 2011.

42 Paul VI., *Humanae vitae*, Nr. 9.

43 Ebd., Nr. 11.

44 Vgl. die exzellente Behandlung dieses Themas bei Martin Rhonheimer, *Sexualität und Verantwortung. Empfängnisverhütung als ethisches Problem*, Imabe, Wien 1995.

45 Vgl. Caffarra, „Da Bologna con amore."

46 Mary Eberstadt, *How the West Really Lost God. A New Theory of Secularization*, Templeton Press, 2013, S. 140.

47 Ebd., S. 153.

48 Vgl. ebd., S. 153: „Mit einem Wort, die Kirchen, die am meisten getan haben, um den traditionellen Sittenkodex des Christentums zu lockern, sind genau die Kirchen, denen dieses Bemühen am meisten geschadet hat – demografisch, finanziell, moralisch und noch auf andere Weise. Einige stehen kurz davor, ganz zu verschwinden."

49 Franziskus, *Ansprache an die Teilnehmer der Vollversammlung des Päpstlichen Rats für die Familie*, 25. Oktober 2013.

50 Eberstadt, *How the West Really Lost God*, S. 22: „Familie und Glaube sind die unsichtbare Doppelhelix der Gesellschaft – zwei Spiralen, die sich vermehren können, wenn sie miteinander verbunden sind, deren Stärke und Dynamik aber voneinander abhängig sind." Vgl. auch ebd., S. 98: „Es ist zumindest plausibel – in Anbetracht der eben angeführten Belege ist es *eher plausibler –, das Gegenteil anzunehmen: dass etwas an den größeren oder stärkeren oder enger verbundenen Familien die Menschen religiöser sein lässt, zumindest manchmal"* (Hervorhebung im Original).

51 Ebd., S. 156.

52 Ebd., S. 159.

53 Hl. Augustinus, *De Trinitate*, VIII, 8, wie von Benedikt XVI. zitiert in der *Ansprache an den Päpstlichen Rat für die Familie*, 1. Dezember 2011.

54 Benedikt XVI., *Ansprache an den Päpstlichen Rat für die Familie*, 1. Dezember 2011.

55 Vgl. Johannes Paul II., Apostolisches Schreiben *Familiaris consortio*, 22. November 1981, Nr. 49.

56 Benedikt XVI., *Predigt zur Eröffnung der Synode zum Thema der neuen Evangelisierung*, 7. Oktober 2012.

57 Vgl. zum Beispiel „France and Germany rebuke Pope over condom and Aids in Africa, comments", in: *The Telegraph*, 18. März 2009: http://www.telegraph.co.uk/news/worldnews/europe/vaticancityandholysee/5013378/France-and-Germany-rebuke-Pope-over-condom-and-Aids-in-Africa-comments.html (Abgerufen am 1. Mai 2014).

58 Vgl.: „France: Demonstrators take to streets to call for anti-equal marriage protester's release": http://vaticaninsider.lastampa.it/en/worldnews/detail/articolo/francia-france-francia-25958/ (Abgerufen am 1. Mai 2014).

59 http://blogs.usembassy.gov/amerikadienst/2013/01/21/einfuehrung-in-die-zweite-amtszeit/ (Abgerufen am 24. Mai 2014).

60 Jutta Burggraf, *Genere* („gender"), in: Päpstlicher Rat für die Familie (Hrsg.), *Lexicon. Termini ambigui e discussi su famiglia, vita e questioni etiche*, Edizioni Dehoniane, Bologna 2003, S. 428.

61 Simone de Beauvoir, *Das andere Geschlecht*, übers.: Eva Rechel-Mertens, Fritz Montfort, Rowohlt, Hamburg 1990, S. 265.

62 Tony Anatrella, *La teoria del „gender" e l'origine dell'omosessualità. Una sfida culturale*, San Paolo, Mailand 2012, S. 35.

63 Camille Paglia, „Put the Sex Back in Sex Ed", http://time.com/23054/camille-paglia-put-the-sex-back-in-sex-ed/ (Abgerufen am 1. Mai 2014).

64 Kasper, *Evangelium von der Familie*, S. 68.

65 Das vor Kurzem erschienene, vom Sekretariat der Bischofsynode verfasste *Instrumentum Laboris* zur Vorbereitung der dritten außerordentlichen Generalversammlung, bestätigt diese Bedenken: „Aus den Antworten geht hervor, dass die Realität der getrennt lebenden, Geschiedenen und wiederverheiratet Geschiedenen in Europa und ganz Amerika Bedeutung hat, viel weniger in Afrika und in Asien" (Nr. 86). http://www.vatican.va/roman_curia/synod/documents/rc_synod_doc_20140626_instrumentum-laboris-familia_ge.html.

66 Benedikt XVI., *Ansprache an die Teilnehmer der Pastoraltagung der Diözese Rom*, Lateranbasilika, 6. Juni 2005.

67 Vgl. Luce Irigaray, *Ethik der sexuellen Differenz*, Suhrkamp, Frankfurt am Main 1991, S. 11: „Die sexuelle Differenz stellt eine der Fragen oder die Frage dar, die in unserer Epoche zu denken ist. Jede Epoche hat – Heidegger zufolge – eine Sache zu ‚bedenken'. Nur eine. Die sexuelle Differenz ist wahrscheinlich diejenige unserer Zeit."

68 Kasper, *Evangelium*, S. 79.

69 Franziskus, Apostolisches Schreiben *Evangelii gaudium*, 24. November 2013, Nr. 36.

70 Johannes Paul II., *Familiaris consortio*, Nr. 84.

71 Benedikt XVI., *Deus caritas est*, Nr. 11.

72 Kasper, *Evangelium*, S. 84.

73 Ebd., S. 84–85.

74 Hans Jonas, *Das Prinzip Verantwortung. Versuch einer Ethik für die technologische Zivilisation*, Frankfurt am Main 1979, S. 63–64.

75 Kasper, *Evangelium*, S. 85.

76 Vgl. Caffarra, „Da Bologna con amore."

77 Kasper, *Evangelium*, S. 85.

78 Ebd., S. 54.

79 Ebd., S. 68.

2. Kapitel
Die Wahrheit des Ehesakraments: Barmherzigkeit und Treue begegnen sich

1   Zitiert von Walter Kasper, *Das Evangelium von der Familie. Die Rede vor dem Konsistorium*, Herder, Freiburg i. Br. 2014, S. 56: „Barmherzigkeit und Treue gehören zusammen."

2   Das erläutert Walter Kasper in: *Barmherzigkeit. Grundbegriff des Evangeliums – Schlüssel christlichen Lebens*, Herder, Freiburg i. Br. 2012, S. 56: „Gott steigt in einer Wolke als Zeichen seiner geheimnisvollen Gegenwart zu Mose herab und ruft ihm zu: ‚Jahwe ist ein barmherziger *(rachûm)* und gnädiger *(ḥenûn)* Gott, langmütig, reich an Huld *(ḥesedh)* und Treue *(ᵉmeth)'* (*Ex* 34,6). In dieser dritten Namensoffenbarung ist das Erbarmen nicht nur Ausdruck von Gottes Souveränität und Freiheit, sondern auch Ausdruck seiner Treue. ... Sie ist gleichsam zum Credo des Alten Testaments geworden." Das ist tatsächlich eine gute Beschreibung der Wichtigkeit des Begriffes. Dabei fehlt aber die Bestimmung seiner Verbindung mit dem Bund. Das ist dagegen der Hauptpunkt in Johannes Pauls II. Enzyklika *Dives in misericordia*, 4, Fußnote 52: „Da ist vor allem das Wort *hesed*, das eine tief verwurzelte Haltung von ‚Güte' bezeichnet. Wenn sich diese zwischen zwei Menschen entwickelt, sind sie nicht nur einander wohlwollend gesinnt, sondern auch einander treu, und zwar aufgrund einer inneren Verpflichtung, also auch *aufgrund einer Treue zu sich selbst*. Wenn *hesed* auch ‚Gnade' oder ‚Liebe' bedeutet, dann eben aufgrund dieser *Treue*. Die Tatsache, dass die besagte Verpflichtung nicht nur moralischer, sondern fast rechtlicher Art ist, ändert daran nichts. Wenn im Alten Testament der Ausdruck *hesed* auf den Herrn bezogen wird, geschieht das immer im Zusammenhang mit dem Bund, den Gott mit Israel geschlossen hat."

3   So definiert das Kasper, *Barmherzigkeit*, S. 51: „Der wichtigste Ausdruck für das Verständnis von Barmherzigkeit ist *ḥesed*, was unverdiente Gunst, Freundlichkeit, Huld, dann auch Gottes Gnade und Barmherzigkeit bedeutet. Hesed geht also über die bloße Rührung und die Trauer über die Not des Menschen hinaus und meint eine freie gnädige Zuwendung Gottes zum Menschen."

4   Ebd., S. 61–62: „Diese souveräne Freiheit ist keine Willkürfreiheit; sie ist auch nicht Ausdruck einer spontanen, gleichsam instinktiven Zuwendung zum Elend seines Volkes, sondern Ausdruck seiner Treue (‚emet'). ... Neutestamentlich wird ‚aman' mit πιστεύειν, das heißt glauben, übersetzt."

5 Vgl. D. Muñoz León, *Proclamación del Evangelio de S. Juan*, Edice, Madrid 1988, S. 195: „La expresión 'gracia y verdad' en este caso corresponde al hebreo חסד ואמת, *hesed we'emet* de los salmos, que cantan la bondad y la fidelidad, la misericordia y la lealtad de Dios."

6 Vgl. Ignace De la Potterie, *La vérité dans saint Jean*, I: *Le Christ et la vérité*. *L'Esprit et la vérité*, Biblical Institute Press, Rome 1977.

7 Vgl. Kasper, *Evangelium*, S. 79: „Die Barmherzigkeit ist an die Wahrheit gebunden; aber umgekehrt ist die Wahrheit auch an die Barmherzigkeit gebunden." Das war auch der Titel, den der Kardinal einem Artikel im *Osservatore Romano* (11. März 2014) gegeben hatte. Er wurde als „Abschließende Stellungname zur Diskussion" in das Buch aufgenommen (S. 78–85).

8 So auch Kasper, *Evangelium*, S. 79. Das könnte bedeuten: Kasper, *Barmherzigkeit*, S. 176: „Theologisch geht es darum, die Wahrheit in der Liebe zu tun (*Eph* 4,15), also von der Liebe geleitet das Rechte zu tun."

9 Vgl. Benedikt XVI., Enzyklika *Caritas in veritate*, Nr. 2: „Daher ist es notwendig, die Liebe und die Wahrheit nicht nur in der vom heiligen Paulus angegebenen Richtung der 'veritas in caritate' (Eph 4, 15) miteinander zu verbinden, sondern auch in der entgegengesetzten und komplementären von 'caritas in veritate'. Die Wahrheit muss in der 'Ökonomie' der Liebe gesucht, gefunden und ausgedrückt werden, aber die Liebe muss ihrerseits im Licht der Wahrheit verstanden, bestätigt und praktiziert werden. Auf diese Weise werden wir nicht nur der von der Wahrheit erleuchteten Liebe einen Dienst erweisen, sondern wir werden auch dazu beitragen, dass sich die Wahrheit glaubwürdig erweist, indem wir ihre Authentizität und ihre Überzeugungskraft im konkreten gesellschaftlichen Leben deutlich machen. Das ist heute von nicht geringer Bedeutung in einem sozialen und kulturellen Umfeld, das, die Wahrheit relativiert und ihr gegenüber oft gleichgültig und ablehnend eingestellt ist." Eine Studie zu dieser Dimension ist Juan José Pérez-Soba und Mojca Magdič (Hrsg.), *L'amore principio di vita sociale. „Caritas aedificat"* (1 Cor 8,1), Cantagalli, Siena 2011.

10 Davon handelt Kasper, *Barmherzigkeit*, S. 155–164.

11 Vgl. Luis Alonso Schökel, *Símbolos matrimoniales en la Biblia*, Verbo Divino, Estella 1997.

12 So fasst Ravasi den zentralen Inhalt des Hoheliedes zusammen: Gianfranco Ravasi, *Il Cantico dei cantici*, Edizioni Dehoniane Bologna, Bologna 1992, S. 670: „Sulla scia della teologia profetica, Israele, convertito e purificato dal suo peccato, riceve da Dio la promessa d'un'alleanza infrangibile ed eterna. L'amore divino è trascendente e vittorioso sulla morte, sul male, sul caos, sul nulla; è una fiamma inestinguibile."

13 Benedikt XVI., Enzyklika *Deus caritas est*, Nr. 11, als Zusammenfassung des biblischen Exkurses von Nr. 9–10.

14 Franziskus, Enzyklika *Lumen fidei*, Nr. 51: „Der Glaube geht aus der Begegnung mit der ursprünglichen Liebe Gottes hervor, aus der der Sinn und die Güte unseres Lebens deutlich werden; das Leben wird in dem Maß erleuchtet, in dem es in die von dieser Liebe eröffnete Dynamik eintritt, insofern es nämlich Weg und Übung hin zur Fülle der Liebe wird."

15 Papst Franziskus, Apostolisches Mahnschreiben *Evangelii gaudium*, Nr. 36.

16 Vgl. Carlos Granados García, *La nueva alianza como recreación: estudio exegético de Ez 36,16–38*, Analecta Biblica, Roma 2010.

17 Vgl. Antonio Sicari, *Matrimonio e verginità nella rivelazione. L'uomo di fronte alla „Gelosia di Dio"*, Jaca Book, Milano 1978.

18 Das wird schon von Dt 10,16 angedeutet: „Ihr sollt die Vorhaut eures Herzens beschneiden und nicht länger halsstarrig sein"; besonders in: Dt 30,4.6: „Und wenn einige von dir bis ans Ende des Himmels versprengt sind, wird dich der Herr, dein Gott, von dort zusammenführen, von dort wird er dich holen … Der Herr, dein Gott, wird dein Herz und das Herz deiner Nachkommen beschneiden. Dann wirst du den Herrn, deinen Gott, mit ganzem Herzen und mit ganzer Seele lieben können, damit du Leben hast." Die Wurzel dafür ist: Dt 30,3: „dann wird der Herr, dein Gott, dein Schicksal wenden, er wird sich deiner erbarmen".

19 Daher stammt die Analogie zu einem Schmerz Gottes angesichts der Sünde des Menschen: vgl. Johannes Paul II., Enzyklika *Dominum et vivificantem*, Nr. 39: „Das Aufdecken des unfassbaren und unaussprechlichen Schmerzes, den die Heilige Schrift in ihrer anthropomorphen Sicht wegen der Sünde in den ‚Tiefen Gottes' und gewissermaßen sogar im Herzen der unbegreiflichen Dreifaltigkeit zu sehen scheint. Die Kirche, von der Offenbarung inspiriert, glaubt und bekennt, dass die Sünde eine Beleidigung Gottes ist." Das entfaltet Kasper gut in *Barmherzigkeit*, S. 96–102.

20 Luis Alonso Schökel, *Símbolos matrimoniales en la Biblia*, S. 153–178. Dies wird im Abschnitt unter dem Titel: „Infidelidad y reconciliación", behandelt; das zeigt, dass er die Wiederversöhnung für ausgesprochen wichtig hält.

21 Livio Melina, José Noriega und Juan José Pérez-Soba, *Camminare nella luce dell'amore. I fondamenti della morale cristiana*, Cantagalli, Siena 2010, S. 445.

22 Vgl. Jan Alberto Soggin, „שוב, *šūb*. Volver", in: Ernst Jenni und Claus Westermann, *Diccionario teológico manual del Antiguo Testamento*, Ediciones Cristiandad, Madrid 1983, II, S. 1115: „Esto no se debe entender

como si todo tuviera que volver a lo antiguo, sino más bien en el senti-
do de que este ‚retorno' constituye sólo el punto de partida para un co-
mienzo plenamente nuevo."

23 Vgl. Friedrich Baumgärtel und Johannes Behm, „Kardia", in: Gerhard
Kittel und Gerhard W. Friedrich, (Hrsg.), *Theologisches Wörterbuch zum
Neuen Testament,* II, Kohlhammer, Stuttgart 1933, S. 609–616.

24 Einer Aussage Augustinus folgend: Augustinus, *De moribus Ecclesiae
catholicae,* 27, 53 (PL 32,1333): „Miserum cor faciat condolentis alieno
malo"; Thomas von Aquin, *Summa Theologiae,* II–II, q. 30, a. 1: „Dicitur
enim misericordia ex eo quod aliquis habet miserum cor super mise-
ria alterius."

25 Dabei wird Mt 9,13 und 12,7 zitiert. Diese Stellen haben eine christologische Bedeutung: Joachim Gnilka, *Il Vangelo di Matteo,* „Commentario
Teologico del Nuovo Testamento, I/1", Paideia, Bari 1990, S. 488: „Il suo
comportamento [di Cristo] diventa però il modello. I suoi discepoli de-
vono seguirlo."

26 Vgl. Luis Sánchez Navarro, *Retorno al principio. La revelación del amor en
la Sagrada Escritura,* Monte Carmelo, Burgos 2010, S. 80: „En Mateo la
dureza de corazón aparece sólo en relación con el divorcio; así éste es
presentado como una especial manifestación del espíritu rebelde opu-
esto a la Alianza."

27 Vgl. Kasper, *Barmherzigkeit,* S. 116: „Die Barmherzigkeit wirbt bis zum
Letzten um jeden Menschen."

28 Das ist die Definition von Thomas: *Summa Theologiae,* I–II, q. 106, a. 1:
„Est gratia Spiritus Sancti, quae datur per fidem Christi." Kasper zitiert dies auf Latein in *Evangelium,* S. 14, und bezieht sich auch auf
Franziskus, *Evangelii gaudium,* Nr. 37, der wiederum zitiert: Thomas
von Aquin, *Summa Theologiae,* I–II, q. 108, a. 1: „Principalitas legis no-
vae est gratia Spiritus Sancti, quae manifestatur in fide per dilectio-
nem operante." Der letzte Satzteil ist eine Anspielung auf Gal 5,6.

29 Vgl. Kasper, *Barmherzigkeit,* S. 146–147: „Ein weiteres schwerwiegendes
Missverständnis der Barmherzigkeit liegt vor, wenn man sich im Namen der Barmherzigkeit über das Gottesgebot der Gerechtigkeit hin-
wegsetzen zu dürfen meint ... Man kann nicht aus Scheinbarmherzig-
keit zur Abtreibung raten ... Ebenso wenig kann man aus Mitleid mit
einem unheilbar Kranken, um ihn von seinen Schmerzen und Leiden
zu ‚erlösen', aktive Beihilfe zum Suizid leisten."

30 Thomas von Aquin, *Summa Theologiae,* I, q. 21, a. 2, s.c. (in der Vulgata
ist es der Psalm 84).

31 Der Aufbau der q. 21 des *Prima pars* ist: a.1. Gerechtigkeit; a. 2. Wahrheit; a. 3. Barmherzigkeit; a. 4. das Verhältnis von Barmherzigkeit und
Gerechtigkeit.

32 Ebd., I, q. 21, a. 3: „repellere miseriam alterius"; vgl. ebd.: „omnem defectum expellunt"; ders., *Summa Theologiae*, II–II, q. 30, a. 4: „defectus aliorum sublevet".

33 Vgl. Kasper, *Barmherzigkeit*, S. 105: „Damit setzte sich – leider viel zu wenig beachtet – bei Thomas das urbiblische Motiv vom Prius der Barmherzigkeit gegen ein einseitig an der strafenden Gerechtigkeit orientiertes Denken durch."

34 Thomas von Aquin, *Summa Theologiae*, I, q. 21, a. 4: „Opus autem divinae iustitiae semper praesupponit opus misericordiae, et in eo fundatur."

35 Ebd., I–II, q. 28, a. 6: „Unde manifestum est quod omne agens, quodcumque sit, agit quamcumque actionem ex aliquo amore."

36 Tatsächlich ist die einzige Quelle, die Kasper für diese Metaphysik der Barmherzigkeit angibt: Yves Congar, „La miséricorde, attribut souverain de Dieu", in: *La vie spirituelle* 482 (April 1962), S. 380–395. In Wirklichkeit redet dieser sehr kurze und einfach gehaltene Artikel wenig von dieser metaphysischen Dimension. Das einzige Mal, wo das geschieht (ebd., S. 390), wird Thomas zitiert, der eine Metaphysik der Liebe begründet (vgl. Thomas von Aquin, *Summa Theologiae*, I, q. 21, a. 3 und 4; ders., *In Eph.*, c. 2, lec. 2; ders., *Summa contra gentiles*, l. 3, c. 150; ders., *Summa Theologiae*, I, q. 20, a. 2. Die beiden letzten Zitate erwähnen die Barmherzigkeit gar nicht; das Zitat aus dem *Kommentar zum Epheserbrief* versucht die Verbindung zwischen den beiden ersten herzustellen). Bezüglich der zahlreichen thomistischen Studien über diese Metaphysik der Liebe verweise ich auf: Juan José Pérez-Soba, *Amore: introduzione a un mistero*, Cantagalli, Siena 2012, S. 46–52.

37 Thomas von Aquin, *Summa Theologiae*, II–II, q. 30, a. 2, ad 1: „Deus non miseretur nisi propter amorem, inquantum amat nos tanquam aliquid sui."

38 Vgl. Thomas von Aquin, *In Eph.*, c. 2, lec. 2 (n. 86): „Amor autem quo Deus amat nos, causat in nobis bonitatem, et ideo misericordia ponitur hic quasi radix amoris divini."

39 Vgl. Thomas von Aquin, *Summa Theologiae*, I–II, q. 28, a. 6, ad 2: „Unde omnis actio quae procedit ex quacumque passione, procedit etiam ex amore, sicut ex prima causa." Dieser Affekt wird so verstanden: ebd., q. 28, a. 2: „Amans vero dicitur esse in amato secundum apprehensionem inquantum amans non est contentus superficiali apprehensione amati, sed nititur ad singula quae ad amatum pertinent intrinsecus disquirere, et sic ad interiora eius ingreditur."

40 Vgl. Thomas von Aquin, *Summa Theologiae*, II–II, q. 30, a. 4: „Et ideo quantum ad hominem, qui habet Deum superiorem, caritas, per quam Deo unitur, est potior quam misericordia." Die Vereinigung mit Gott ist das höchste Gut für den Menschen.

41 Vgl. Thomas von Aquin, *Summa contra gentiles*, l. 1, c. 91 (n. 763): „aliae operaciones animae sint circa unum solum obiectum, solus amor ad duo obiecta ferri videtur … amor vero aliquid alicui vult, hoc enim amare dicimur cui aliquod bonum volumus." Für die Liebesdynamik siehe: Juan José Pérez-Soba, *Amor es nombre de persona* (I, q. 37, a. 1). *Estudio sobre la interpersonalidad en el amor en San Tommaso d'Aquino*, Mursia, Roma 2001.

42 Diese Überlegungen sind von: F. X. Durrwell, „Indissoluble et destructible mariage", in: *Revue de Droit Canonique* 36 (1986), S. 214–242.

43 Kasper, *Evangelium*, S. 79.

44 Kasper, *Evangelium*, S. 66. Genauso bei S. 88, wobei er implizit Thomas zitiert, nämlich: Thomas von Aquin, *Summa Theologiae*, I, q. 21, a. 3, ad 2: „iustitiae plenitudo". Vorher hatte er sich bezogen auf Kasper, *Barmherzigkeit*, 75: „die größere und höhere Gerechtigkeit des himmlischen Vaters".

45 Vgl. Thomas von Aquin, *Summa Theologiae*, I, q. 21, a. 1: „Ita ordo universi, qui apparet tam in rebus naturalibus quam in rebus voluntariis, demonstrat Dei iustitiam."

46 Karol Wojtyła, *Mi visión del hombre*, Palabra, Madrid 1997, S. 67.

47 Johannes Paul II., Enzyklika *Veritatis splendor*, Nr. 103, die zitiert: ders., *Ansprache an Teilnehmer eines Kurses zur verantwortlichen Elternschaft*, 1. März 1984.

48 Bernard Häring, *Ausweglos? Zur Pastoral bei Scheidung und Wiederverheiratung. Ein Plädoyer*, Herder, Freiburg 1989, S. 42. Vergleichen wir das mit Kasper, *Evangelium*, S. 88–89: „Bei der *Oikonomia* geht es nicht primär um ein kirchenrechtliches Prinzip, sondern um eine geistliche pastorale Grundeinstellung, welche das Evangelium nach Art eines guten, als *Oikonomos* verstandenen Hausvaters entsprechend dem Vorbild der göttlichen Heilsökonomie anwendet."

49 Vgl. Franziskus, *Lumen fidei*, Nr. 27: „dass die Liebe selbst eine Erkenntnis ist, eine neue Logik mit sich bringt".

50 Vgl. Nicolas I Patriarca, *Epistola* 30 (PG 111,212–213): „Dispensatio [οἰκονομία] enim est salutaris condescentio [συγκατάβασις], quae peccatorem salvificat, manum auxiliatricem porrigit lapsumque a casu erigit … Eripitur autem non qui peccato indulget, sed qui divinae dispensationis beneficio [θεία' μεθόδω' τῆς οἰκουομίας] procul aufigit et illius instantiam declinat."

51 Johannes Paul II., *Ansprache an die Rota Romana*, 28. Januar 2002.

52 Konzil von Trient, 24. Sitzung vom 11. November 1563, Kanon 5 (DH 1805): „Wer sagt, das Band der Ehe könne wegen Häresie, Schwierigkeiten im Zusammenleben oder vorsätzlicher Abwesenheit vom Gatten aufgelöst werden: der sei mit dem Anathema belegt", und Kanon

7 (DH 1807): „Wer sagt, die Kirche irre, wenn sie lehrte und lehrt, gemäß der Lehre des Evangeliums und des Apostels [vgl. Mt 5,32; 19,9;
Mk 10,11 f.; Lk 16,18; 1 Kor 7,11], könne das Band der Ehe wegen Ehebruchs eines der beiden Gatten nicht aufgelöst werden, und keiner von
beiden, nicht einmal der Unschuldige, der keinen Anlaß zum Ehebruch gegeben hat, könne, solange der andere Gatte lebt, eine andere
Ehe schließen, und derjenige, der eine Ehebrecherin entläßt und eine
andere heiratet, und diejenige, die einen Ehebrecher entläßt und einen
anderen heiratet, begingen Ehebruch: der sei mit dem Anathema belegt."

53 II. Vatikanisches Konzil, Pastoralkonstitution *Gaudium et spes*, Nr. 48.

54 Vgl. ebd., Nr. 50: „die Eigenart des unauflöslichen personalen Bundes".

55 Johannes Paul II., *Familiaris consortio*, Nr. 13.

56 Vgl. Livio Melina, „Quando la verità si incontra con la misericordia:
comunità cristiana e famiglie separate", in: Paolo Gentili, Tommaso
und Giulia Cioncolini, Hrsg., (Ufficio Nazionale della CEI per la pastorale familiare), *Luci di speranza per la famiglia ferita. Persone separate e
divorziati risposati nella comunità cristiana*, Cantagalli, Siena 2012, S. 85:
„La pastorale dovrebbe riflettere maggiormente sulla condizione dei
separati, riconoscendola come uno stato di vita legittimo e prevenden-
do itinerari spirituali specifici di riconciliazione, volti a ricostituire,
quando possibile, la convivenza coniugale e in ogni caso a favorire la
fedeltà al vincolo sacramentale."

57 Siehe ebenfalls bei den Kirchenvätern: vgl. Henri Crouzel, „Divorce et
remariage dans l'Église primitive. Quelques réflexions de méthodologie historique", in: *Nouvelle Revue Théologique* 98 (1976), S. 903: „Le nou-
veau mariage est constamment qualifié d'adultère."

58 Vgl. 2. Konzil von Lyon, 4. Sitzung, (6. Juni 1274), *An Michael Palaiologos*
(DH 860); Konzil von Florenz, *Exultate Deo* für die Armenier, (22. November 1439) (DH 1310–1327).

59 Vgl. 2. Konzil von Lyon, 4. Sitzung, (6. Juni 1274), *An Michael Palaiologos*
(DH 860): „Bezüglich der Ehe aber hält sie [die heilige Römische Kir-
che] fest, daß weder *ein* Mann zugleich mehrere Frauen noch *eine* Frau
<zugleich> mehrere Männer haben darf."

60 Kasper, *Evangelium*, S. 78.

61 Johannes Paul II., *Ansprache an die Rota Romana*, 21. Januar 2000, Nr. 8.

62 Eine der größten theologischen Schwächen von Bernhard Härings
Buch über die Pastoral für wiederverheiratete Geschiedene ist, dass er
dieses Argument nicht einmal erwähnt und den Rest nur als eine Frage von pastoralen Zugeständnissen hält.

63 Vgl. José Granados, *Una sola carne en un solo espíritu. Teología del matrimonio*, Palabra, Madrid 2014.

64 Pavel Evdokimov, *Sacramento dell'amore. Il mistero coniugale alla luce della tradizione ortodossa*, Servitium, Sotto il Monte Bg 1999, S. 244.

65 Kasper, *Evangelium*, S. 38. Das Zitat von *Evangelii gaudium* hat mit dem Thema nur indirekt zu tun.

66 Walter Kasper, *Zur Theologie der christlichen Ehe*, Matthias-Grünewald-Verlag, Mainz 1977, S. 31.

67 Ebd., S. 33.

68 Pavel Evdokimov, *Le Sacrement de l'amour*, Paris 1962, S. 256. Bernhard Häring spricht von: physischem, moralischem, psychischem und sozialem Tod. Vgl. Häring, *Ausweglos?* Er zitiert dafür aber keine Quelle. Die Analogie des Todes aus einem psychologischen Blickwinkel benutzt: A. Grillo, *Indissolubile? Contributo al dibattito sui divorziati risposati*, Citadella Editrice, Assisi 2014, wobei er die Unauflöslichkeit als Unverfügbarkeit versteht, vgl. ebd., S. 11.

69 Vgl. Paul Ricoeur, „La metafora nuziale", in: André LaCocque und Paul Ricoeur (hrsg. v. Franco Bassari), *Come pensa la Bibbia. Studi esegetici ed ermeneutichi*, Paideia, Brescia 2002, S. 269: „La vera conclusione [del Cantico] si trova in 8,6 … importante è non la consumazione carnale, mai descritta, mai raccontata, ma la promessa di alleanza – indicata dal ‚sigillo' – che costituisce l'anima di ciò che è nuziale."

70 Kasper, *Evangelium*, S. 55 (unsere Kursivsetzung).

71 Kasper, *Theologie der christlichen Ehe*, S. 81–82: „Nicht wenige Seelsorger und Theologen, zu denen auch der Verfasser gehört, sind der Meinung, dass die geltenden kirchenrechtlichen Bestimmungen in der gegenwärtigen Situation kein befriedigendes Instrumentarium für pastorale Hilfen bieten. Im Allgemeinen gehen sie jedoch nicht so weit, dass sie befürworten, die Zweitehe in liturgischer Form einzusegnen und sie als sakramentale Ehe der Erstehe gleichzustellen." Ebd., S. 66–67: „In der Ostkirche bildete sich die Praxis heraus, bei Vorliegen bestimmter objektiver Gründe, die in einer gewissen lockeren Analogie zu Tod und Ehebruch des Partners stehen, gemäß dem Prinzip der Ökonomie eine zweite Ehe zu erlauben, ohne dass diese der ersten Ehe gleichgestellt wird. Der Grundsatz der Unauflöslichkeit als solcher soll damit nicht angetastet werden; es soll aber in schwierigen Situationen dem, der zur Buße bereit ist, aufgrund der Barmherzigkeit Gottes eine neue Möglichkeit menschlicher, christlicher und kirchlicher Existenz eröffnet werden."

72 Vgl. ebd., S. 91–92: „Darum ist jeder menschliche Ehewille eine unvollständige Verwirklichung des Geheimnisses Christi und der Kirche, die danach strebt, ihre innere religiöse und christliche Entelechie stets besser zu entfalten. Dies kann besonders dann von Bedeutung sein, wenn aus irgendwelchen Gründen eine kirchlich-sakramentale Ehe

nicht möglich, aber ein nicht nur menschlicher, sondern auch christlicher Ehewille vorhanden ist (etwa bei wiederverheirateten Geschiedenen). Sie dürfen darauf vertrauen, dass Gott ihnen die Gnade zur Erfüllung ihrer Pflichten schenkt, da ihre Verbindung durch den Glauben, der sich gegebenenfalls in der Buße für die Schuld am Zerbrechen der ersten Ehe auswirkt, teilnimmt am Mysterium Christi und der Kirche."

73 Kasper, *Evangelium*, S. 66 (unsere Kursivsetzung).

3. Kapitel
Die Erfahrung der Frühkirche: Treue zum Evangelium der Familie

1 Walter Kasper, *Das Evangelium von der Familie. Die Rede vor dem Konsistorium*, Herder, Freiburg i. Br. 2014, S. 11.

2 Tomás Rincón, *El matrimonio: misterio y signo*, EUNSA, Pamplona 1971.

3 In diesem Sinn ist für seine wissenschaftliche Genauigkeit beispielhaft Henri Crouzel, „Divorce et remariage dans l'Église primitive. Quelques réflexions de méthodologie historique", in: *Nouvelle Revue Théologique* 98 (1976), S. 891–917.

4 Vgl. Alfons von Liguori, *Teologia Moralis*, I, Tr. 1, c. 2, n. 22, Typographia Vaticana, Romae 1905, S. 11: „Nunquam esse licitum cum conscientia pratica dubia operari."

5 Vgl. ebd., I, Tr. 1, c. 3, n. 55, l.c., 25: „Nam ad licite operandum sola non sufficit probabilitas; sed requiritur moralis certitudo de honestate actionis."

6 Walter Kasper, *Zur Theologie der christlichen Ehe*, Matthias-Grünewald-Verlag, Mainz 1977, S. 64.

7 Kasper, *Evangelium*, S. 63 (unsere Kursivsetzung).

8 Ebd., S. 74.

9 Ebd., S. 75–76.

10 Ebd., S. 76.

11 Man denke nur an das monumentale Werk von Ugo di San Vittore, *De Sacramentis christianae fidei*, Monasterii Westfalorum, Münster 2008.

12 Vgl. J. H. Erickson, „Oikonomia in Byzantine Canon Law", in: K. Pennington und R. Somerville (Hrsg.), *Law, Church and Society: Essays in Honor of Stephan Kuttner*, University of Pennsylvania Press, Philadelphia 1977, S. 225–236.

13 Dazu ist diese Untersuchung grundlegend: Luigi Bressan, *Il divorzio nelle Chiese orientali*, EDB, Bologna 1976. Vgl. C. Vasil, „Separazione,

scioglimento, nuove nozze nell'Ortodossia. Orientamenti per la prassi cattolica", in: *Nicolaus* 37 (2010), S. 225–246.

14 Kasper, *Evangelium*, S. 76: „Sie sind aber seit dem 6. Jahrhundert in Anlehnung an das byzantinische Reichsrecht über die Position der pastoralen Duldung, Milde und Nachsicht hinausgegangen und anerkennen außer den Ehebruchklauseln weitere Scheidungsgründe, die vom moralischen und nicht nur physischen Tod des Ehebandes ausgehen." Das scheint eine kritische Darlegung zu sein. Für die Anspielung auf die Analogie des „moralischen Todes" der Ehe, die, wie wir gesehen haben, von Evdokimov stammt, fehlt jede Wertung. Die ist aber notwendig, da es sich dabei um eine uneigentliche Analogie handelt. Auf Basilio Petrà, der sie vertritt, antwortet Ángel Rodríguez Luño: „L'estinzione del matrimonio a causa della morte. Obiezioni alla tesi di Basilio Petrà", in: *Rivista di Teologia Morale* 130 (2001), S. 237–248. Gegenantwort in: Basilio Petrà, „Risposta a Rodríguez-Luño", in: *Rivista di Teologia Morale* 130 (2001), S. 249–258.

15 Für diese theologiegeschichtliche Einordnung siehe Gilles Pelland, „Le dossier patristique relatif au divorce. Revue de quelques travaux récents" (2), in: *Science et Esprit* 25 (1973), S. 99–119.

16 Kasper, *Evangelium*, S. 64. Kasper bezieht sich nochmal im Anhang auf diesen Kanon, aber in abgeschwächter Weise als einer einfachen Möglichkeit und klärt, dass dieser Kanon gegen einen Rigorismus gerichtet ist, der nichts mit der hier behandelten Frage zu tun hat: vgl. ebd., 74: „Vor diesem Hintergrund [der pastoralen Duldung] ist wohl der gegen den Rigorismus des Novatian gerichtete Kanon 8 des Konzils von Nikaia (325) zu verstehen."

17 Giovanni Cereti, *Divorzio, nuove nozze e penitenza nella chiesa primitiva*, EDB, Bologna 1977. Zitiert von Kasper, *Evangelium*, S. 74. Dabei sieht man die Bedeutung, die ihm Kasper beimisst, an den drei Auflagen, die zitiert werden. Cereti hatte das Thema schon allgemein behandelt in Giovanni Cereti, *Matrimonio e indissolubilità: nuove prospettive*, EDB, Bologna 1971.

18 Cereti, *Divorzio*, S. 371–379.

19 Vgl. die spätere Diskussion zum kritischen Text von: P. Nautin, „Divorce et remariage chez saint Épiphane", in: *Vigiliae Christianae* 37 (1983), S. 157–173; Henri Crouzel, „Encore sur divorce et remariage selon Épiphane", in: *Vigiliae Christianae* 38 (1984), S. 271–280.

20 Kasper, *Evangelium*, S. 64, Fußnote 21.

21 Heinrich Denzinger und Peter Hünermann, *Enchiridion Symbolorum Definitionum et Declarationum de Rebus Fidei et Morum, Kompendium der Glaubensbekenntnisse und kirchlichen Lehrentscheidungen*, Lateinisch-Deutsch, 44. Auflage, Herder, Freiburg i. Br. 2014, S. 59, Nr. 127.

22 Der hingegen Folge leistet: Henri Crouzel, „Les digamoi visés par le Concile de Nicée dans son canon 8", in: *Augustinianum* 18 (1978), S. 541–545.

23 Vgl. Cereti, *Divorzio*, S. 300.

24 Ebd., S. 325 (unsere Übersetzung).

25 Vor allem die Aussage Sokrates' in: *Storia ecclesiastica*, V, 22 (PG 67,641): „I novaziani della Frigia escludono coloro che vivono in seconde nozze, quelli di Costantinopoli né li escludono apertamente né li ammettono esplicitamente. Nelle regioni occidentali li ammettono apertamente", zitiert von: Cereti, *Divorzio*, S. 311.

26 Augustinus, *De haeresibus*, Nr. 38, *Nuova Biblioteca Agostiniana* (*NBA*), Città Nuova Editrice, Roma 1965–2005, XII/1, S. 90–91: „Cathari, qui seipsos isto nomine quasi propter munditiam superbissime atque odiosissime nominant, secundas nuptias non admittunt, paenitentiam denegant, Novatum sectantes haereticum, unde etiam Novatiani appellantur."

27 Augustinus, *De bono uiduitatis*, 4,6, *NBA*, VII/1, S. 174–175: „Non damnat unas nuptias tuas, sic nec viduitas tua cuiusquam secundas. Hinc enim maxime Cataphrygarum ac Novatianorum haereses tumuerunt, quas buccis sonantibus, non sapientibus etiam Tertullianus inflavit."

28 Ebd.: „Mala sunt enim adulterium vel fornicatio."

29 Cereti, *Divorzio*, S. 318.

30 Vgl. Gilles Pelland, „La pratica della Chiesa antica relativa ai fedeli divorziati risposati", in: Kongregation für die Glaubenslehre, *Sulla pastorale dei Divorziati risposati*, Libreria Editrice Vaticana, Città del Vaticano 1998, S. 99–131. Der Autor spricht ausdrücklich von dem Buch Ceretis in: ebd., S. 115–121. Die folgenden Väterzitate basieren auf Pellands italienischer Übersetzung, die genauer ist als andere Versionen.

31 Walter Kasper, „Nach der Zulassung zum Bußsakrament gefragt", *Die Tagespost*, 15. April 2014, S. 12.

32 Der zitierte Artikel Joseph Ratzingers von 1972 spricht nicht von Nicäa. Der Autor hat diesen Artikel darüber hinaus ausdrücklich zurückgezogen. Das hätte Kasper erwähnen müssen: vgl. Joseph Ratzinger, „Pope, Church and Gospel", in: *The Tablet* 245, Nr. 7891, 26 Oktober 1991.

33 Kasper, *Evangelium*, S. 74–75. Das andere Zitat ist: ebd., 63: „Origenes berichtet von dieser Gewohnheit und bezeichnet sie als ‚nicht unvernünftig'."

34 Unsere Übersetzung der Version bei Pelland, „La pratica della Chiesa antica", S. 106–107. Orginaltext bei: PG 13,1245–1246.

35 Vgl. Henri Crouzel, *L'Église primitive face au divorce*, Beauchesne, Paris 1971, S. 83: „Par trois fois il souligne qu'ils ont agi ainsi en contradiction avec les Écritures: malgré la modération du ton, le blâme est net, l'Écriture étant pour lui la norme suprême."

36 Das deutet an: ebd., S. 83–84: „Ils ont permis cette liaison ou cette faiblesse, ou usé de cette condescendance, pour éviter des maux plus grands. Ils ont donc des circonstances atténuantes qui ne suppriment pas le blâme fondamental."

37 Kasper, *Evangelium*, S. 64.

38 Ebd., S. 66–67.

39 Vgl. Henri Crouzel, „Encore sur divorce et remariage selon Épiphane", in: *Vigiliae Christianae* 38 (1984), S. 279; Evdokimov, *Sacramento dell'amore*, S 251.

40 Basilius der Große, *Brief* 188, c. 9; vgl. Pelland, „La pratica della Chiesa antica", S. 113. Orginaltext bei: PG 32,677–680.

41 Vgl. Basilius der Große, *Brief* 199,46 (PG 32,738–739): „Quae viro ad tempus ab uxore derelicto insciens nupsit, ac deinde dimissa est, quod prior ad ipsum reversa sit, fornicata quidem est, sed imprudens. A matrimonio ergo non arcibetur, sed melius est si sic permaneat." Es ist unverständlich, warum Kasper, *Evangelium*, S. 75 auch das zitiert: Basilius, *Brief* 199,18 wo gesagt wird: (PG 32,719–720): „Quemadmodum igitur eum qui cum aliena est muliere, adulterum nominamus, non prius admittentes ad communionem, quan a peccato cessaverit." Das ist ein Text, der deutlich seiner Position widerspricht, während der andere Kanon, auf den er sich sonst bezieht, der ist: c. 35 (PG 32,727–728).

42 Um all diese Möglichkeiten, die andere Kanones miteinbeziehen, kümmert sich: F. Cayré, „Le divorce au IVe siècle dans la loi civile et les canons de saint Basile", in: *Échos d'Orient* 19 (1920), S. 295–321.

43 Basilius der Große, *Moralia*, Reg. 73,2; vgl. Pelland, „La pratica della Chiesa antica", S. 115. Orginaltext bei: PG 31,851–852.

44 Hier die Zusammenfassung einer möglichen Textanalyse: vgl. Pelland, „La pratica della Chiesa antica", S. 114-115: „*Obiettivamente*, la donna del canone 46 ha fornicato unendosi ad un uomo già sposato, ma *soggettivamente* non la possiamo rimproverare, perché essa lo ignorava. La donna del canone 9, da parte sua, non lo ignorava si parlerà quindi *a fortiori* di colpa *oggettiva*. Egualmente la donna del canone 46 potrà sposare qualcun altro dopo essere ,rimandata', poiché la sua prima unione non era un matrimonio. Questo vale anche per la donna del canone 9, unita anch'essa a un uomo abbandonato. Perché supporre che vi sia matrimonio in un caso (can. 9) e non nell'altro (can. 46)? In breve, non è chiaro che il canone 9 autorizzi il secondo matrimonio di un uomo abbandonato da sua moglie. Una lettura attenta dei testi

suggerisce soltanto che si testimonia a suo riguardo una certa indulgenza: *non lo si sottoporrà alla penitenza come se fosse senza scusanti.*"

45 Vgl. ebd., S. 113: „L'oggetto proprio di questi documenti, come lo nota Basilio nella lettera 217, è di determinare le pene dovute a certe mancanze."

46 Vgl. Henri Crouzel, „Le texte patristique de Matthieu V.32 et XIX.9", in: *New Testament Studies* 19 (1972–1973), S. 98–119.

47 Gregor von Nazianz, Oratio 37.

48 Ebd.

49 Gregor von Nazianz, *Epistola*, 144, in Pelland, „La pratica della Chiesa antica", S. 117.

50 Vgl. Kasper, *Evangelium*, S. 75, und zuvor in einer kurzen Anspielung: ebd., S. 64.

51 Augustinus, *De fide et operibus*, 19,35, in *NBA*, VI/2, 755: „Et in ipsis divinis sententiis ita obscurum est utrum et iste, cui quidem sine dubio adulteram licet dimittere, adulter tamen habeatur si alteram dixerit, ut, quantum existimo, venialiter ibi quisque fallatur." Dazu die Interpretation von: A. Trapé, „Introduzione generale", in: *NBA*, VII/1, XLVII: „Ritengo che qui si tratti sempre della questione pastorale. Agostino non vuol dire che in questo secondo caso il separato che risposi commetta peccato veniale, ma che l'errore dei ‚misericordiosi‘ che vorrebbero ammetterlo al battesimo è comprensibile." Im Sinn von: ebd., XLVI: „La prasi ecclesiastica esistente era ben diversa da quella che i cosiddetti ‚misericordiosi‘ volevano introdurre."

52 Und sagt unmittelbar danach: Augustinus, *De fide et operibus*, 19,35, in *NBA*, VI/2, 755 in: CSEL 41/5,81: „Quamobrem quae manifesta sunt impudicitiae crimina, omni modo a Baptismo prohibenda sunt."

53 Das ist die Erklärung der Kommentatoren: J. Pegon, „Notes complémentaires", in: *Oeuvres de Saint Augustin, Première série. VIII: La foi chrétienne,*«Bibliothèque Augustinienne», Desclée de Brouwer, Bar le Duc 1982, 508: „Le seul point où il manifeste quelque originalité, semble-t-il, et dans le sens de l'indulgence, est la solution qu'il donne des cas de la concubine ayant rompu et du mari ayant renvoyé sa femme convaincue d'adultère, mais sans se remarier ensuite ... Pareille largeur d'esprit, nullement courante à l'époque, dénote non seulement la bonté d'âme, mais surtout une rare sûreté doctrinale."

4. Kapitel

Ein in der Zeit geschenktes Leben: zur Erneuerung des
moralischen Subjekts

1   Walter Kasper, *Das Evangelium von der Familie*, Herder, Freiburg i. Br.
    2014, S. 38.
2   Friedrich Nietzsche, *Zur Genealogie der Moral*, in ders. *Jenseits von Gut
    und Böse. Zur Genealogie der Moral*, hrsg. von Giorgio Colli und Mazzi-
    no Montinari, Deutscher Taschenbuch Verlag, München 1999, S. 293.
3   Ebd., S. 293–294.
4   Ebd. S. 294. Für eine erhellende Diskussion dieser Stelle vgl. Hannah
    Arendt, *Vita activa oder Vom tätigen Leben*, Piper, München 2001,
    S. 314.
5   Benedikt XVI., *Ansprache beim Weihnachtsempfang für die Römische Ku-
    rie*, 21. Dezember 2012.
6   Ebd.
7   Kasper, *Evangelium von der Familie*, S. 58.
8   Ebd., S. 59.
9   Ebd.
10 Ebd., S. 61.
11 Ebd., S. 58.
12 Ebd., S. 66.
13 Zygmunt Bauman, *Flüchtige Moderne*, Suhrkamp Verlag, Stuttgart
    2003, S. 34.
14 Ebd.
15 Ebd., S. 171.
16 Arendt, *Vita activa*, S. 324.
17 Bauman, *Flüchtige Moderne*, S. 193.
18 Vgl. „Kampf um CSU-Vorsitz: Pauli will Ehen auf sieben Jahre befris-
    ten", http://www.spiegel.de/politik/deutschland/kampf-um-csu-vor-
    sitz-pauli-will-ehen-auf-sieben-jahre-befristen-a-506669.html (abgeru-
    fen am: 4. Mai 2014).
19 Bauman, *Flüchtige Moderne*, S. 193–194.
20 Vgl. François de La Rochefoucauld, *Maximes et réflexions morales / Ma-
    ximen und Reflexionen: Französisch/Deutsch*, Reclam, Stuttgart 2012,
    S. 35: „Seinen Freunden zu misstrauen ist schändlicher, als von ihnen
    betrogen zu werden."
21 Jacques T. Godbout, mit Alain Caillé, *The World of the Gift*, McGill-
    Queen's University Press, Montreal & Kingston 1998, S. 34.
22 Ebd.
23 Vgl. ebd.

24 Vgl. Scott Hahn, *Kinship by Covenant. A Canonical Approach to the Fulfillment of God's Saving Promises*, Yale University Press, New Haven 2009.
25 Godbout, *World of the Gift*, S. 34.
26 Vgl. Leo XIII., Enzyklika *Arcanum*, 10. Februar 1880. Die Lehre der ersten ganz dem Thema der Ehe gewidmeten Enzyklika ist immer noch aktuell, heute vielleicht mehr denn je.
27 Karl Marx, „Der Ehescheidungsgesetzentwurf", in: *Rheinische Zeitung* 353, 19. Dezember 1842 (Im Internet abrufbar unter: http://www. mlwerke.de/me/me01/me01_148.htm).
28 Vgl. Joseph Ratzinger, „Verantwortung für den Frieden", in: *Werte in Zeiten des Umbruchs. Die Herausforderungen der Zukunft bestehen*, Herder, Freiburg i. Br. 2005, S. 102: „Ein älterer Kollege, dem die Not des Christseins in unserer Zeit auf der Seele lag, äußerte damals in einem Disput die Meinung, man müsse eigentlich Gott dankbar sein, dass er so vielen Menschen schenke, guten Gewissens ungläubig zu werden. Denn wenn ihnen die Augen aufgingen und sie gläubig würden, wären sie nicht imstande, in dieser unserer Welt die Last des Glaubens und seine moralischen Verpflichtungen zu ertragen ... Was mich störte, war die Vorstellung, das danach der Glaube eine kaum zu ertragende und wohl nur für starke Naturen zu meisternde Last wäre, beinahe eine Art Strafe, jedenfalls eine Zumutung nicht leicht zu bewältigender Art. Er würde danach das Heil nicht erleichtern, sondern erschweren. Froh sein müsste man demnach, wem nicht aufgebürdet wird, glauben zu müssen und sich dem Joch der Moral des Glaubens der katholischen Kirche zu beugen."
29 Vgl. Franziskus, *Ansprache an junge Paare, die sich auf die Ehe vorbereiten*, 14. Februar 2014.
30 The President's Council on Bioethics, *Beyond Therapy. Biotechnology and the Pursuit of Happiness*, Regan Books, New York 2003, S. 185.
31 Vgl. Max Scheler, „Reue und Wiedergeburt", in: *Vom Ewigen im Menschen*, Bd. 1: Religiöse Erneuerung, Der Neue Geist-Verlag, Leipzig 1921, S. 23: „Ich sah vor einigen Jahren in einem deutschen Irrenhaus einen 70-jährigen Greis, der auf der Entwicklungsstufe seines 18. Jahres seine gesamte Umwelt erlebte. Das besagt nicht, dieser Mann wäre in den besonderen Inhalten versunken gewesen, die er als 18-jähriger erlebte, er hätte etwa Wohnung, Menschen, Straßen, Städte usw. vor sich gesehen, die damals seinen Umweltgehalt ausmachten. Er sah, hörte, erlebte vielmehr durchaus alles das, was gegenwärtig um ihn im Zimmer vorging, aber er erlebte es ‚als' der Achtzehnjährige, der er damals war, mit allen seinen individuellen und generellen Willensgesinnungen, Strebenseinstellungen, Hoffens- und Furchtrichtungen in dieser Lebensphase."

32 Vgl. President's Council on Bioethics, *Beyond Therapy*, S. 185.

33 Franziskus, Enzyklika *Lumen fidei*, 29. Juni 2013, Nr. 52.

34 Vgl. Benedikt XVI., *Ansprache an die Teilnehmer des Internationalen Kongresses des Päpstlichen Instituts „Johannes Paul II." für Studien über Ehe und Familie*, 13. Mai 2011: „In der Familie entdeckt der Mensch seine Bezogenheit, nicht als unabhängiges Individuum, das sich selbst verwirklicht, sondern als Kind, als Ehepartner, Elternteil, dessen Identität in dem Berufensein zur Liebe, zum Empfangen von den anderen und zum Sich-Hingeben an die anderen ihren Grund hat."

35 Vgl. Jay Teachman, „Premarital Sex, Premarital Cohabitation, and the Risk of Subsequent Marital Dissolution Among Women", in: *Journal of Marriage and Family* 65 (May 2003): S. 444–455: „Bei Frauen, die vor der Ehe mit ihrem Partner zusammenleben oder vorehelichen Geschlechtsverkehr haben, hat das Zerbrechen der Ehe eine größere Wahrscheinlichkeit. Zieht man ebenso die mit dem unverheirateten Zusammenleben oder vorehelichem Sex verbundenen Auswirkungen wie auch die Geschichte der vorehelichen Beziehungen in Betracht, wird die vorhergehende Untersuchung ausgeweitet. Das auffälligste Ergebnis dieser Analyse ist, dass bei Frauen, deren voreheliche intime Beziehungen auf ihren Ehemann beschränkt waren – entweder nur vorehelicher Sex oder auch Zusammenleben –, kein erhöhtes Scheidungsrisiko besteht. Nur bei Frauen, die mehr als eine voreheliche intime Beziehung hatten, besteht ein erhöhtes Risiko für das Zerbrechen der Ehe. Dieser Effekt ist am stärksten bei Frauen, die vor der Ehe mit verschiedenen Partnern zusammengewohnt haben" (S. 453).

36 Vgl. ebd.: „Diese Ergebnisse stimmen überein mit der Feststellung, dass vorehelicher Geschlechtsverkehr und unverheiratetes Zusammenleben Teil des normalen Brautwerbungsmusters in den Vereinigten Staaten geworden sind. Sie sind kein Anzeichen für Selektivität hinsichtlich der mit dem Scheidungsrisiko verbundenen Merkmale und gehören nicht zu den Erfahrungen, die die Stabilität der Ehe verringern."

37 Vgl. Alasdair MacIntyre, *Der Verlust der Tugend. Zur moralischen Krise der Gegenwart*, Suhrkamp, Frankfurt am Main 1995, vor allem Kapitel 15: „Die Tugenden, die Einheit des menschlichen Lebens und der Begriff von Tradition."

38 Robert Spaemann, *Personen. Versuche über den Unterschied zwischen „etwas" und „jemand"*, Klett-Cotta, Stuttgart 1996, S. 242: „Ein einzigartiger und zugleich exemplarischer Fall des Versprechens ist das Eheversprechen. In ihm wird nicht nur eine bestimmte Leistung versprochen, die man immerhin auch dann erbringen kann, wenn einem nicht danach zumute ist und wenn man auch nicht mehr die

Präferenzen hat, die einen zu dem Versprechen veranlassten. Im Eheversprechen verbinden zwei Personen ihre Schicksale miteinander auf eine der Intention des Versprechens nach unwiderrufliche Weise. Dieses Versprechen kann kaum gehalten werden, wenn man wirklich fundamental anderen Sinnes geworden ist."

39 Ebd.

40 Ebd., S. 243.

41 Ebd., S. 242.

42 Vgl. ebd., S. 242–243: „Jeder Schritt dieser Entwicklung geschieht dann im Bewusstsein der Bedeutung, die er für den anderen und für dessen Entwicklung hat. Es ist dies eine sehr große Einschränkung des Spielraums. Aber es ist keine ‚Einschränkung der Freiheit'. Denn den ganzen Spielraum an Möglichkeiten können wir ohnehin nicht ausschöpfen. Und mit jeder Möglichkeit, die wir wählen, annullieren wir definitiv andere. Wer diesen Preis nicht zahlen will, der darf keine der Möglichkeiten wirklich ergreifen, also seine Freiheit nie wirklich realisieren."

43 Maurice Blondel, *Die Aktion: Versuch einer Kritik des Lebens und einer Wissenschaft der Praktik* (1893), Übers.: Robert Scherer, Alber, Freiburg – München 1965, S. 10.

44 Kasper, *Evangelium von der Familie*, S. 61.

45 Ebd.

46 Ebd., S. 62.

47 Benoît-Dominique de La Soujeole, „Communion sacramentelle et communion spirituelle", in: *Nova et Vetera*, (2011), S. 147–153.

48 Ebd., S. 149: „[L]a communion sacramentelle est ordonnée à la communion spirituelle comme l'imparfait l'est au parfait."

49 Konzil von Trient, XIII. Sitzung, Kapitel VIII, in: Heinrich Denzinger und Peter Hünermann, *Enchiridion Symbolorum Definitionum et Declarationum de Rebus Fidei et Morum, Kompendium der Glaubensbekenntnisse und kirchlichen Lehrentscheidungen*, Lateinisch-Deutsch, 44. Auflage, Herder, Freiburg i. Br. 2014, S. 496, Nr. 1648.

50 Vgl. de La Soujeole, „Communion sacramentelle", S. 148, Fußnote 5.

51 Ebd., S. 151: „Il y a d'abord le cas du baptisé fervent dont la vie est comme ‚rythmée' par la participation au mystère eucharistique, qui dans son existence quotidienne fait des communions spirituelles (actes de foi vive), qui atteint par là le fruit parfait de la communion sacramentelle qu'il ha reçu précédemment."

52 Kasper, *Evangelium von der Familie*, S. 61.

53 Vgl. de La Soujeole, „Communion sacramentelle", S. 150: „L'expression ‚communion spirituelle' signifie ici le désir du sacrement eucharistique."

54 Vgl. ebd., S. 150.

55 Ebd.: „C'est ce désir qui, grandissant, peut à terme conduire le pécheur à rompre avec la cause qui le sépare encore du sacrement et donc de la communion spirituelle parfait avec le Christ qui est le fruit du sacrement."

56 Ebd., S. 151: „C'est aussi le cas des personnes qui, quel que soit le jugement de leur conscience, sont dans une situation extérieure qui contredit objectivement la moral chrétienne."

57 Carlo Caffarra, „Da Bologna con amore: fermatevi," in: *Il Foglio*, 14. März 2014; deutsche Übersetzung: http://www.kath.net/news/45279 (Abgerufen am 15. Mai 2014; ergänzt und leicht korrigiert, Anm. d. Übers.).

58 Johannes Paul II., Enzyklika *Ecclesia de Eucharistia*, 17. April 2003, Nr. 37.

59 Ebd.

60 Kasper, *Evangelium*, S. 81.

61 Ebd.: „Es gibt auch nicht *die* objektive Situation, welche einer Zulassung zur Kommunion entgegensteht, sondern viele sehr unterschiedliche objektive Situationen."

62 Johannes Paul. II, Enzyklika, *Veritatis Splendor*, 6. August 1993, Nr. 80.

63 Wie wir ausführlich erörtert haben, ändert die zivile Anerkennung ihrer Verbindung in den Augen der Kirche nichts an der Tatsache, dass sie *nicht* verheiratet sind.

64 Kasper, *Evangelium*, S. 62.

65 Ebd., S. 65.

66 Vgl. Juan José Pérez-Soba, „Tiefgründigster Interpret des Konzils", in: *Die Tagespost* (13. März 2014), S. 5: „Die Barmherzigkeit klopft an der Tür des Geschiedenen, damit dieser dem sakramentalen Ehebund treu bleibt und sich nie außerhalb stellt. Würde Barmherzigkeit etwas anderes bedeuten, dann wäre Ehebruch – denn so nennt Jesus selbst eine neue Verbindung – die einzige Sünde, die ohne Reue vergeben werden könnte."

67 Vgl. „Kasper: ‚Für eine bloße Phantomdiskussion ist das Problem zu ernst!'" (Abgerufen am: 4. Mai 2014): „Es geht im Vortrag nicht mehr um die Zulassung zur Kommunion, sondern um die Zulassung zum Sakrament der Buße und damit zur Absolution. Die Buße setzt voraus, dass Schuld gegeben und bereut wird, aber ebenso dass Gott dem, der umkehrt, barmherzig ist und die Schuld vergibt. Die Behauptung, ich betrachte den Ehebruch als die einzige Sünde, die ohne Reue vergeben werde, ist barer Unsinn, wie es Unsinn ist, Barmherzigkeit werde von mir als Toleranz des Bösen verstanden. ... [W]er sich mit meinen Fragen auseinandersetzen will, sollte kritisieren, was wirklich dasteht. Für eine bloße Phantomdiskussion ist das Problem zu ernst!"

68 Kasper, *Evangelium*, S. 65–66.

69 Schließlich ist eine gültige und vollzogene sakramentale Ehe unauflöslich. Vgl. ebd., S. 78: „Niemand stellt die Unauflöslichkeit einer sakramentalen Ehe, die geschlossen und vollzogen (*ratum et consumatum*) wurde, infrage."

70 Ebd., S. 65.

71 Ebd., S. 65.

72 Ebd., S. 91.

73 Ebd., S. 89.

74 Martin Luther, Brief an Philipp Melanchthon, Nr. 424, 1. August 1521, in: *Werke. Kritische Gesamtausgabe. Briefwechsel. 2. Band,* Hermann Böhlaus Nachfolger, Weimar 1931, S. 372: „Sufficit, quod agnovimus per divitias gloriae Dei agnum, qui tollit peccatum mundi; ab hoc non avellet nos peccatum, etiamsi millies, millies uno die fornicemur aut occidamus."

5. Kapitel
Eine Pastoral der Barmherzigkeit: die Wahrheit in Liebe leben

1 Basilio Petrà, *Divorziati risposati e seconde nozze nella Chiesa. Una via di soluzione,* Cittadella, Assisi 2012, S. 38.

2 Vgl. *XI Rapporto Famiglia CISF* über die Familie in Italien – ein Bericht, der auch eine Reihe von Daten zur europäischen Situation aufzählt: Pierpaolo Donati (Hrsg.), *La relazione di coppia oggi. Una sfida per la famiglia,* Erickson, Trento 2012.

3 Vgl. Irène Théry, *Le démariage: Justice et vie privée,* Odile Jacob, Paris 1993.

4 Es handelt sich dabei keineswegs um vertiefte Anmerkungen: vgl. die Einleitung, die eine lange Reihe von Problemen präsentiert, ohne sie weiter auszuführen: Walter Kasper, *Das Evangelium von der Familie,* Herder, Freiburg i. Br. 2014, S. S. 9–10: „Viele Familien sehen sich heute mit großen Schwierigkeiten konfrontiert. Viele Millionen Menschen befinden sich in Situationen von Migration, Flucht und Vertreibung oder in menschenunwürdigen Elendssituationen, in denen ein geordnetes Familienleben kaum möglich ist. Die gegenwärtige Welt befindet sich in einer *anthropologischen Krise.* Individualismus und Konsumismus stellen die traditionelle Familienkultur infrage. Die *ökonomischen* Bedingungen erschweren oft das Zusammenleben und den Zusammenhalt in der Familie. So ist die Zahl derer dramatisch gestiegen, die vor der Gründung einer Familie zurückschrecken oder bei der

Realisierung ihres Lebensprojekts scheitern, ebenso die Zahl der Kinder, die nicht das Glück haben, in einer geordneten Familie aufzuwachsen" (unsere Kursivsetzung). Eine weitere Situationsbeschreibung, diesmal aus der Sicht der geschiedenen Wiederverheirateten, findet sich ab: ebd., S. 54; und am Schluss, wo zugegeben wird, dass es noch mehr zu sagen gäbe: ebd., 68: „und viele andere, in diesem Zusammenhang nicht genannte schwierige pastorale Situationen".

5   Ebd., 54.

6   Walter Kasper, *Il vangelo della famiglia*, Brescia: Queriniana, Brescia 2014, S. 42; (unsere Übersetzung). Aus irgendeinem Grund erscheint dieser Satz nicht in der deutschen Ausgabe des Textes.

7   Vgl. ebd., S. 45–53, wo gesagt wird: ebd., S. 50: „*Sie [die Familien] sind nicht nur Objekt, sondern Subjekt der Familienpastoral*" (unsere Kursivsetzung). Zum Thema: vgl. Giacomo Verrengia, *La famiglia, soggetto attivo e responsabile nell'evangelizzazione*, Laurenziana, Napoli 1996.

8   Die man so zusammenfassen könnte: Kasper, *Evangelium*, S. 69: „In den Familien trifft die Kirche auf die Wirklichkeit des Lebens. Darum sind diese Testfall der Pastoral und Ernstfall der neuen Evangelisierung." Zum Thema des Prinzips der Familie für eine organische Pastoral: Vgl. C. Giuliodori, „La famiglia cristiana, protagonista della nuova evangelizzazione", in: Juan José Pérez-Soba (Hrsg.), *La famiglia, luce di Dio in una società senza Dio. Nuova evangelizzazione e famiglia*, Cantagalli, Siena 2014, S. 87–110.

9   Vgl. die Studien bei: Livio Melina (Hrsg.), *Il futuro di una via: la fecondità di* Familiaris consortio *30 anni dopo*, in *Anthropotes* 28/1 (2012).

10 Vgl. die reichhaltigen pastoralen Zeugnisse in: Livio. Melina (Hrsg.), *Giovanni Paolo II, il Papa della Famiglia*, Cantagalli, Siena 2014.

11 Vgl. Franziskus, *Evangelii gaudium*, Nr. 111: „Gewiss handelt es sich um ein *Geheimnis*, das in der Heiligsten Dreifaltigkeit verwurzelt ist, dessen historisch konkrete Gestalt aber ein pilgerndes und evangelisierendes Volk ist."

12 Vgl. Benedikt XVI., *Deus caritas est*, Nr. 31: „Das Programm des Christen – das Programm des barmherzigen Samariters, das Programm Jesu – ist das ‚sehende Herz'. Dieses Herz sieht, wo Liebe nottut und handelt danach. Wenn die karitative Aktivität von der Kirche als gemeinschaftliche Initiative ausgeübt wird, sind über die Spontaneität des Einzelnen hinaus selbstverständlich auch Planung, Vorsorge und Zusammenarbeit mit anderen ähnlichen Einrichtungen notwendig."

13 Vgl. für diese Frage: Juan José Pérez-Soba, *La verità dell'amore. Una luce per camminare. Esperienza, metafisica e fondamento della morale*, Cantagalli, Siena 2011.

14 Das haben wir schon gesehen bei: Franziskus, *Lumen fidei*, Nr. 27.

15 Vgl. Franziskus, *Evangelii gaudium*, Nr. 63.

16 Vgl. José Granados, *Nessuna famiglia è un'isola. Le radici di una istituzione nella società e nella Chiesa*, Paoline, Milano 2013.

17 Vgl. Giovanna Rossi, „Famiglia e trasmissione della fede", in: Pérez-Soba (Hrsg.), *La famiglia, luce di Dio*, S. 35–75.

18 Benedikt XVI., *Predigt* zur Eröffnung der Bischofssynode zur Neuen Evangelisierung, 7. Oktober 2012. Später schließt er: ders., *Ansprache an die Kurie*, 21. Dezember 2012: „Es war beeindruckend, dass in der Synode immer wieder die Bedeutung der Familie für die Glaubensvermittlung herausgestellt wurde – als der genuine Ort, in dem die Grundformen des Menschseins weitergegeben werden."

19 II. Vatikanisches Konzil, *Gaudium et spes*, Nr. 47.

20 Ebd., Nr. 46.

21 Vgl. Livio Melina, „Il Vangelo della famiglia, davanti a noi. Prefazione", in Livio Melina und José Granados (Hrsg.), *Famiglia e nuova evangelizzazione: la chiave dell'annuncio*, Cantagalli, Siena 2012, S. 5–15.

22 Vgl. Juan José Pérez-Soba, *La pastorale familiare: tra programmazioni pastorali e generazione di una vita*, Cantagalli, Siena 2013. Darin finden sich die Begründungen für die vorherigen Behauptungen.

23 Livio Melina, José Noriega und Juan José Pérez-Soba, *Camminare nella luce dell'amore. I fondamenti della morale cristiana*, Cantagalli, Siena 2010, S. 123.

24 Vgl. Angelo Scola, *Identidad y diferencia*, Encuentro, Madrid 1989. Für das Weitere: Vgl. Livio Melina, *Azione epifania dell'amore. La morale cristiana oltre il moralismo e l'antimoralismo*, Cantagalli, Siena 2008.

25 Vgl. zu diesem Punkt: Livio Melina, „Verità sul bene." Razionalità pratica, etica filosofica e teologia morale. Da „Veritatis splendor" a „Fides et ratio", in: *Anthropotes* 15 (1999), S. 125–143.

26 Vgl. z. B. Thomas von Aquin, *Duo praecepta caritatis*, Prol. III (n. 1140): „Si quis habet omnia dona Spiritus Sancti absque caritate, non habet vitam."

27 Darauf bezieht sich: Kasper, *Evangelium*, S. 52. Und zitiert dabei: Franziskus, *Evangelii gaudium*, S. 197–201.

28 Vgl. Livio Melina (Hrsg.), *Il criterio della natura e il futuro della famiglia*, Cantagalli, Siena 2011.

29 Kasper, *Evangelium*, S. 60.

30 Ebd., S. 64. Was mit einschließt: ebd.: „eine Pastoral der Duldung, der Milde und der Nachsicht".

31 Johannes Paul II., *Veritatis splendor*, S. 56.

32 Benedikt XVI., *Ansprache an die Rota Romana*, 29. Januar 2010, die vom Verhältnis zwischen Nächstenliebe und Gerechtigkeit handelt.

33 Vgl. Franziskus, *Evangelii gaudium*, Nr. 9: „Das Gute neigt immer dazu, sich mitzuteilen."

34 Vgl. Livio Melina, „Agire per il bene della comunione", in: ders., *Cristo e il dinamismo dell'agire. Linee di rinnovamento della Teologia Morale Fondamentale*, Mursia, Roma 2001, S. 37–51.

35 Vgl. José Granados, „Trajo toda la novedad, al traerse a sí mismo«: apuntes para una teología de lo nuevo", in: Juan José Pérez-Soba und Eleonora Stefanyan (Hrsg.), *L'azione, fonte di novità. Teoria dell'azione e compimento della persona: ermeneutiche a confronto*, Cantagalli, Siena 2010, S. 285–303.

36 Johannes Paul II., *Veritatis splendor*, Nr. 52. Ausgehend von diesen Aussagen: ebd.: „Die *negativen Gebote* des Naturgesetzes sind allgemein gültig: Sie verpflichten alle und jeden Einzelnen allezeit und unter allen Umständen. Es handelt sich in der Tat um Verbote, die eine bestimmte Handlung *semper et pro semper* verbieten, ohne Ausnahme, weil die Wahl der entsprechenden Verhaltensweise in keinem Fall mit dem Gutsein des Willens der handelnden Person, mit ihrer Berufung zum Leben mit Gott und zur Gemeinschaft mit dem Nächsten vereinbar ist."

37 Ebd., S. 13.

38 Das wird gesagt bei: ebd., S. 90–94. Über dessen Bedeutung reflektiert: Joseph Ratzinger, „Il rinnovamento della teologia morale: prospettive del Vaticano II e di *Veritatis splendor*", in: Livio Melina und José Noriega (Hrsg.), *Camminare nella Luce. Prospettive della teologia morale a partire da Veritatis splendor*, Lateran University Press, Roma 2004, S. 35–45.

39 Vgl. Paolo Martinelli, *La testimonianza. Verità di Dio e libertà dell'uomo*, Paoline, Milano 2002.

40 Vgl. Livio Melina, „,Bene della persona' e ,beni per la persona'", in: *Lateranum* 77 (2011), S. 89-107.

41 Kasper, *Evangelium*, S. 87.

42 Weiterhin eine großartige Studie zur Klugheit: Livio Melina, *La conoscenza morale: linee di riflessione sul Commento di san Tommaso all'Etica Nicomachea*, EDUCatt, Milano 2005.

43 Vgl. C. A. J. van Ouwerkerk, *Caritas et ratio. Étude sur le double principe de la vie morale chrétienne d'après S. Thomas d'Aquin*, Drukkerij Gebr. Janssen, Nijmegen 1956.

44 Benedikt XVI., *Ansprache an die Rota Romana*, 21. Januar 2012.

45 Er zitiert die vorherige Aussage in: Kasper, *Barmherzigkeit*, S. 175–176.

46 Vgl. Kasper, *Evangelium*, S. 67.

47 Zitiert bei: Kasper, *Evangelium*, S. 67; die Quelle von Thomas zur Klugheit wird in Fußnote 21 zitiert; weiter in Fußnote 22; weitere Erwähnung auf S. 82.

48 Vgl. Kasper, *Evangelium*, S. 60 und S. 67.

49 Zur Epikie: Kasper, *Evangelium*, S. 82 und S. 88, immer in Bezug auf die *oikonomia*.

50 Siehe dazu: Daniel Westberg, *Right Practical Reason. Aristotle, Action and Prudence in Aquinas*, Clarendon Press, Oxford 1994; und José Noriega, *Guiados por el Espíritu. El Espíritu Santo y el conocimiento moral en Tomás de Aquino*, Mursia, Roma 2000.

51 Das ist der den Scholastikern gemeinsame Ansatz, den sie gegen Aristoteles und bezüglich der Diskussion um Abelard klären mussten: vgl. John Finnis, *Moral Absolutes. Tradition, Revision and Truth*, Catholic University of America Press, Washington 1991. Dabei ist es durchaus möglich, von einer Sichtweise auszugehen, die auf der Liebe aufbaut, wie es Michael Sherwin in kritischer Auseinandersetzung mit James F. Keenan zeigt: Michael Sherwin, *By Knowledge et by Love. Charity and Knowledge in the Moral Theology of St. Thomas Aquinas*, The Catholic University of America Press, Washington, DC 2004.

52 Vgl. die tief schürfenden Überlegungen von: Servais Pinckaers, *Les sources de la moral chrétienne. Sa méthode, son contenu, son histoire*, Éditions Universitaires Fribourg – Éditions du Cerf, Fribourg – Paris 1993, S. 25–28.

53 Das ist der Fall bei: Petrà, *Divorziati risposati*, S. 191–205.

54 Vgl. Johannes Paul II., *Ansprache an die Rota Romana,* 21. Januar 2000, Nr. 8: „Daraus geht klar hervor, dass die Nichtausdehnung der Vollmacht des Römischen Pontifex auf die gültigen und vollzogenen sakramentalen Ehen vom Lehramt der Kirche als definitiv anzusehende Lehre verkündet wird."

55 Kasper, *Evangelium*, S. 82–83.

56 Das beginnt mit dem Buch von: Wolfgang Kluxen, *Philosophische Ethik bei Thomas von Aquin*, Felix Meiner, Hamburg 1980, darauf folgen: Martin Rhonheimer, *Natur als Grundlage der Moral*, Tyrolia-Verlag, Innsbruck-Wien 1987; Eberhard Schockenhoff, *Bonum hominis. Die anthropologischen und theologischen Grundlagen der Tugendethik des Thomas von Aquin*, Matthias-Grünewald Verlag, Mainz 1987.

57 Kasper, *Evangelium*, S. 83. Schon vorher hat er eine ähnliche Formulierung benutzt: ebd., S. 60: „Weil hinter jeder einzelnen Causa nicht nur ein Fall steht, den man unter einer allgemeinen Regel betrachten kann, sondern eine menschliche Person, die eine einmalige personale Würde besitzt. Das erfordert eine *Hermeneutik, die zugleich juristisch und pastoral ist* und ein allgemeines Gesetz *mit Klugheit und Weisheit* nach Recht und Billigkeit auf eine konkrete, oft komplexe Situation anwendet" (unsere Kursivsetzung).

58 Vgl. ebd., S. 81 und S. 82: „Es gibt auch nicht *die* objektive Situation, welche einer Zulassung zur Kommunion entgegensteht, sondern viele sehr unterschiedliche objektive Situationen ... Man darf also nicht von einem nur auf einen einzigen Punkt reduzierten Begriff der objektiven Situation ausgehen."

59 Vgl. Maurice Nédoncelle, *Conscience et logos. Horizons et méthodes d'une philosophie personnaliste*, Éditions de l'Épi, Paris 1961, S. 40: „Mais la personne qui, sous une forme au sous une autre, ne passe pas par l'école de l'objectivité, est intolérable et écœurante." Für die Notwendigkeit einer objektiven Vermittlung bei jeder personalen Relation siehe: vgl. Juan José Pérez-Soba, *La pregunta por la persona, la respuesta de la interpersonalidad. Estudio de una categoría personalista*, Publicaciones de la Facultad de Teología „San Dámaso", Madrid 2004.

60 Vgl. Juan José Pérez-Soba und Pawel Gałuszka (Hrsg.), *Persona e natura nell'agire morale*, Cantagalli, Siena 2013.

61 Das ist die Argumentation von: Benedikt XVI., *Caritas in veritate*, Nr. 7: „Jemanden lieben heißt, sein Wohl im Auge haben und sich wirkungsvoll dafür einsetzen. Neben dem individuellen Wohl gibt es eines, das an das Leben der Menschen in Gesellschaft gebunden ist: das Gemeinwohl."

62 Vgl. Kasper, *Evangelium*, S. 18–20. Nach seiner Argumentation geht es dabei scheinbar um: ebd., 26: „eine verbindliche Sinngestalt".

63 Kasper, *Evangelium*, S. 57–58.

64 Kasper, *Evangelium*, S. 92. Dieser normative Sinn zeigt sich in diesen Zitaten: ebd., S. 67: „dass ... wir im Laufe des synodalen Prozesses zu einer Antwort finden"; und S. 86: „um zu einer möglichst einmütigen Lösung zu kommen".

65 Walter Kasper, *Zur Theologie der christlichen Ehe*, Matthias-Grünewald-Verlag, Mainz 1977, S. 80.

66 Vgl. Aristide Fumagalli, *Azione e tempo. Il dinamismo dell'agire morale*, Cittadella Editrice, Assisi 2002.

67 Zum Unterschied zwischen dieser Sicht und der wirklich moralischen Sichtweise: vgl. Martin Rhonheimer, *Die Perspektive der Moral. Philosophische Grundlagen der Tugendethik*, Akademie, Berlin 2001.

68 Dazu ist eine Quelle: Karol Wojtyła, *Person und Tat,* Herder, Freiburg i. Br. 1987. Eine Studie zu dessen personalistischen Wert: Aude Suramy, *La voie de l'amour. Une interprétation de* Personne et acte *de Karol Wojtyła, lecteur de Thomas d'Aquin*, Cantagalli, Siena 2014.

69 Vgl. Kasper, *Evangelium*, S. 82.

70 Vgl. James F. Keenan und Thomas A. Shannon (Hrsg.), *The Context of Casuistry*, Georgetown University Press, Washington 1995.

71 Kasper, *Evangelium*, S. 88.

72 Thomas von Aquin, *Summa Theologiae*, II–II, q. 120, a. 2: „Unde epieikeia est quasi superior regula humanorum actuum."

73 Thomas von Aquin, *Summa Theologiae*, II–II, q. 120, a. 1: „Non fuit possibile aliquam regulam legis institui quae in nullo casu deficeret, sed legislatores attendunt ad id quod in pluribus accidit ... similibus casibus malum esse sequi legem positam."

74 Vgl. Ángel Rodríguez Luño, „L'epicheia nella cura pastorale dei fedeli", in: Kongregation für die Glaubenslehre (Hrsg.), *Sulla pastorale dei Divorziati risposati*, Libreria Editrice Vaticana, Vatikanstadt 1998, S. 75–87 und Piero Giorgio Marcuzzi, „Applicazioni di ‚aequitas et epicheia' ai contenuti della Lettera della Congregazione per la Dottrina della Fede del 14 settembre 1994", in: ebd., S. 88–98.

75 Thomas von Aquin, *Summa Theologiae*, II–II, q. 120, a. 1, ad 2: „Non iudicat de lege, sed de aliquo particulari negotio."

76 Thomas von Aquin, *Summa Theologiae*, II–II, q. 120, a. 1, ad 3: „In manifestis non est opus interpretatione, sed executione."

77 Thomas von Aquin, *Summa Theologiae*, II–II, q. 120, a. 1, ad 1: „Epeikeia correspondet proprie iustitiae legali."

78 Vgl. Louis Vereecke, *Da Guglielmo d'Ockham a sant'Alfonso de Liguori. Saggi di storia della teologia morale moderna 1300–1787*, Paoline, Cinisello Balsamo (MI) 1990, S. 748: „Il movimento giansenista, sotto l'influsso della dottrina baianista, negava la possibilità dell'ignoranza invincibile in materia di diritto naturale."

79 Erklaert: Rodríguez Luño, „L'epicheia nella cura pastorale dei fedeli", S. 80.

80 Vgl. Thomas von Aquin, *Summa Theologiae*, II–II, q. 120, a. 1, ad 1: „Si vero iustitia legalis dicatur solum quae obtemperat legi secundum verba legis, sic epieikeia non est pars legalis iustitiae, sed est pars iustitiae communiter dictae, contra iustitiam legalem divisa sicut excedens ipsam"; ebd., ad 2: „Epieikeia est melior quadam iustitia, scilicet legali quae observat verba legis. Quia tamen et ipsa est iustitia quaedam, non est melior omni iustitia."

81 Gianfranco Ghirlanda, *Il diritto nella Chiesa mistero di comunione*, Paoline, Cinisello Balsamo (MI) 1993, S. 448.

82 Vgl. Marcuzzi, „Applicazioni di ‚aequitas et epicheia' ai contenuti", S. 96.

83 Rodríguez Luño, „L'epicheia nella cura pastorale dei fedeli," S. 80–81.

84 Benedikt XVI., *Ansprache an die Rota Romana*, 21. Januar 2012.

85 Franziskus, *Ansprache an die Rota Romana*, 24. Januar 2014. Diese Rede wird zitiert von Kasper, *Evangelium*, S. 59.

86 Johannes Paul II., *Ansprache an die Rota Romana*, 18. Januar 1990, Nr. 5 (unsere Übersetzung). Damit klärt er ein Missverständnis: ebd., Nr. 3:

„Das ist ein Missverständnis, das vielleicht verständlich, aber deshalb nicht weniger schädlich ist und leider oft die Sicht der pastoralen Seite des Kirchenrechts beeinflusst. Diese Verzerrung kommt daher, das nur diejenigen Aspekte von Mäßigung und Menschlichkeit als pastoral betrachtet werden, die unmittelbar mit der *kirchenrechtlichen aequitas* zu tun haben; das heißt, zu glauben, dass nur die Ausnahmen von Gesetzen, eine mögliche Vermeidung von Prozessen oder kirchenrechtlichen Sanktionen oder die Beschleunigung der juristischen Formalitäten eine wirklich pastorale Bedeutung haben" (unsere Übersetzung).

87 Spanische Bischofskonferenz, *Directorio de pastoral familiar*, Ediciones Palabra, Alicante 2004, Nr. 19.

88 Benedikt XVI., *Ansprache anlässlich des 25-jährigen Bestehens des Päpstlichen Institutes „Johannes Paul II." für Studien über Ehe und Familie*, 11. Mai 2006. Vgl. Livio Melina, *La roccia e la casa. Famiglia, società e bene comune*, San Paolo, Cisinello Balsamo 2013.

89 Juan José Pérez-Soba, *La pastorale familiare: tra programmazioni pastorali e generazione di una vita*, Cantagalli, Siena 2013, S. 155.

90 Aus irgendeinem Grund fehlen die folgenden Sätze in der deutschen Ausgabe. Da Kardinal Kasper seinen Vortrag ursprünglich auf Italienisch gehalten hat, ist die italienische Ausgabe hier maßgebend.

91 Walter Kasper, *Il vangelo della famiglia*, Queriniana, Bresca 2014, S. 31: „Questa legge della gradualità mi pare una cosa importantissima per la vita e per la pastorale matrimoniale e familiare. Non significa gradualità della legge, ma gradualità, cioè crescita, nella comprensione e nella realizzazione della legge del vangelo, che è una legge della libertà (Gc 1,25; 2,12), oggi per tanti fedeli divenute spesso tanto difficili." Dafür zitiert er: Johannes Paul II., *Familiaris consortio*, Nr. 9 und Nr. 34. Für den Unterschied zwischen einer „Gradualität des Gesetzes" und dem „Gesetz der Gradualität" siehe: Livio Melina, „Pedagogía moral cristiana: conversión y ley de la gradualidad'", in: ders., *Moral: entre la crisis y la renovación*, EIUNSA, Madrid 1998, S. 105–136.

92 Kasper, *Evangelium*, S. 66.

93 Benedikt XVI., *Ansprache an die Teilnehmer eines internationalen Kongresses*, 5. April 2008.

94 Vgl. Livio Melina und Carl A. Anderson (Hrsg.), *L'olio sulle ferite. Una risposta alle piaghe dell'aborto e del divorzio*, Cantagalli, Siena 2009.

95 Die Grundlagen für einen Bußweg zeichnet: Kasper, *Evangelium*, S. 63–66.

96 Siehe die wertvollen Beiträge bei: Paolo Gentili, Tommaso und Giulia Cioncolini (Hrsg.), *Luci di speranza per la famiglia ferita. Persone separate e divorziati risposati nella comunità cristiana*, Cantagalli, Siena 2012.

97 Die hier vorgeschlagenen Schritte könnten interessant sein: Xavier Lacroix, „Face au divorce", in: X. Lacroix (dir.), *Oser dire le mariage indissoluble*, Cerf, Paris 2001, S. 229–230: „Les principaux moments pourraient en être les suivants:
  – reconnaissance de la transgression d'un commandement important du Seigneur;
  – reconnaissance de la non-fidélité à l'unicité impliquée dans le sacrement de mariage;
  – reconnaissance des torts causés et des fautes passes, tout particulièrement envers l'époux(se) et les enfants du premier lien, avec réparation lorsque cela est possible;
  – paroles de réconciliation et de pardon envers le premier conjoint;
  – reconnaissance de la permanence mystérieuse du premier lien;
  – ferme propos de vivre le lien présent à l'écoute de l'Évangile."

98 Das hat überzeugend herausgearbeitet: Giuseppe Angelini, *Educare si deve, ma si può?*, Vita e Pensiero, Milano 2002.

99 Johannes Paul II., *Die Schwelle der Hoffnung überschreiten*, Hoffmann und Campe, Hamburg 1994, S. 151. Vgl. Livio Melina und Stanisław Grygiel (Hrsg.), *Amare l'amore umano. L'eredità di Giovanni Paolo II sul Matrimonio e la Famiglia*, Cantagalli, Siena 2007.

100 Vgl. Johannes Paul II., *Familiaris consortio*, Nr. 66.

101 Vgl. Ramón Acosta Peso, *La luz que guía la vida. La vocación al amor, hilo conductor de la pastoral familiar*, Edice, Madrid 2007.

102 Vgl. Kasper, *Evangelium*, S. 58 und später: ebd., S. 70–72.

103 Vgl. Benedikt XVI., *Ansprache an die Rota Romana*, 26. Januar 2013.

104 Für eine umfassende Überlegung zum Thema raten wir unbedingt zu: Livio Melina (Hrsg.), *I primi anni di matrimonio. La sfida pastorale di un tempo bello e difficile*, Cantagalli, Siena 2014.

105 Eine Studie dazu: Juan José Pérez-Soba, *Creer en el amor. Un modo de conocimiento teológico*, BAC, Madrid 2014.

106 Franziskus, *Lumen fidei*, Nr. 53. Das bildet den Abschluss der Überlegungen zum Glauben als Beitrag zum Gemeinwohl, und zwar genau im Abschnitt, der mit der Familie zu tun hat.

107 Vgl. Juan José Pérez-Soba, „La pastoral familiar, una llamada a toda la Iglesia", in: *Familia et vita* 19/1 (2014) 179. Eine ausführlichere Version in: ders., *La pastorale familiare*, S. 151–191.

108 Vgl. Juan José Pérez-Soba (Hrsg.), „*Saper portare il vino migliore.*" *Strade di pastorale familiare*, Cantagalli, Siena 2014.

109 Thomas von Aquin, *Super Io.*, C. 2, lec. 1 (n. 345): „Quia ergo virgo beata misericordia plena erat, defectus aliorum suble vare volebat." Kasper bezieht sich auf diesen Text in: Kasper, *Barmherzigkeit*, S. 31.

Schluss: Ein Evangelium viel mehr als ein Problem

1   So unterstreicht Gabriel Marcel in: *Être et avoir*, Aubier, Paris 1935, S. 146: „Le propre des problèmes est de se détailler. Le mystère est au contraire ce qui ne se détaille pas." Zur Vertiefung vgl.: F. Blázquez Carmona, *La filosofía de Gabriel Marcel: De la dialéctica a la invocación*, Encuentro, Madrid 1988, S. 157–184.

2   Franziskus, *Predigt bei der Heiligsprechung von Johannes XXIII. und Johannes Paul II.*, 27. April 2014.

3   Vgl. Johannes Paul II., *Die menschliche Liebe im göttlichen Heilsplan. Eine Theologie des Leibes*, Fe-Medienverlag, Kißleg 2008.

4   Vgl. Johannes Paul II., Apostolisches Schreiben *Familiaris consortio*, Nr. 17.

Prof. Dr. Juan José Pérez-Soba, geb. 1964 in Madrid, ist ordentlicher Professor für Pastoraltheologie am „Päpstliches Institut Johannes Paul II. für Studien zu Ehe und Familie" in Rom.

Bis November 2012 war er ordentlicher Professor für Fundamentalmoral an der Theologischen Fakultät „San Dámaso" in Madrid, wo er auch heute noch Gastvorlesungen hält.

Prof. Dr. Stephan Kampowski, geb. 1972 in Kaufbeuren, ist ordentlicher Professor für philosophische Anthropologie am „Päpstliches Institut Johannes Paul II. für Studien zu Ehe und Familie" in Rom.

Er studierte am Internationalen Theologischen Institut in Gaming, Österreich, an der Franciscan University of Steubenville, Ohio, USA, und in Rom.